£30

Sam Taylor_Wood

Sam Taylor_Wood

Fondazione Prada

Da quando la Fondazione Prada è sorta, la consapevolezza di trovarsi dinanzi a un'enorme possibilità di scelte artistiche e linguistiche ha sempre accompagnato il suo percorso. La coscienza di contribuire solo in minima parte all'informazione sull'arte contemporanea ha portato a scegliere innanzitutto la scultura e, in seguito, a focalizzare il suo ruolo su una realtà dell'arte che porta la sua attenzione sulla ricerca di identità personale e sociale. Nell'ultimo anno l'attività della Fondazione si è ricondotta all'articolazione di un immaginario individuale che non dimentica l'approccio storico-sociale. Da una parte la necessità di ritrovare una continuità del vissuto e del rituale, da Anish Kapoor a Louise Bourgeois, dall'altra l'urgenza di focalizzare la presenza artistica, da Dan Flavin a Laurie Anderson, sulla realtà quotidiana e urbana.

Oggi con la scelta di Sam Taylor-Wood, che conferma la direzione assunta dalla Fondazione con Laurie Anderson, e in futuro con Mariko Mori, si sente la necessità di avvicinare un immaginario tecnologico e fantascientifico in cui il naturale e l'artificiale, il personale e l'impersonale si sovrappongono e si confondono.

Con queste artiste, l'esperienza si fa sempre più immateriale e virtuale, senza tuttavia dimenticare le storie emozionali e personali, passionali e mistiche. La ricognizione che la Fondazione sta facendo può anche essere letta rispetto a un vissuto, tra il manuale e il tecnologico, che include Louise Bourgeois, Laurie Anderson, Sam Taylor-Wood e Mariko Mori, la cui forte aspirazione all'identità spazia dall'America all'Europa e all'Asia. La loro è una visione multisensoriale e multiculturale che appartiene al nostro presente, si ispira all'incessante mutevolezza dei confini linguistici e creativi, cosicché non esistano più differenze tra architettura e video, tra film e performance, tra scultura e pittura, tra fotografia e musica, come non si pongono più definizioni di negazione territoriale e religiosa, razziale ed etnica.

Miuccia Prada e Patrizio Bertelli — Fondazione Prada

Since it's inception the Fondazione Prada has been conscious of it's intention to confront the enormous range of possibilities that both artistic and linguistic choices may present. Initially the Fondazione was aware that it may only be able to contribute a limited amount of discussion towards the expanding world of contemporary art, and chose to restrict itself to the realm of sculpture; subsequently it was felt that there was a need to focus on the work of artists who were concerned with exploring issues of identity through their art, both in a personal and social context. During the past year the Fondazione Prada has presented work which articulates the imaginary approach to the singular vision and always from an angle which includes the social and historical. On the one hand there has been a necessity to find a continuum of vision and ritual – from Anish Kapoor to Louise Bourgeois – and on the other hand there is the urgency to highlight the impact of day-to-day urban life – from Dan Flavin to Laurie Anderson.

The decision to exhibit the work of the artist Sam Taylor-Wood reinforces the direction of the Fondazione Prada's programme as previously demonstrated in it's collaboration with Laurie Anderson (and as will be seen in the future with the work of Mariko Mori). It is responding to the necessity of exploring a technological and science-fictional imagery in which the natural and artificial, the personal and impersonal become intertwined and difficult to distinguish. With these artists, the sensory experience becomes increasingly immaterial and virtual, without becoming devoid of emotional or personal history, passion or mystery.

The research carried out by the Foundation can be compared with the experience of life – between the manual and the technological – which includes the art of Louise Bourgeois, Laurie Anderson, Sam Taylor-Wood and Mariko Mori. creating a vision that spans America, Asia and Europe. Theirs is a multi sensory and multi cultural vision which belongs to our present, and inspires the continuos mutation of linguistic and creative boundaries so that the gap between architecture, video, film, performance, sculpture, painting, photography and music no longer exists and that we no longer differentiate between territory, religion, ethnicity or race.

Miuccia Prada e Patrizio Bertelli — Fondazione Prada

Questa pubblicazione, a cura di Germano Celant, è stata realizzata in occasione della mostra di Sam Taylor-Wood alla Fondazione Prada di Milano. 19 novembre 1998 - 6 gennaio 1999

This publication, curated by Germano Celant, has been prepared on the occasion of Sam Taylor-Wood's exhibition at the Fondazione Prada in Milan. 19 November 1998 - 6 January 1999

General Editor
Germano Celant

Project Editor
Honey Luard

Assistenza Editoriale/Assistant Editor
Antonella Soldaini

Coordinamento/Coordinator
Stefania Arcari

Progetto Grafico/Design
Pierluigi Cerri
con/with Dario Zannier

Realizzazione Editoriale/Production Editor
Studio Associato
Buysschaert & Malerba
con/with Costanza Mangione,
Daniela Perazzo

Editing inglese/English copy-editor
Zoë Manzi

Traduzioni dall'italiano/ Translations from italian
Marguerite Shore
Traduzioni dall'inglese/ Translations from english
Chiara Guidi

Stampa/Printing
Nava web spa
Industria Grafica, Milano

Alla realizzazione della mostra, ideata da Sam Taylor-Wood, tenutasi alla Fondazione Prada hanno collaborato:

The following people have contributed to the production of the exhibition, created by Sam Taylor-Wood, at the Fondazione Prada in Milan:

Project Consultant
Antonella Soldaini

Project Manager
Astrid Welter

Coordinamento/Coordinator
Stefania Arcari

Ufficio Stampa/Press Office
Francesca Moratti
Alessandra Santerini
Assistente/Assistant
Alessia Salerno

Archiviazione/Registrar
Giulio Sangiuliano

Responsabile Installazione/ Installation Services
Giuseppe Zotti

Video Produzione/ Video Production
Brad Barnes
Andrew Turner

Grazie a/Thanks to:
Jay Jopling
Angelica Jopling

Honey Luard
Julia Royse
Annushka Shani
Brad Barnes
Daniela Gareh
Aileen Hovanessian
Irene Bradbury
Sophie Greig
Zoë Manzi
Jake Chapman
Harland Miller
Susie Bick
Sue Tilly
Alistair Mackie
Jonathan Walpole
Katrina Boorman
Andrew Turner

ISBN: 88-87029-00-8

In copertina/
Cover illustration
Soliloquy II, 1998
© Jay Jopling/White Cube (London)

Sommario_Contents

Sam Taylor-Wood
Gli occhi e le orecchie della storia

Bruce W. Ferguson

Oggi abbiamo la possibilità, la libertà e forse persino il dovere di pensare le tecniche industriali di riproduzione delle immagini diversamente da come ci sono apparse finora, filtrate dalla loro storia. Con "tecniche industriali di riproduzione delle immagini" intendo ogni singola tappa dei processi tecno-fotografici un tempo definiti "riproduzione meccanica": fotografie, animazioni (film o video), immagini computerizzate o digitalizzate e così via. Se questa nuova possibilità ha potuto svilupparsi è stato merito anche di oltre un secolo di pratica artistica che è riuscita ad andare sempre più a fondo grazie a immagini prodotte con l'ausilio delle tecnologie. Tuttavia queste immagini non offrono una storia unificata né delle tecnologie né di una qualsiasi collettività di prospettive. Anzi, le pratiche degli artisti divergono in maniera quasi perversa dagli intenti "tecnofili" dell'acquisizione e della produzione di tecnologia, e restano ostinatamente soggettive (al punto che la gente, come sosteneva Roland Barthes, continua a confondere i referenti con la realtà).

Tale possibilità si deve ad artisti che si sono rifiutati con fermezza di essere relegati in convenzioni estetiche o affiliazioni ideologiche prestabilite dagli storici dell'arte o di altre discipline. Gli artisti di questo secolo, specie negli ultimi vent'anni, hanno risposto alla trasformazione dell'ambiente intellettuale e sociale con reazioni complesse, ibride e sorprendenti, tanto da costringerci ad affrontare nuovi interrogativi intorno alle tecniche di conoscenza visiva e alla stessa conoscenza. Gli artisti accettano, rigettano, elaborano, rielaborano, minano o addirittura bombardano incessantemente le chance delle loro stesse storie, senza alcun rispetto per le teorie normalizzanti sulla visualità. Diventa quindi necessario, in qualità di scrittori, lettori e spettatori, essere meno categorici e più pronti a cogliere la complessità e la ricchezza estetica e sociale di quelle creazioni. Bisognerebbe pertanto accantonare la concezione dei processi di riproduzione di immagini come un arco cronologico di momenti di progressi tecnici o come momenti di una competizione di rango estetico (per esempio rispetto alla pittura) o di potere sociale (rispetto al linguaggio o alla pubblicità). Possiamo invece ripensare le immagini tecno-prodotte in una mappa intellettuale più ampia dove si svolgono indagini di natura più filosofica. Se, per esempio, pensassimo alla storia tradizionale della fotografia come a una ricerca della "verità", anziché come a un argomento a favore o a sfavore di altre immagini in un sistema classista e gerarchico di immagini più o meno persuasive, potremmo raggiungere altri "modi di vedere" – per usare la classica espressione di John Berger – capaci di fornire interpretazioni più vivide e appropriate di quelle rese dagli argomenti storici.

Il mio suggerimento è semplice. Anziché limitare la discussione sulla fotografia o sui fotografi ad altre fotografie o ad altri fotografi,

Sam Taylor-Wood
The Eyes and Ears of History

Bruce W. Ferguson

Today, we have the freedom and permission, and perhaps even the obligation, to think through industrial reproductive techniques of imaging differently than histories have presented them to date. I use industrial reproductive techniques of imaging to include all stages of the processes of the techno-photo environment formerly called mechanical reproduction: photos *per se*, moving pictures, film or video, and computerized or digitalized images etc etc... The freedom to do so is initiated by over one hundred years of artists' practice which increasingly gains a depth of insight through images produced with the use of assistance technologies. These images do not present a unified history of the technologies however, nor of any collectivity of perspectives. Instead, artists' practices are perversely variant from the technological purposes of their taking and making technologies and they remain stubbornly subjective in the extreme (to the point that, as Roland Barthes discussed, people still confuse the referents with reality).

The permission also comes from artists who have steadfastly refused to remain confined or constrained by prior aesthetic conventions or ideological affiliations written by historians – art or otherwise. Artists, in this century, and particularly in the last twenty years have offered complex, hybrid and surprising responses to changing intellectual and social environments in such a way as to force us to embrace new interrogations of visual knowledge techniques and of knowledge itself. Artists accept, reject, version, reversion and repeatedly overmine and undermine the possibilities of even their own histories, lacking respect for normalizing discourses of visuality everywhere.

The obligation then, as writers, readers and watchers, is to ourselves to understand the complexity and the aesthetic and social richness of their imaging more responsively and less categorically.

I am suggesting that we abandon the idea of understanding reproductive imaging processes as a chronological arc of moments of technical developments or as moments in a competition for aesthetic rank (in relation to painting, for instance) or in competition for social power (in relation to language or advertising, for instance). Alternatively, we can rethink techno-imaging on a larger intellectual map in which investigations of a more philosophical nature take place. If we were to think of traditional photographic history, as a quest for the 'truth', for instance, rather than as an argument for or against other images in a hierarchical class system of image persuasions, it might lead us to other 'ways of seeing', to use John Berger's classical phrase, which provide vivid and more appropriate interpretations than historical arguments have.

What I am suggesting here is simple. Rather than confining discussions of photography or photographers to other photography or photographers or discussions of video to other videos and their mak-

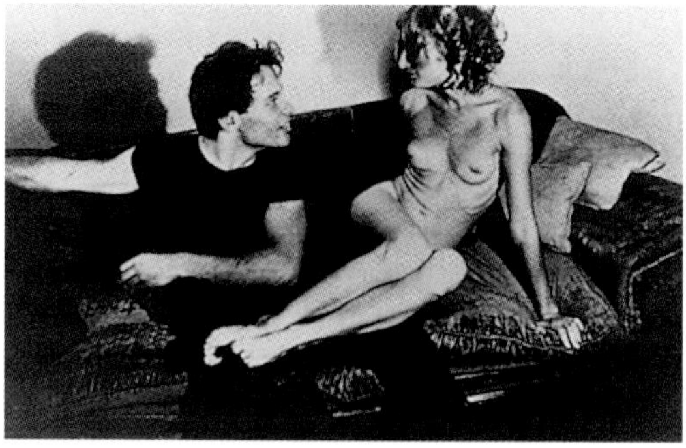

Andy Warhol
Bike Boy
1967

oppure la discussione sul video ad altri video e ad altri registi, occorre considerare le opere nella loro totalità (compreso il dipinto a olio, o magari anche la scultura in bronzo), quali espedienti semiotici o campi di significato che attraversano mezzi e culture, superando le tendenze normalizzanti di qualsiasi categorizzazione. Mantenere una distinzione fra le tecniche, come nell'espressione "la natura della fotografia", non solo è un concettismo di stampo modernista (che è quindi al servizio delle istituzioni, e non degli artisti o del pubblico), ma, cosa più importante, è semplicemente inattuale in un'epoca in cui gli artisti – dei quali Sam Taylor-Wood costituisce un modello esemplare – mescolano tra loro tecniche, generi e rimandi per dar vita a riferimenti poliedrici. Non si renderebbe un bel servizio all'opera d'arte, confinandola all'interno di angusti discorsi monotematici, come la storia della fotografia o la storia del video. Nel caso di Taylor-Wood, infatti, da un punto di vista strutturale e poetico le creazioni dell'artista potrebbero assomigliare molto di più alla musica che a un'altra forma espressiva. Oppure potrebbero meglio collocarsi – come ha suggerito lei stessa – in riferimento a Raymond Carver (lo stesso dicasi di Quentin Tarantino) nonché a Andy Warhol, Caravaggio, John Cassavetes e a tutta una serie di compositori, dalla lirica al rock. Tuttavia non è solo ampliando i termini di paragone che si renderebbe giustizia all'artista e al suo lavoro. Ma non basta abbandonare il discorso *straight*, affinché la *queerness* di una complessità ibrida possa "respirare" e affinché si possa meglio scendere a patti con ciò che significa, per Sam Taylor-Wood, il significato in generale.

È naturale, allora, che uno dei soggetti affrontati da un'artista come Taylor-Wood sia inevitabilmente l'arte stessa: i limiti e le sfide in cui oggi s'imbatte, considerato il totale abbattimento delle distinzioni fra le discipline, fra cultura alta e cultura bassa, accademica e d'intrattenimento, fra ricerca empirica e concettuale, e via di seguito. Senza ricorrere reazionariamente a nuovi ermetismi formalisti, la sfida che Taylor-Wood e la sua generazione si trovano ad affrontare consiste nel come fare arte quando il suo ruolo ha perduto valore e la sua storia è così condizionante e condizionata: un motivo estrinseco che va ad aggiungersi alle tensioni intrinseche prodotte da questa artista.

ers, it seems necessary to look at work in any medium (including oil painting or bronze sculpture as well) as semiotic devices or fields of meaning which run across media and run across cultures and across the normalizing tendencies of any categorization. To retain media distinctions, such as 'the nature of photography', is not only a modernist conceit (and thus serves institutions and not artists audiences), but, more importantly, it is simply wrong-headed today when artists, of which Sam Taylor-Wood can be seen to be an exemplary example, blur mediums and blur genres and blur references to create multiple points of reference. The work would be ill served by confining it within narrow monologic histories such as photo or video. In fact, in her case, it may resemble music much more structurally and poetically than another form of expression. Or, Taylor-Wood's work might be better situated, as she herself has suggested, in relation to Raymond Carver (as would Quentin Tarantino) as well as Andy Warhol, Caravaggio, John Cassavetes and any number of music composers from opera to rock. But, it is not simply in expanding these kinds of comparisons that would do her and her work justice. It is more than in abandoning 'straight' discourse, the 'queerness' of a hybrid complexity is allowed to breathe and we are more able to begin to come to terms with what she means by meaning at all.

Of course, then, one of the subjects of an artist like Taylor-Wood inevitably is art itself; its limitations and challenges today under the conditions of the full collapse of distinctions between disciplines – high and low culture; academia and entertainment; empirical and conceptual research and so on. Without resorting reactionarily to new formalist hermeticism, the challenge that faces her generation is how to make art when its role is diminished and its history so overdetermining and overdetermined; an extrinsic reason which adds to the internal tensions produced by Taylor-Wood.

Until recently, for instance, it was often believed that photographs 'captured' their subjects. That, with functional metallic movement of the forefinger, a shutter's hard wink could grasp and then hold a subject forever. Not like the net which snares a butterfly but like the jar of suffocation that forever mortifies it before it is pricked and framed. This was a belief, philosophical, psychological and technophilic, in the idea that a photographic representation could ensure completion. That certain kinds of machine assisted images sustained reality by stitching seconds to eternity. The instant to infinite. This enduring classical attraction to mimesis, – the pretence to full visual fidelity – which is the basis of society's image addiction was particularly assumed to be the powerful generic condition of photography. Mimesis is our fixation with the possibility of the perpetual. Photography seemed to fulfill that possibility. But, as in the films and photography today used by an artist such Taylor-Wood, there is an interrogation of the empirical and the eternal taking place. Closure is precisely what her work doesn't suggest and doesn't allow. In fact, a lack of closure, narrative or philosophical, is its challenge to us as viewers. We must remember that history is usually

Fino a non molto tempo fa, per esempio, si era soliti credere che le fotografie potessero "catturare" un soggetto. Che cioè il metallico chiudersi dell'otturatore provocato da un movimento funzionale del dito indice potesse afferrare e quindi conservare un soggetto per sempre. Non come il retino che imprigiona la farfalla, ma come il barattolo che la soffoca, togliendole per sempre ogni vita e vigore, prima che essa venga trafitta da uno spillo e messa sotto vetro. Si era convinti – secondo un'idea filosofica, psicologica e tecnocentrica – che una rappresentazione fotografica potesse garantire la completezza. E che certi tipi di immagini ottenute con mezzi meccanici potessero preservare la realtà rubando qualche secondo all'eternità: rubando l'istante all'infinito. È questa inveterata, classica attrazione per la mimesi, che sta alla base dell'assuefazione della società alle immagini, e tale pretesa di una fedeltà visiva totale era la potente prerogativa attribuita alla fotografia. La mimesi è la nostra mania della possibilità del perpetuo; e la fotografia sembrava confermare tale possibilità.

Eppure, proprio come nei film e nelle fotografie di cui al giorno d'oggi si serve un'artista quale Taylor-Wood, è in corso un'indagine dell'Empirico e dell'Eterno. Ma ciò che la sua opera non suggerisce e certo non consente è una conclusione dell'indagine. La sfida che ci lancia in quanto osservatori è anzi, in generale, una mancanza di conclusione, di serratezza narrativa o filosofica. Di solito – non va dimenticato – la storia è scritta, il che significa che è soggetta a tutte le leggi della letteratura, compresa la finzione. Come sostiene Hayden White, la storia è tuttora alleata a "concezioni di oggettività sorpassate" e, a differenza di molti scienziati, gli storici "rifiutano di ammettere che i fatti sono non tanto svelati, quanto costruiti dal tipo di domande che l'indagatore formula circa i fenomeni cui assiste". Ma questo positivismo, questo credo nei fatti, è un evento piuttosto recente nella storia della nostra cultura. Basti pensare a quell'epoca passata dominata dalla religione, nella quale ogni verità dipendeva dalla fede e dall'interpretazione controversa di un numero di testi limitato. Nei suoi lavori, Taylor-Wood non smette mai di dimostrare che tutte le immagini intese come "prova" di un qualsiasi fatto sono concezioni di oggettività altrettanto sorpassate.

Un'artista come Sam Taylor-Wood rielabora la nozione di oggettività creando opere che negano deliberatamente, con i sensi e con l'intelletto, quello scontato punto di vista univoco che ha dato origine a tali miti. Anzi, ci presenta situazioni di dubbio totale, accurate e frustranti per un osservatore passivo, malgrado l'ovvia accessibilità dei soggetti. La sua opera non è semplicemente ambigua o enigmatica – benché alcuni dei suoi primi lavori come *Fuck, Suck, Spank, Wank* (1993) o *Spankers Hill* (1994) si prestino di più a un'interpretazione del genere –, bensì "irrisolvibile" nel senso più profondo del termine.

Innanzitutto, da installazioni fotografiche rese più intense dal suono si passa a video-installazioni in cui il suono è più spesso inscenato che registrato. In entrambi i casi si colgono già le intenzioni impure di Taylor-Wood e il suo rifiuto dell'idea di un valore intrinseco inerente a una o più tecniche. Non manca poi una parodia dell'arte

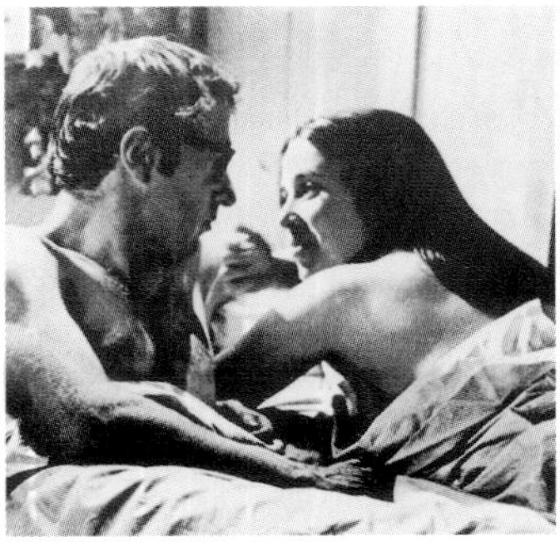

Woody Allen
Prendi i soldi e scappa
Take the Money and Run
1969

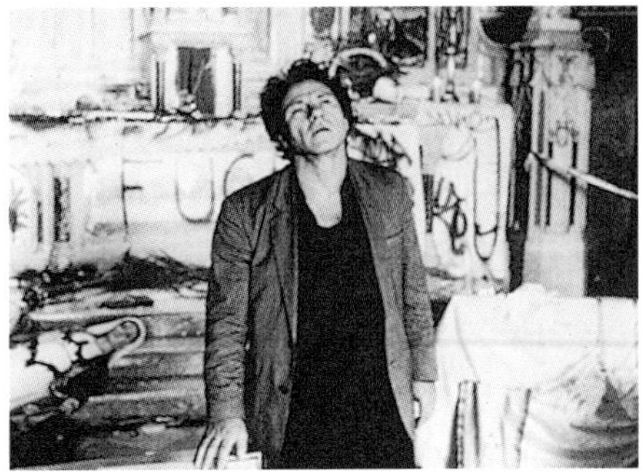

Abel Ferrara
Il cattivo tenente
Bad Lieutenant
1992

written, which means it is subject to all the laws of literature including fictional accounts, and it is still allied as Hayden White says to, 'outmoded conceptions of objectivity', and historians, in relation to facts, 'refuse to recognize, unlike most scientists, that they are not so much found as constructed by the kinds of questions which the investigator asks of the phenomena before him'. But, this positivism or belief in fact is a fairly recent event in our cultural history if we think back to an earlier religious age when all truth was dependent upon faith and the debated interpretation of a limited number of texts. Images, as a 'proof' of anything, are equally outmoded conceptions of objectivity as Taylor-Wood shows again and again in her works.

An artist like Sam Taylor-Wood reassesses the notion of objectivity by creating work which deliberately, sensually and intellectually, denies the obvious single point-of-view from which such myths arose. Instead, she carefully and frustratingly for a quiescent viewer, presents situations of complete doubt, despite the obvious accessibility of her subject matter. It is not simply that the works are ambiguous or enigmatic (although earlier work like *Fuck, Suck, Spank, Wank* (1993) or *Spankers Hill* (1994) might have more in common with such an interpretation), but that they are 'undecideable' in the more profound sense.

There is firstly an oscillation between photographic installations enhanced by sound and there are video installations whose sound is often staged, rather than recorded. Both of these already speak of Taylor-Wood's impure intentions and a lack of commitment to the idea of intrinsic value inherent to a medium or mediums. There is also no shortage of parody of popular as well as fine art, always the sign of a restless curiosity. *Travesty of a Mockery* (1995), a serious deliberation on intimacy, is a title taken from a sardonic phrase in a Woody Allen film and *Gestures Towards Action Paintings* (1992) mocks the Hans Namuth film of Jackson Pollock, for example. The reversals of directions in the titles – from humour to serious-

popolare e delle belle arti, testimonianza di un'inesauribile curiosità. È il caso di *Travesty of a Mockery* (1995), una seria riflessione sulla vita di coppia, il cui titolo s'ispira a una frase sardonica pronunciata in un film di Woody Allen, o di *Gestures Towards Action Painting* (1992) che fa il verso al film di Hans Namuth su Jackson Pollock. L'inversione di senso dei due titoli – dall'umorismo alla serietà e dalla serietà all'umorismo – sembra preannunciare che nessun bersaglio verrà risparmiato.

Ma l'opera di Taylor-Wood si presta anche a interpretazioni meno pregnanti e contorte di una discussione su quale "ismo" o teoria sia più calzante. La sua opera coinvolge i sensi, oltre che l'intelletto, attraverso piaceri sensuali più immediati, rispetto all'arte "critica" tradizionale dove i riferimenti fan bella mostra di sé in superficie, pronti a far colpo come sbrigativi messaggi "avanguardistici". Uno dei segnali di quanto l'opera si metta in relazione con il pubblico è l'intensa fascinazione evocata da immagini e suoni, che è tangibile e insieme seducente, e si contrappone a un senso di malinconia indotto dai loro riferimenti spesso assai complessi. Si potrebbe spiegare questa persistente sensibilità malinconica con la perdita sempre più diffusa di "grandi narrazioni" e di sistemi di credenze monocentrici che spesso sono definiti come emotivamente associati all'attuale periodo neomoderno. Tale malinconia segna gran parte dell'arte contemporanea (soprattutto in Inghilterra, dove potrebbe anche essere intesa come reazione alla perdita di un'identità nazionale). Ma la seduzione più potente sta nel fascino naturale di immagini superficiali e ricchi campi di riferimento (bella gente, begli accessori, begli ambienti). Oserei dire che, nella misura in cui si avvicina ai codici archetipici della pubblicità o del film vero e proprio, l'opera di Taylor-Wood si apre a un osservatore passivo tradizionale grazie a una travolgente fascinazione estetica, ma subito dopo i suoi modi critici e distaccati la riportano in un luogo d'indagine dove è il dubbio a prevalere e l'osservatore diviene quasi paranoico. L'oscillazione fra dentro e fuori, fra allettante e alienante, produce una costante tensione nelle possibilità di lettura dell'opera.

D'altro canto, l'arte merita certo di essere compresa a un livello più teorico, perché la sua opera è anche decostruttiva e deliberatamente critica. E questo perché le fotografie e i video di Taylor-Wood sono molto spesso contaminati dal linguaggio e dal tempo, i nemici siamesi per eccellenza della concezione modernista di un'esperienza visiva autonoma. Taylor-Wood accoglie la "teatralità" che contraddistingue l'opera postmoderna, ed enfatizza la messa in scena delle sue costruzioni fino a renderle un preciso strumento atto a far risaltare il lavoro critico in corso.

Taylor-Wood sembrerebbe dunque aver compreso fino in fondo che il linguaggio non è un elemento "accessorio" o esterno alla storia della riproduzione di immagini, che non è semplice commento: il linguaggio invade e pervade ogni immagine. Probabilmente fu Bertolt Brecht a rendere coscienti gli artisti della possibilità di applicare il linguaggio alle immagini in modo da cambiare il loro signifi-

ness and from seriousness to humour – promise that no target is safe.

Taylor-Wood's work is also clearly accessible to less dense and knotty interpretations than a discussion of which 'ism' or theory it fits. Through more immediate sensual pleasures than traditional 'critical' art where the references are in place on the surface, ready for a too-quick 'avant-garde' outrage, her work engages senses other than the intellectual. One of the stresses of the work's relation to audiences and sounds which is in contention with a sensation of melancholy provoked by their often complex references. The lingering melancholic sensibility might be accounted for by the pervasive loss of 'master narratives' and monological belief systems which are often said to be associated emotionally with today's neo-modern period. This melancholy underwrites much contemporary art (particularly in Britain where it may be seen to be a reaction to a loss of national identity in general).

But, Taylor-Wood's works more affirmative seduction is signaled in the effortless enticements of surface presentations and rich referential fields (beautiful people, beautiful props, beautiful settings). I would say that to the degree that Taylor-Wood's work approaches the archetypal coda of advertisements or film *per se*, it opens itself to a traditional passive viewer by merit of overwhelming aesthetic seduction, but its critical acts of disengagement then withdraw the work into a space of interrogation where doubt prevails and an almost paranoid viewer is produced. The oscillation between in and out, user-friendly and alienating, produces a constant tension in the readings of the work.

On the other hand, then, the art does deserve a more theoretical understanding because its work also is deconstructive and deliberately critical. And, this is because Taylor-Wood's photographs and videos are most often contaminated by language and by time, the siamese enemies par excellence of the modernist condition of autonomous visual experience. Taylor-Wood embraces the 'theatricality' which distinguishes post-modern work and emphasizes the staging of her constructions to the point of making them a precise foil for the critical work being established.

Taylor-Wood seems to have realized that language is not an 'add-on' or extrinsic to reproductive histories of imaging; that language is not merely commentary. Language, she seems to admit, invades and pervades all images. It was probably Bertold Brecht who made artists aware of the possibility of attaching language to images in such a way as to change their meanings and their meanings' emphasis. Put another name under a portrait and you have a lie, a new identity and the ultimate condition of images – their dependence on an unreliable text, which does not assure a stable meaning. That text's fidelity to truth is, like the language it uses, slippery and potentially contradictory. We can say then, that throughout its one hundred year history, photographs have drifted in the spaces between texts, attaching themselves quickly and promiscuously to one or another, but remaining distant from each at a deeper level, like a false

cato e l'enfasi del loro significato. Si apponga un nome diverso sotto un ritratto e si avrà una menzogna, una nuova identità e la condizione fondamentale delle immagini: la loro dipendenza da un testo inaffidabile, incapace di garantire una stabilità di significato. La fedeltà del testo alla verità – così come il linguaggio che adopera – è precaria e potenzialmente contraddittoria. Perciò possiamo dire che per tutti i cent'anni della loro storia le fotografie hanno vagato negli spazi intertestuali, attaccandosi rapidamente e promiscuamente a questo o a quel testo, ma restando distanti da ognuno a un livello più profondo, come un *faux ami*. Senza certezze né dimore, le immagini fluttuano, e di volta in volta restano impigliate in un testo, fino a quando si liberano per avvinghiarsi a un altro. Ecco perché le istituzioni moderniste devono tuttora reprimere il linguaggio nelle fotografie e intorno alle fotografie per assicurare al mezzo un finto campo di autonomia, o perché invece queste istituzioni sollecitano un certo linguaggio "artistico", al fine di garantirne la diversità dalle immagini fotografiche ordinarie.

Ovunque le immagini tecno-fotografiche "fanno il loro debutto" in società come se fossero innocue e ordinarie, mentre servono sempre a perpetuare complicatissimi schemi di valori e pregiudizi. La liscia superficie di un'immagine fotografica è considerata una sezione chirurgica della vita stessa – una fetta sottilissima tagliata dalla carne dell'esistenza –, ma in realtà non è altro che una precisa misurazione e quindi, implicitamente, un giudizio astratto. L'eredità principale tramandata dal discorso modernista sulla fotografia è che attraverso quest'arte magica si possa esprimere un qualche significato nascosto dell'esistenza uguale per tutti. Ma un'artista come Sam Taylor-Wood ribalta totalmente e complica questa storia regolatrice dando per certo a priori il suo opposto, ovvero che una fotografia non esprime alcuna verità, e per di più che solo in una costruzione cosciente della finzione o della relatività è possibile conoscere una qualsiasi verità. In altre parole: se la verità è finzione, solo la finzione può produrre qualcosa che somigli alla verità.

Taylor-Wood capisce che è una specie di follia proporre un'immagine come una conoscenza fondamentale. E infatti il suo *Method in Madness* (1994) fa riferimento sia alla tecnica di recitazione secondo un "metodo", sia all'inconoscibilità della follia stessa attraverso la visione. Come altri artisti della sua generazione che usano, abusano o magari rifiutano le tecnologie riproduttive di immagini, Taylor-Wood guarda con profondo sospetto all'idea che la magia fotografica possa persuaderci che il corpo visto è il corpo conosciuto. La retorica che sosteneva – e negli ambienti istituzionali spesso continua a sostenere – concetti di visualità pura come una sorta di emendamento dal Romanticismo (che come altri movimenti artistici della storia era permeato di linguaggio), in mano a questa artista viene rigettata a favore di un pragmatismo che riconosce la tesa relazione fra immagini e linguaggio. Alla domanda "un documento illeggibile – un *obscura* – può essere una scena di verità?" l'opera di Taylor-Wood risponde con un sensato "no". È proprio il costante e continuo

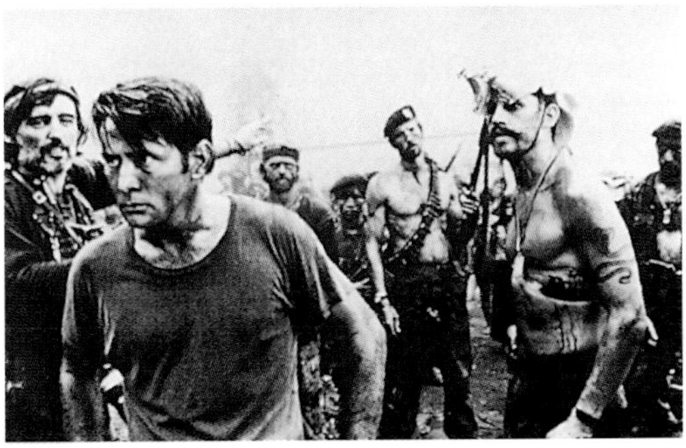

Francis Ford Coppola
Apocalipse Now
1979

friend. The images float, homeless and insecure, latching on to a text from time to time before being freed to embrace another. And this is why modernist institutions, to this day, must repress language in and around photographs to retain a fictional field of autonomy for the medium, or these institutions press a certain language of 'art', instead, to secure their difference from ordinary photographic images.

Techno-photographic images arise everywhere in society as though benign, as though ordinary, when actually, they always serve to perpetuate highly complicated patterns of developed values and prejudices. A photographic image's smooth surface is taken as a surgical slice of life itself – a micro-thin cut of the meat of existence – but it is, in fact, a precise measurement and, by implication, a discrete judgment. The primary legacy of photography's modernist discourse was that some hidden single meaning of existence can be told through this photographic magic. But, an artist like Sam Taylor-Wood totally reverses and then complicates this regulatory history by assuming its opposite in advance – that a photograph is not telling any truth and, furthermore, that it is only in a conscious construction of fiction or relativity that any truth might be known. Or, if truth is a fiction then only fiction might produce something like truth.

Taylor-Wood recognizes that it is a kind of madness to nominate an image as a fundamental knowledge. And in fact, her piece, *Method in Madness* (1994) refers both to the 'method' acting technique and the unknowability of madness itself through vision. Like others of her generation who use, abuse, or even, reject reproductive imaging technologies, Taylor-Wood is deeply suspicious of the notion that photographic sorcery convinces us that the body seen is the body known. The rhetoric which held (and often still holds in institutional settings) ideas of pure visuality as a kind of reformation from Romanticism (which, like other historical art movements, was seeped with language), is, in her hands, cast out in favour of a pragmatism which recognizes the tense relation between images and language. The question, 'can an illiterate document – an obscura, be a scene of truth', is answered by her work with the common sense answer 'no'. In fact, it is precisely images constant and continuing li-

legame delle immagini con il linguaggio, infatti, a costituire sempre un ottimo indizio dell'incertezza delle immagini riprodotte, rispetto ad altre costruzioni di realtà.

Ed è qui che l'osservatore diventa "paranoico". Spostandosi lungo le immagini discontinue e i suoni frammentari di uno qualsiasi dei *Five Revolutionary Seconds* (1995-1998), oppure guardando *Pent-Up* (1996) o *Atlantic* (1997), si verificano due effetti che suscitano nell'osservatore il desiderio d'interpretare e al tempo stesso frustrano ogni sua possibilità di conoscenza completa. Contro la falsa storia della fotografia come fedeltà al referente, la serie *Five Revolutionary Seconds* dilata letteralmente il tempo dell'immagine con un movimento panoramico della macchina fotografica, registrando la rappresentazione di un evento in cui la compresenza di vari individui nello stesso spazio non produce referenti affidabili. L'architettura degli spazi è occupata ora da diverse narrazioni contemporaneamente, ora da una narrazione unica in cui gli attori sono cronologicamente sfalsati. In entrambi i casi tale "disfunzione" della narrazione suscita il desiderio d'interpretare e serve a frustrare ogni completezza, sia visiva che intellettuale.

I suoni, frammentari ma provenienti senz'altro dallo stesso spazio, benché non necessariamente registrati nello stesso momento delle immagini, servono a intervallare lo spazio fisico e quello referenziale con una temporalità che in fondo è più musicalità che testualità. In questo modo la "menzogna che è l'immagine" e la "menzogna che è il testo" producono un significato retorico veritiero solo in virtù della loro forza estetica combinata che agisce sull'osservatore. In *Pent-Up* la paranoia dell'osservatore raggiunge la massima intensità. Gli effetti collaterali di alienazione sono indotti dal desiderio culturale, normalizzato dalle tecniche narrative del cinema e della televisione, che i monologhi siano collegati l'uno all'altro, che un personaggio sia in relazione con l'altro e che, come nel caso del detective de *I soliti sospetti* (1995), stia all'osservatore scoprire ciò che li unisce. Come una delle sue prime opere, *16 mm* (1993), nella quale Taylor-Wood sembra danzare al suono di una mitragliatrice, la video-installazione presenta cinque monologhi simultanei disposti uno accanto all'altro che non danno origine né a un intreccio narrativo, né a una relazione fra i personaggi. Il loro effetto combinato consiste piuttosto nel far sorgere nell'osservatore una richiesta di "narratività" sempre più insistente. La frustrazione, se non addirittura la confusione, dell'osservatore gli fa comprendere meglio la sua stessa dipendenza dai significati condizionati.

Le opere d'arte di Taylor-Wood ci rendono – così viene da supporre – nervosamente consapevoli della fantasia d'immortalità che si viene a creare non appena cala l'otturatore o scorre la pellicola o viene premuto il pulsante di registrazione. Quasi credessimo per un attimo che un corpo, pronto a essere immortalato da un lampo d'ispirazione meccanica, possa realmente rivelare un mistero imperituro. In ogni sistema tecnoimmaginifico e in ogni accettazione tecnofila di una nuova tecnologia di registrazione avvertiamo questo eterno desiderio di un'immagine o di un suono che non sia solo una metafora, che non

aison with language that is always a broad clue to reproductive imagery's insecurity when competing with other constructions of reality.

And this is where 'paranoid' viewer is produced. In walking alongside the disjunctive images and fragmentary sounds of any of the *Five Revolutionary Seconds* (1995-1998) series or in watching *Pent-Up* (1996) or *Atlantic* (1997), two effects are produced which both charge and initiate the viewer's desire to interpret and which simultaneously frustrate any possibility of complete knowledge. Against the false history of photography as a condition of truth to referent, the *Five Revolutionary Seconds* series literally stretches image-time through a panoramic movement of the camera, recording a staged event in which the coincidence of a number of people occupying the same space does not produce reliable referents. The spatial architecture is either occupied by different narratives simultaneously or by one narrative in which the actors are temporally disconnected. Either way, this dysfunction of narrative cuts the bond of interpretative desire and acts to both frustrate completion in both the scopic and the psychic sense.

Sounds, fragmented but evidently from the same space, but not necessarily recorded at the same time as the images were, perform to punctuate the physical and the referential space with a temporality which is finally more musicality than textuality. Thus the lie that is the image together with the lie that is the text produce a truthful rhetorical meaning only by virtue of their combined aesthetic force acting on the viewer. In *Pent-Up*, the paranoia of the viewer is at its most intense. The counter effects of alienation are produced by the cultural desire, normalized by narrative film and TV techniques, that the relations between the monologues would have something to do with one another; that one person has a relation to another and that like the detective character in the film, *Usual Suspects* (1995), it is up to us to figure it out. Like her earlier piece *16 mm* (1993) in which Taylor-Wood seems to dance to machine gun sounds, the video installation offers up five side-by-side simultaneous monologues which don't produce a narrative line or character relation. But their combined effect is to produce an increased and insistent demand for narrativity in the viewer. This frustration, or even, confusion, heightens the viewer's perception of his/her dependence on conditioned meanings.

The art works of Taylor-Wood, I am arguing, makes us nervously aware of the fantasy of immortality that is summoned just as the camera shutter falls or the film proceeds through time or the record button is pressed. Almost as though, we believed for a time that a body, poised to be permanently set in a flash of mechanical inspiration, might truly reveal an immortal mystery. In every techno-imaging system, every technophilic embrace of a new recording technology, we sense this eternal longing for an image or a sound that is more than a metaphor, more than an allusion. Part of Taylor-Wood's contribution is to force us to realize that this history of photography, or film, or video, or digitalized images is always an unhappy display of

sia solo un'allusione. L'opera di Taylor-Wood ci obbliga a renderci conto che questa storia della fotografia, del film, del video o delle immagini digitalizzate è sempre un'infelice esibizione di momenti perduti idealizzati, persone perdute idealizzate, ideali perduti idealizzati. Ciò che è passato per sempre è irrecuperabile con simili mezzi. Sam Taylor-Wood, invece, ci presenta il punto di svolta narrativa, quando la storia si è già in parte sviluppata ma può essere ancora riordita, riadattata, riproposta, ridetta. Questa svolta – questo cardine della realtà, più che realtà stessa – è il contenuto della speranza, se non dell'ottimismo. Dal momento che dietro questa diffusa speranza di conservare un soggetto fossilizzato per sempre in un'immagine o in un suono verificabile, dietro la speranza di tracciare la mappa di un terreno di eventi empirici in un diagramma impresso su argento o celluloide o nastro magnetico o byte digitali, dietro la speranza di immobilizzare criogenicamente gli incontri diretti si nasconde l'infinita sollecitazione del desiderio stesso. La mania di eternità che segna l'immaginario tecnico ci parla della natura di quella follia chiamata desiderio. Ci parla di un erotismo del significato che non si placa nell'attimo di un ingabbiamento tecnologico. Le complesse rappresentazioni immagine/suono di Taylor-Wood ci ricordano che la cattura è sempre incompleta, imperfetta. Si pensi ad *Atlantic*, per esempio, emblema della differenza sessuale. Ma anche alla consapevolezza che il desiderio di catturare è l'inizio di un'oscillazione verso la sola conoscenza possibile: la coscienza dell'infinitezza del desiderio. Perciò non solo vi è metodo nella follia di un artista o di un osservatore, ma follia in ogni metodo, se per follia intendiamo l'irregolarità, e non la demenza. E se paranoia significa percezione accentuata e non allucinazione.

La verità è relativa, o meglio ancora, tanto per citare Richard Rorty, "vincolata". In altre parole la "verità" (sempre fra virgolette), è vera soltanto entro certi limiti, i suoi limiti storici e disciplinari. Una verità giuridica, per esempio, può anche non essere una verità etica, e solo la violenta preservazione dell'autonomia del discorso giuridico dal discorso etico può riuscire a conservare l'una o l'altra come mito idealistico della sua applicazione universale. La buona arte ci obbliga a ricordare, a prezzo della tranquillità, che noi influenziamo sempre tali miti e ne siamo sempre influenzati. Proprio come i soggetti di Taylor-Wood, che spesso sembrano ignorare dove sono o perché ci sono, anche noi siamo spinti verso una mappa dell'ignoto per ricominciare tutto da capo. È questa la possibilità, la libertà, il dovere che l'artista ci offre.

lost idealized moments, lost idealized others, lost idealized ideals. The forever past is unrecoverable by such means. She offers us instead, the moment of narrative turn, when the story has partially unfolded but can be re-plotted, re-versioned, returned, re-proposed, respoken. This turn – this hinge to reality, rather than reality itself – is the content of hope, if not optimism.

For hidden within this pervasive hope to preserve a subject forever ambered into an image or a verifiable sound; hidden within the hope to map a terrain of empirical events in a diagram etched in silver or celluloid or magnetic tape or digitalized bytes; hidden within the hope to cryogenically immobilize face-to-face encounters, lies the endless exhilaration of desire itself. The delusion of eternity which underwrites techno-imagery still tells us about the nature of the madness called desire. It will tell us of an erotics of meaning which is not stilled in the moment of a techno-conviction. Taylor-Wood's complex image/sound presentations remind us that the capture is always incomplete and unfinished. See *Atlantic*, for instance, an emblem of gender difference. Yet, there is also the knowledge that the desire to capture is the beginning of an oscillation toward the only knowledge possible – the knowledge of the infinity of desire. There is, then, not just method to an artist's or a viewer's madness but madness to every method, if madness is taken to mean irregularity and not dementia. And if paranoia means heightened perception and not delusion.

Truth is relative, or more importantly, to use Richard Rorty's term 'related'. Another way of saying this is that truth (always in quotes) is only true as far as its limits, its historical and its disciplinarian limits. A legal truth for instance may not be an ethical truth, and only the violent preservation of the autonomy of the legal discourse from that of an ethical discourse can preserve either as an idealistic myth of its universal application. Good art forces us to remember, at the expense of our comfort, that we are always working and being worked on by such myths. Just as Taylor-Wood's subjects often seem not to know where they are or why, so we too are turned to a map of the unknown to start over. And this is a freedom, a permission and an obligation which she offers us.

Sam Taylor-Wood: episodi violenti

Nancy Spector

Il titolo di questo saggio intende proporre un retaggio specifico presente nell'arte di Sam Taylor-Wood, retaggio che ha il suo fondamento nell'opera provocatoria e audacemente comica di Bruce Nauman. Tra i due artisti sono istruttive le affinità quanto le differenze. Nella sua video-installazione a dodici schermi *Violent Incident* (1986), Nauman presenta diverse variazioni su una singola scena, che si svolge come una cupa e sinistra *one-liner*. Ecco come l'artista ha raccontato l'episodio: "Una coppia giunge a un tavolo apparecchiato per la cena con tanto di piatti, cocktail e fiori. L'uomo prende la sedia per fare accomodare la donna. Ma proprio quando lei sta per sedersi, lui scosta la sedia e lei cade per terra. L'uomo si volta a raccogliere la sedia e, mentre si china, lei si alza e gli assesta un colpo sul sedere. Lui si volta e le inveisce contro, la insulta. Lei afferra il bicchiere e gli getta in faccia il cocktail. Lui la schiaffeggia, lei gli dà una ginocchiata nei testicoli, al che lui, piegato in due dal dolore, afferra un coltello dal tavolo. Si accapigliano e finiscono entrambi a terra... L'azione dura in tutto circa 18 secondi".[1] Le varianti di questa scena, trasmesse dagli altri monitor, comprendono una registrazione delle prove, con tanto di voce della regia fuoricampo, un ribaltamento dei ruoli di genere (dove è la donna a togliere la sedia), e sequenze al rallentatore di ciascuna versione proiettate in alternanza (ora è l'uomo a togliere la sedia, ora è la donna). Pur trattandosi in sé e per sé di una farsa piuttosto scontata, via via che si ripete la narrazione si fa sempre più crudele e spietata. Strutturata come un continuo, ciclico loop, la video-installazione colpisce per la sua snervante inesorabilità.

Anche Sam Taylor-Wood ha inscenato uno scontro violento fra un uomo e una donna, nella sua video-installazione a proiezione doppia *Travesty of a Mockery* (1995). Come nel caso dello stravolgimento della vicenda amorosa messo in scena da Nauman, anche quest'opera illustra la completa dissoluzione dell'armonia domestica. Una giovane coppia si trova nel bel mezzo di una crisi emotiva; i due si lanciano insulti e accuse terribili e, all'occorrenza, questo o quell'oggetto di uso domestico. I personaggi – interpretati da un attore dilettante e da Amanda Ooms, attrice professionista – sono isolati in due spazi distinti definiti dalle due proiezioni. Pur essendo divisi da un vuoto – che in realtà non è altro che l'angolo scuro tra le due pareti su cui sono proiettati i video – è chiaro che i due litiganti occupano lo stesso ambiente. La loro vicinanza si manifesta quando la pentola e l'accendino scagliati dalla donna volano da una proiezione all'altra. In alcuni dei momenti più efferati della lite, un personaggio entra nello spazio dell'altro per assalirlo fisicamente: lei gli getta in faccia un bicchiere di latte, lui tenta di strangolarla, lei cerca di dargli una ginocchiata nei testicoli, e così via.

In *Travesty of a Mockery* l'espediente formale dello schermo diviso è un espediente tecnico affine all'uso della moltiplicazione e del ribalta-

Sam Taylor-Wood: Violent Incidents

Nancy Spector

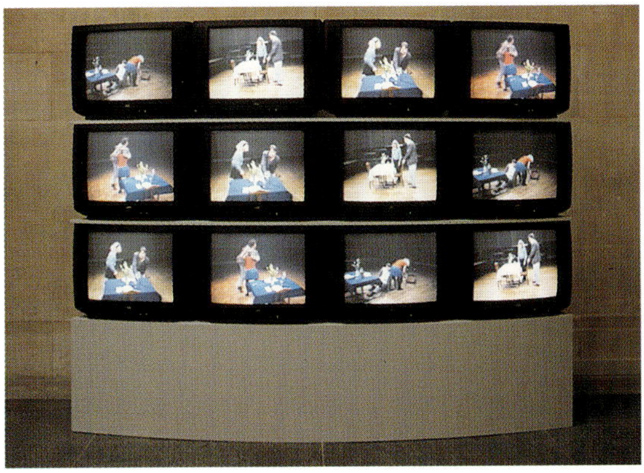

Bruce Nauman
Violent Incident
1986

The title of this essay proposes a specific legacy for Sam Taylor-Wood's art, one that is grounded in the confrontational, boldly comical work of Bruce Nauman. The affinities between the two are as instructional as the differences. In his twelve-monitor video installation *Violent Incident* (1986) Nauman presents variations on a single scenario, which unfolds as a darkly sinister one-liner. The artist has recounted the episode as follows: 'Two people come to a table that's set for dinner with plates, cocktails, flowers. The man holds the woman's chair for her as she sits down. But as she sits down, he pulls the chair out from under her and she falls on the floor. He turns around to pick up the chair, and as he bends over, she's standing up, and she gooses him. He turns around and yells at her – calls her names. She grabs the cocktail glass and throws the drink in his face. He slaps her, she knees him in the groin, and as he's doubling over, he grabs a knife from the table. They struggle and both of them end up on the floor… the action takes all of about 18 seconds.'[1] The variations on this scene, which appear on other monitors, include: a recording of its rehearsal, complete with directorial voice-over; a reversal of gender roles (i.e. the woman pulls out the chair); and alternating slow-motion sequences of each version (man-pulls-out-chair, woman-pulls-out-chair). While slapstick in nature, the narrative becomes increasingly cruel and unforgiving with each repetition. Continuously looped, the video installation impacts through its unnerving relentlessness.

Taylor-Wood also staged a violent confrontation between a man and a woman in her 1995 dual-projection video installation *Travesty of a Mockery*. As in the case with Nauman's key-stone-cop rendition of romance turned awry, this work features the complete dissolution of domestic harmony. A young couple is shown in the throes of emotional turmoil; searing insults and accusations are hurled back and

mento in *Violent Incident* di Nauman. In entrambi i lavori si tratta di artifici tesi a mantenere un distacco tra lo spettatore e le ingiurie interpersonali alle quali egli si trova ad assistere. Benché entrambe le situazioni possano essere considerate comiche – lo stesso titolo dell'opera di Taylor-Wood sottintende un tautologico umorismo[2] –, nelle due narrazioni è comunque presente una certa violenza. La ridondante ripetizione e l'interscambiabilità delle immagini di Nauman serve a rendere astratta la narrazione, nonostante abbia un inizio e una fine ben distinti. L'assurdità della situazione è posta in primo piano rispetto alle specificità della storia. L'impatto psicologico dell'opera scaturisce quindi sia dalle sue componenti formali, fisiche, sia (e forse in maggior misura) dalla sua struttura denotativa. Pensiamo a *Violent Incident* come a una luce stroboscopica: è il suo ritmo incessante a comunicarne la vera brutalità. Analogamente, il vuoto che separa i due campi di azione in *Travesty of a Mockery* ne amplifica le possibilità interpretative. A differenza del video di Nauman, quest'opera non possiede una coerenza narrativa. Non è chiaro quando o come sia iniziata la lite, e non vi è alcuna prova che la vicenda possa giungere a un epilogo, a uno scioglimento della trama. I dieci minuti del video si suddividono in quindici brevi "vignette" – micro-momenti di intenso scambio emotivo o di mortale silenzio – il cui inizio è segnalato dal suono prodotto da un cambio di stazioni radio. La casualità di queste scene – l'ordine degli eventi sembra infatti piuttosto arbitrario – va di pari passo con il tracciato orizzontale di un sintonizzatore radio che capta e perde le frequenze. Come ha spiegato la stessa Taylor-Wood: "La mia opera non segue mai una struttura narrativa. I concetti di inizio, centro e fine non c'entrano mai... Cerco solo di scrutare attentamente frammenti di situazioni ingrandendoli il più possibile".[3]

In *Travesty of a Mockery* lo spazio che divide le due proiezioni – per quanto si tratti di uno spazio negativo, uno spazio di inversione – funge da fissante per gli elementi sconnessi e frantumati dell'opera. È il vuoto intorno al quale iniziano a far coesione tutte le emozioni vaganti. E l'opera stessa – nel migliore dei casi un melodramma mal recitato – conta proprio su quello spazio inarticolato per raggiungere il suo impatto psicologico, anzi, il suo stesso significato. Che cos'è mai quest'abisso, se non una rappresentazione del "reale"? Quel buco nero al centro dell'ordine simbolico che a sua volta lo rende possibile. Definito in termini lacaniani come un nucleo psicologico che erompe – spesso sotto forma di una reazione traumatica – per sconvolgere ogni senso di realtà quotidiana, è in effetti il "reale" a strutturare questa realtà.[4] Un'esperienza del "reale" può essere rivelata, secondo Slavoj Žižek, con l'aiuto di un tropo filmico detto *rendu*. Anziché sfruttare le facoltà mimetiche del film o la sua capacità di rappresentare attraverso i codici simbolici della metafora e della metonimia, il *rendu* agisce tramite una "resa" diretta e immediata del suo contenuto.[5] Ecco quindi che la sostanza psicologica di un film non viene comunicata per mezzo della classica "rappresentazione", bensì di un formato cinematografico molto specifico che solitamente implica la deliberata esclusione di uno dei suoi elementi costitutivi fondamentali quali il dialogo, il montaggio o la ripresa oggetti-

forth along with the occasional household object. The characters – played by an amateur performer and Amanda Ooms, a professional actor – are isolated from one another in separate pictorial zones delineated by the two projections. Divided by a gap, which is actually the darkened corner between the walls on which the videos are shown, the sparring couple clearly inhabits the same environment. Their proximity is underscored when the woman throws a cooking pot and then a cigarette lighter and they fly from one projection to the other. In some of the more brutal moments of their squabble, one character enters the space of the other to physically assault their person: she throws a glass of milk in his face; he attempts to strangle her, she tries to kick him in the groin, etc. The formal device of the split screen in *Travesty of a Mockery* is a technical gimmick akin to Nauman's use of multiplication and reversal in *Violent Incident*. In both works, these strategic interventions function to distance the viewer from the inter- personal offenses being enacted. Although both scenarios can be construed as droll – the very title of Taylor-Wood's piece implies a certain tautological playfulness[2] – the violence of their respective narratives is nevertheless present. The excessive repetition and interchangeability of Nauman's imagery serves to abstract the narrative, even though it has a distinct beginning and end. The absurdity of the situation at hand is foregrounded over the specifics of the storyline. The work's psychological impact is thus delivered as much (if not more) through its formal, physical components than through its denotative structure. Think of *Violent Incident* as a strobe light; its incessant tempo is what communicates the true brutality of the piece. In *Travesty of a Mockery*, the empty gap separating the two spaces of action similarly expands the interpretive possibilities of the work. Unlike Nauman's video, this piece has no narrative coherence. It is unclear when or how the feud started, and there is no evidence of a denouement. The ten-minute video is divided into fifteen brief vignettes – micro-moments of intense emotional exchange or deadly silence – that are signaled by the sound of shifting radio stations. The randomness of these scenes – the order of events appears quite arbitrary – parallels the horizontal sweep of a radio tuner as frequencies come in and out of range. As Taylor-Wood herself has explained: 'My work's never structured in a narrative way. The concept of beginning, middle, end never comes into it....the thing I'm trying to do is just hone in on fragments of situations and expand them right to their maximum.'[3]

The gap between projections – albeit a negative space, a space of inversion – anchors the disconnected, shattered elements of *Travesty of a Mockery*. It is the void around which all the ricocheting emotions begin to cohere. The piece itself – an ill-acted melodrama at best – relies on that unarticulated space for its psychological impact; indeed for its very meaning. What is this gulf but a rendering of the 'real' – that hole in the midst of the symbolic order that in turn makes the symbolic order possible? Defined in Lacanian terms as a psychological kernel that erupts – often in the form of a traumatic return – to derail any sense of daily reality, the 'real' actually structures this real-

va. In *Travesty of a Mockery*, Taylor-Wood realizza il *rendu* privando l'opera di qualsiasi coerenza narrativa – come evidenziano i suoi vuoti e le sue discontinuità – una sottrazione che a sua volta impedisce ogni vero scambio interpersonale. Questo disfacimento o sconvolgimento della "verità" filmica ottenuto grazie a una resa fisica e immediata ricorre in tutti i video di Taylor-Wood; infatti è proprio questo il tropo filmico della sua arte. Il tangibile abisso – quel buco nero del "reale" – di *Travesty of a Mockery* si realizza in altri suoi video per mezzo di una tensione estremamente coreografica tra immagine e colonna sonora. Anche in *Killing Time* (1994) è avvertibile questa frizione, questo erompere della pratica filmica classica e della realtà stessa. Quattro video-proiezioni simultanee mostrano quattro giovani individui seduti in ambienti squallidi e smorti. Per tutta la durata del video, un'ora, a turno i personaggi si torturano le mani, fumano, bevono da una bottiglia d'acqua, sorseggiano una tazza di tè, si stuzzicano le unghie oppure guardano nel vuoto con aria assente. Ma allo stesso tempo ciascuno, quasi fosse un esperto doppiatore, muove le labbra seguendo i punti salienti dell'*Elettra* di Richard Strauss che sentiamo in sottofondo. La loro studiata apatia, la loro fiacca insensibilità, è in netta contrapposizione con gli accordi ridondanti della musica e il pathos della narrazione lirica. Ne scaturisce un effetto di completa discordanza: le componenti visive e uditive semplicemente non combaciano.

Taylor-Wood costruisce un'altra di queste lacune strutturali nella sua video-proiezione del 1995 *Brontosaurus*, nella quale un uomo nudo danza abbandonandosi completamente alla melodia dell'*Adagio per archi* di Samuel Barber (utilizzato anche nella colonna sonora di *Platoon* (1986) di Oliver Stone e in *The Elephant Man* (1980) di David Lynch). Mostrati al rallentatore, i movimenti estatici eppure aggraziati dell'uomo evocano un balletto. Il suo corpo saldo e atletico appare eroico e commovente al tempo stesso; i suoi muscoli ora si tendono, ora si rilasciano in accordo al flusso ritmico della musica. Questo cupo e focoso assolo di danza avviene in uno spazio angusto, dove il basso soffitto accentua l'altezza dell'uomo. In quest'opera l'elemento illusorio (la maggior parte dei video di Taylor-Wood, se non addirittura tutti, celano una sorta di gioco di prestigio) resta invisibile, ma a esso allude la presenza di un piccolo dinosauro rosa imbottito posto in basso a sinistra dell'immagine. Del tutto fuori luogo in questa scena per altri versi elegiaca – il fisico dell'uomo è stato paragonato ai "torsi martoriati e masochisti della scultura e della pittura barocca"[6] –, il pupazzetto ci avverte che non tutto è quel che sembra. Solo dopo aver letto il commento all'opera, infatti, scopriamo che la malinconica danza è stata eseguita al ritmo incalzante di una musica techno. Questa tragica figura di Adone è in realtà un "discotecaro", un giovane che a casa volteggia sulle note del suo impianto hi-fi.

Nella sua opera Taylor-Wood ha dato vita ad altre simili collisioni di componenti disparate. In *Method in Madness* (1994), per esempio, un attore simula gli spasimi di un esaurimento nervoso. Questi insostenibili dieci minuti di film sono accompagnati da una musichetta "lounge" tratta da un disco dei Beastie Boys. Un video successivo, *Knackered* (1996), ritrae una giovane donna completamente nuda, ritta e immobi-

ity.[4] According to Slavoj Žižek, an experience of the 'real' can be detected through a certain cinematic trope identified as *rendu*. Instead of operating through film's mimetic faculties or its capacity to represent through the symbolic codes of metaphor or metynomy, the *rendu* operates through a direct and immediate 'rendering' of its content[5]. Here, the psychological substance of a film is not communicated through standard 'depiction', but rather through a very specific cinematic format that usually involves the deliberate obstruction of one of its key constitutive elements such as dialogue, montage, or the objective shot. In Taylor-Wood's *Travesty of a Mockery*, the *rendu* is achieved through its prohibition of narrative coherence – as manifest in the gaps and fissures of the piece – a prohibition that in turn disallows any true intersubjective exchange.

This disruption or derailment of cinematic 'verité' through the insertion of an immediate and physical rendering is present in all of Taylor-Wood's films; in fact, it is the cinematic trope of her art. The tangible gulf – that black hole of the 'real' – in *Travesty of a Mockery* is realized in other of her films through a highly choreographed tension between image and soundtrack. In *Killing Time* (1994), this friction – this eruption of standard filmic practice, of reality itself – is made palpable. Four simultaneous video projections show four young individuals sitting casually in lackluster environments. For the duration of the hour-long video, they alternately fidget, smoke cigarettes, drink from a bottle of water, sip from a cup of tea, pick at their fingernails, or stare blankly into space. At the same time, however, they each expertly lip-sync the principal parts of Richard Strauss's opera *Electra*. Their studied apathy, their slacker sensibility, is in stark juxtaposition to the swelling chords of the music and the pathos of the operatic narrative. The effect is one of utter discord; the visual and aural components simply do not mesh.

Taylor-Wood constructs another such structural lacuna in her 1995 video projection *Brontosaurus* in which a man dances naked with complete abandon to the strains of Samuel Barber's *Adagio for Strings* (also used in the soundtracks for Oliver Stone's *Platoon*, 1986, and David Lynch's *Elephant Man*, 1980). Shown in slow-motion, the man's ecstatic, yet graceful movements are balletic. His taut, athletic body appears at once heroic and poignant, as his muscles alternately tense and relax in response to the rhythmic flow of the music. The brooding impassioned solo occurs in a constricted, low-ceilinged space, which serves to accentuate the man's height. The element of deception in this piece (most, if not all, of Taylor-Wood's films contain a sleight-of-hand) remains invisible, but is hinted at by the presence of a small, stuffed pink dinosaur in the lower left frame of the image. Entirely out of place in this otherwise elegiac scene – the man's physique has been compared to 'the tortured, masochistic torsos of Baroque sculpture and painting'[6] – the little toy intimates that all is not what it seems to be. It is only upon reading about the work that we discover the melancholy dance was actually performed to the pulsing beat of techno music. This tragic Adonis figure is, in reality, a club kid, a

le contro uno sfondo bianco, che con le labbra mima le parole di una colonna sonora cantata da un castrato. E, come l'onnipresente divario attorno al quale si muove *Travesty of a Mockery*, sono queste fusioni forzate di elementi incompatibili – di per sé espedienti formali stilizzati – a produrre il contenuto dell'opera in questione, svelando al contempo quel perturbante abisso fra "reale" e realtà. Esse stanno a indicare che c'è qualcosa che non va, ci fanno guardare meglio. La loro "incongruenza" è ciò che guida ogni successiva lettura dell'opera. Nel caso dell'attore che interpreta una crisi di nervi (un altro episodio violento), noi non stiamo a domandarci se l'esaurimento sia o meno autentico. Piuttosto, la presenza assolutamente paradossale della colonna sonora – il divario tra musica e azione – ci porta a considerare la natura dell'illusione in sé e il suo ruolo chiave nel mantenimento dell'ordine simbolico. Dopotutto, quegli individui che non riescono ad aderire al mito della coerenza che struttura il nostro ordine simbolico – coloro che non sanno "illudersi" su di esso – sono rappresentati come "psicotici".

In *Pent-Up* (1996), video-installazione complessa e stratificata, Taylor-Wood continua a invocare questo stato di stress psicologico in cui la separazione, la voragine fra la realtà e il "reale" diventa onnidistruttiva e insormontabile. L'installazione consiste di cinque grandi immagini disposte una accanto all'altra, con i bordi che si toccano, proiettate su un'unica lunga parete. Su ogni "schermo" incontriamo l'universo personale di un individuo apparentemente isolato: una donna di mezza età che cammina per strada (Ellen van Schuylenburch), un uomo anziano seduto su una sedia in una stanza buia (John Mc Vicar), un giovane nudo nel suo elegante appartamento arredato in stile minimale (Dexter Fletcher), una giovane donna in un bar che beve da sola (Amanda Ooms) e un giovane dai capelli lunghi che passeggia in un giardino (Oliver Milburn). Per tutti i dieci minuti del video ciascun personaggio inveisce e farnetica ad alta voce come se stesse ripercorrendo con la mente una dolorosa conversazione avvenuta in passato, o come se stesse facendo le prove di un'imminente resa dei conti con un amante o un amico da cui si sta separando. Esclamazioni aggressive si accompagnano a parole patetiche, ad accuse agguerrite si susseguono timide scuse, confessioni sincere si sovrappongono a smentite evasive. Filmato in un'unica ripresa non montata – che ricorda i provini di Warhol ad attori inespressivi –, ciascun personaggio è inserito in un ambiente soffocante e claustrofobico, che appare privo di qualsiasi via d'uscita, sia fisica che psichica. Probabilmente sono prigionieri della loro stessa mente distorta. Nel complesso si ha un'impressione di intensa e dolorosa solitudine, se non di vera e propria malattia mentale. Tuttavia la reazione dell'osservatore è segnata non tanto da sentimenti di simpatia o empatia, quanto da una sensazione di penoso imbarazzo. Col suo comportamento strambo ciascun individuo sta infrangendo un sacrosanto patto sociale: l'accordo universale di non parlare tra sé a voce alta, specialmente in pubblico. Ma ancora una volta Taylor-Wood intesse una trama di illusioni e rinvii. Mentre in un primo momento potremmo pensare che queste cinque persone in preda allo sconforto stiano tutte borbottando tra sé e sé in un incoerente linguaggio privato, col tempo

man at home gyrating to the sounds of his personal stereo system.

Taylor-Wood has constructed other such collisions of disparate components in her work. In *Method in Madness* (1994), for instance, an actor feigns the throes of a nervous breakdown. This unbearable ten minutes of film is accompanied by cocktail lounge music from a Beastie Boys album. A subsequent video, *Knackered* (1996), features a young, stark naked woman standing quite still against a white background while mouthing the words to a soundtrack sung by a castrato. And like the ever-present gap around which *Travesty of a Mockery* functions, these forced fusions of incompatible elements – in themselves stylized formal devices – bear the content of the work in question, while revealing that uncanny gulf between the 'real' and reality. They indicate that something is amiss, they make us look again. Their 'inappropriateness' is what drives any subsequent reading of the work. In the case of the actor performing a psychotic collapse (another violent incident), we do not dwell on whether the breakdown is authentic or not. Rather, the utterly paradoxical presence of the soundtrack – the gap between music and action – causes us to consider the nature of deception itself and its key role in the maintenance of the symbolic order. After all, those individuals who cannot adhere to the myth of coherence that structures our symbolic order – those who cannot 'deceive' themselves into believing it – are construed to be 'psychotic.'

In her complex and multilayered video installation *Pent-Up* (1996), Taylor-Wood further invokes this state of psychic distress, in which the division or chasm between reality and the 'real' becomes all consuming and inescapable. The installation consists of five large projected images, which sit side by side with their edges abutting on one long wall. On each 'screen' we encounter the private universe of a seemingly isolated individual: a middle-aged woman walking on the street (Ellen van Schuylenburch), an aging man sitting on a chair in a darkened room (John McVicar), a young, undressed man in his stylish, minimalist flat (Dexter Fletcher), a young woman drinking alone in a bar (Amanda Ooms), and a young, long-haired man pacing in a garden (Oliver Milburn).Throughout the duration of the ten-minute video, each character rants and raves aloud as if revisiting a previous, painful conversation or rehearsing an impending showdown with an estranged lover or friend. Aggressive exclamations are coupled with pathetic utterances; belligerent accusations are followed by timid apologies; forthright confessions overlap with evasive disavowals. Filmed in a single, unedited take – reminiscent of Warhol's dead-pan screen-tests – each character exists in a humid, claustrophobic environment from which there appears to be no psychic or physical escape. They may be prisoners of their own distorted minds. The overall impression is one of intense, aching loneliness, if not true mental illness. One's reaction to this, however, is shaped less by feelings of sympathy or empathy than a sensation of queasy embarrassment. In their erratic behavior, each person is breaking a sacred social contract – the universal agreement not to speak to oneself aloud, especially in public. But, once again, Taylor-Wood weaves a web of deception and

ci rendiamo conto che ognuna sta rispondendo ad affermazioni e domande pronunciate dagli occupanti degli altri schermi. "Ti ho imbarazzato l'altra notte?" si abbina a "Non più del solito", "Ora puoi scendere" a "Scenderò quando ne avrò voglia... non mi serve la tua approvazione", "Ti farò felice" a uno scettico "Davvero?", e così via. La polifonica fuga di monologhi connessi tanto stranamente suggerisce che queste persone si conoscono tutte, che sono anzi intimamente coinvolte – tanto che ogni voce continua a riecheggiare nella mente dell'altro. In questo modo la cacofonia di voci isolate diviene un coro di relazioni profonde di cui non conosceremo mai la successione.

Nell'accurata orchestrazione che è *Pent-Up*, Taylor-Wood produce fra i suoi personaggi enormi abissi emotivi che al tempo stesso colma mediante il veicolo dello scambio psicologico (o apparentemente telepatico). È in questa contraddizione in termini che può iniziare a collocarsi il significato dell'opera. Prendendo di mira l'alienazione vissuta in un mondo insicuro di ciò che è pubblico e ciò che è privato, *Pent-Up* inquadra anche lo iato inesorabile fra il desiderio e il suo oggetto. Come in tutti i video di Taylor-Wood, è nella struttura formale dell'opera – la separazione spaziale, il dialogo impeccabilmente sincopato, il costante alternarsi percettivo fra isolamento e comunicazione – che si sviluppano queste contraddizioni, questi "episodi violenti". *Pent-Up* esprime la dialettica fra unione e distacco – quel tira e molla fra attrazione e ripulsa che sta alla base della condizione umana.

Questa tensione fondamentale si manifesta nell'opera successiva dell'artista, *Atlantic* (1997), una video-installazione a tre proiezioni nella quale una giovane coppia seduta in un chiassoso ristorante è alle prese con la straziante rottura del loro rapporto. Sullo schermo di sinistra vediamo la faccia della donna, gli occhi lucidi di lacrime. Sulla destra appaiono solo le mani dell'uomo, intento a giocherellare nervosamente con i frammenti di tabacco sparsi sulla tovaglia, mentre fuma e stringe un bicchiere di vino. La loro conversazione si può sentire a stento. Lo schermo centrale propone una veduta sull'animato ristorante. Il tavolo della coppia – inquadrato da lontano, attraverso la sala affollata – è uno dei tanti. Come il vuoto al centro di *Travesty of a Mockery*, questa scena fissa la narrazione mediante la sua assoluta banalità. Non si tratta tanto di una storia di turbamento emotivo e crepacuore, quanto di uno studio di come si svolga in pubblico il trauma della vita privata, e di come il pubblico lo assimili e lo rifletta. Un altro "episodio violento" al centro dell'opera di Sam Taylor-Wood.

1. Cit. in *Bruce Nauman*, a cura di Neal Benezra e Kathy Halbreich, Walker Art Center, Minneapolis 1994, catalogo ragionato, n. 360, p. 302.
2. Secondo Francesco Bonami il titolo è stato preso a prestito da uno dei primi film di Woody Allen. Cfr. F. Bonami: *Sam Taylor-Wood: Brainspotting*, in "Flash Art", marzo-aprile 1997, pp. 96-100.
3. Cit. in *"Eye to Eye" Daniel Etherington talks to Sam Taylor Wood*, in "Artists Newsletter", febbraio 1997, p. 17.
4. Per una discussione del "reale" pensato attraverso i tropi letterari e filmici – e in particolare seguendo l'opera di Hitchcock – si veda Slavoj Žižek, *Looking Awry: An Introduction to Jacques Lacan through Popular Culture*, Cambridge, Massachusetts and London, MIT Press 1991.
5. Ibidem, pp. 40-43. Nella sua discussione del *rendu* Žižek fa riferimento alla definizione del termine data da Michel Chion.
6. Cfr. Michel O'Pray: *Dear God, how much longer so do I have to go?*, in *Sam Taylor-Wood*, catalogo della mostra alla Chisenhale Gallery, Londra 1996, p.n.n.

deferral. While at first we may think these five despondent people are all muttering to themselves in some incoherent, private language, it becomes apparent over time that they are each responding to statements and questions uttered by the inhabitants of the other screens. 'Did I embarrass you the other night' is met with 'No more than usual;' 'You can come down now' is countered by 'I'll come when I want... I don't need approval.' 'I'm going to make you so happy' is rebutted with a skeptical 'You are?' and so on. The strangely interconnected, polyphonic fugue of monologues that emerges here suggests these people all know each other, that they are, in fact, intimately involved – so much so that their voices continue to echo in each others' minds. The cacophony of secluded voices thus becomes a chorus of close relationships – the disposition of which we will never know.

In the careful orchestration that is *Pent-Up*, Taylor-Wood creates massive emotional gulfs between her characters, which she simultaneously bridges through the vehicle of psychic (or seemingly telepathic) exchange. It is in this contradiction of terms that the meaning of the work may begin to be located. Pointing toward the alienation experienced in a word unsure of what is private and what is public, *Pent-Up* also frames the inexorable gap between desire and its object. As in all of Taylor-Wood's videos, it is the formal structure of the work – the spatial isolation, the impeccably syncopated dialogue, the constant perceptual shifts between seclusion and communication – in which these contradictions, these 'violent incidents' are played out. *Pent-Up* articulates the dialectic of togetherness and detachment – that push and pull of attraction and repulsion at the core of the human condition.

This fundamental tension is manifested visually in the artist's subsequent three-projection video installation *Atlantic* (1997), in which a young couple seated in a noisy restaurant struggle through a heartrending breakup. On the left screen, we see the woman's face, her eyes brimming with tears. On the right, only the man's hands are visible, as he toys nervously with bits of tobacco on the tablecloth, smokes cigarettes, and clasps a glass of wine. Their conversation is barely audible. The center screen reveals a view of the bustling restaurant. The couple's table – glimpsed from afar, across the crowded room – is one of many. Like the void at the center of *Travesty of a Mockery*, this scene anchors the narrative of the work through its utter banality. This is less a story of emotional tumult and heartbreak than it is a study of how the trauma of private life is played out in, subsumed by, and reflected back by the public. Another 'violent incident' at the heart of Taylor-Wood's art.

1. Quoted in Neal Benezra and Kathy Halbreich, eds. *Bruce Nauman* (Minneapolis - Walker Art Center, 1994) catalogue raisonné number 360, p. 302.
2. According to Francesco Bonami, the title was borrowed from an early Woody Allen film. See Bonami. "Sam Taylor-Wood: Brainspotting" *Flash Art* (March-April 1997), pp. 96-100.
3. Quoted from "'Eye to Eye' Daniel Etherington talks to Sam Taylor Wood," *Artists Newsletter* (February 1997), p. 17.
4. For a discussion of the "real" thought through literary and cinematic tropes – particularly through the work of Hitchcock – see Slavoj Žižek, Looking Awry: *An Introduction to Jacques Lacan through Popular Culture* (Cambridge, Massachusetts and London: MIT Press, 1991).
5. Ibid, pp. 40-43. In his discussion of *rendu* Žižek refers to Michel Chion's definition of the term.
6. See Michael O'Pray, "Dear God, how much longer do I have to go?," in *Sam Taylor-Wood* exh. cat Chisenhale Gallery, London, 1995, n.p.

Lasciati andare!
Sam Taylor-Wood e il punto critico

Michael Bracewell

Innanzitutto mi viene in mente lo stratagemma stilistico usato nel cinema degli esordi per mostrare un diorama di immagini in movimento – un cambio di marcia che accelerava la narrazione, spesso accompagnato da un crescendo vorticoso di musica leggera da orchestra.

Successivamente immagino questo espediente ingarbugliarsi nella sua stessa tecnologia, e l'improvviso sveltimento della narrazione costretto a bloccarsi su un particolare fotogramma, che guizza e sfarfalla e freme dal desiderio di continuare. Ma la velocità del film è talmente scontata che il solo pensiero di fermare l'immagine nel bel mezzo della sequenza ci fa come precipitare nell'angoscia più terribile. In questo modo, il blocco della tecnologia sarebbe accompagnato da un blocco emotivo in cui la carrellata di pensieri e sensazioni interna a ciascuno di noi si arresterebbe di colpo. In un rapido rimescolamento metafisico, l'osservatore e il diorama inceppato divengono specchio e immagine – un'altra bella versione di noi stessi.

Il paesaggio emotivo dell'arte di Sam Taylor-Wood è un luogo dove l'esplorazione dell'autocontrollo o dell'ossessione rivela molto spesso una crisi interna o, peggio ancora, uno stato di negazione. I suoi "personaggi" – sempre descritti con straordinario vigore come l'uomo nudo che danza nel video *Brontosaurus* (1995) – paiono esibire e al contempo rinnegare il loro stato d'animo estremo, tanto da assumere quasi una presenza volatile. La sua opera riflette un'estrema modernità di atteggiamento e di contesto, una condizione che potremmo definire come autismo e noia "postmoderni" e ricostruiti: le fantasie narcisistiche e la primordiale manifestazione di una nuova generazione di nevrotici, per i quali non esiste più neanche la basilare struttura di identità teorizzata da Freud. In breve, è un brutto momento per l'immagine di sé, nell'inverno del materialismo culturale.

Più di ogni altro artista della sua generazione, Sam Taylor-Wood ha analizzato le relazioni fra ritratto e mediazione, descrivendo come sia possibile manipolare l'espressione umana, il linguaggio e la colonna sonora per svelare la fragilità o la forza di una costituzione interna ed emotiva. Taylor-Wood ci presenta la sua arte in un'epoca di mediazione ubiqua, nella quale la traduzione simultanea della vita in un'immagine teletrasmessa – e quindi costruita – ha avuto un effetto immediato sulla cultura visiva contemporanea.

Al giorno d'oggi è possibile decostruire un'immagine visiva complessa – sia essa un video di MTV, uno spot pubblicitario o un cartone animato – più o meno d'istinto, e ipotizzare una reazione basata quasi interamente sulla nostra familiarità coi trucchi mediatici. Quindi siamo in grado di capire se quella che ci viene proposta è un'immagine di "autenticità", un'immagine di "retaggio" o un'immagine di "commedia ironica dell'agnizione". Di conseguenza, la meta ultima dell'epoca storica imprecisamente definita "postmoderna" sarà una

Let Yourself Go!
Sam Taylor-Wood and The Point of Collapse

Michael Bracewell

First of all, I am reminded of the stylistic device in early cinema which was used to display a diorama of passing events – a shift of gear to accelerate the narrative, often accompanied by a swirling crescendo of light orchestral music.

Then I imagine this device becoming snarled within its own technology, and the sudden quickening of narrative being forced to freeze on a particular frame, which shivers and flickers and trembles under the strain of its own desire to continue. But the cinematic momentum has been built up to such a point that the very idea of the image being stopped in its tracks is like a dead-drop into cold anxiety. In this imagining, the seizure of technology would be accompanied by an emotional seizure, in which one's internal tracking of thought and sense is suddenly brought up short. In a quick metaphysical shuffle, the viewer and the frozen diorama become mirror and image – another fine edition of you.

The emotional landscape of Sam Taylor-Wood's art is a place where the scrutiny of self-control or self-obsession most often reveals an internal crisis, or worse, a state of denial. Her 'characters' – as described with extraordinary power by the dancing male nude in her video projection *Brontosaurus* (1995) – appear to both exhibit and dismiss their extreme states of being to the point that they assume a volatile presence. Her work reflects a heightened modernity of attitude and context, a state which could be described as post-swinging, reconstructed autism and boredom: the narcissistic fantasies and primitive separation of a new generation of neurotics, for whom the basic identity structure as presumed by Freud no longer even exists. In short, it's a bad self-concept day during the winter of cultural materialism.

More than any other artist of her generation, Sam Taylor-Wood has examined the relationship between portraiture and mediation, describing the manner in which human expression, language and soundtrack can be manipulated to reveal the frailty or strength of an inner, emotional constitution. In this much, Taylor-Wood is presenting her art at a time of ubiquitous mediation, when the simultaneous translation of life into a broadcast – and thus constructed – image has had a direct effect on contemporary visual literacy.

These days, it is possible to deconstruct a complex visual image – be it an MTV video, an advert or a jump-cut cartoon – more or less by instinct, and to presume a response based almost entirely on our fluency in the tricks of mediation. Hence, we can see when we are being sold an image of 'authenticity', or an image of 'heritage', or an image of 'ironic comedy of recognition'. Arguably, the ultimate destination of the historical era known loosely as 'post-modern', will be a rehabilitation of naturalism – or, at least, a growing requirement for the direct communication of feelings and meanings.

riabilitazione del naturalismo, o perlomeno una crescente esigenza di comunicazione diretta di sentimenti e significati.

E per molti versi è proprio questa concentrazione sulla comunicazione dell'emozione e sulle difficoltà di comunicare l'emozione, a contraddistinguere lo stile di regia di Taylor-Wood e a suggerire che ciò che le sta a cuore è rendere alle persone la loro vera voce, in un autentico processo di empatia.

Se si può definire l'"empatia" come il potere di proiettare la propria personalità su un oggetto di contemplazione e di raggiungere quindi una completa comprensione di quell'oggetto – e una comprensione ancora più completa di se stessi –, allora nell'opera di Taylor-Wood esiste un nucleo di sensibilità intimorito e insieme ossessionato dalla relazione empatica con noi stessi e degli uni con gli altri. Inoltre l'artista affronta un'ambigua ossessione dell'intimità, riflettendo una società o uno strato della società apparentemente incapace di empatia, a volte semplice e domestica, a volte evocativa di una sorta di "lussuoso demi-monde" e, in certi casi, prossima alla psicopatia in virtù della sua ossessione introspettiva.

In quanto esibizione della frustrazione emotiva o testimonianza di sentimenti repressi o mascherati in cerca di catarsi, l'impatto unificatore delle immagini di Taylor-Wood – fotografie, video, ritratti filmati – consiste nel porre l'osservatore in una relazione controllata ma di disagio nei confronti dei soggetti, e – cosa più importante – nel percepire i sentimenti che essi suscitano in lui. Intervistando l'artista nel settembre del 1998, lo scrittore Philip Hoare ha definito quest'effetto con un paragone estremamente calzante: come guardare una "tivù interattiva a circuito chiuso".[1]

Si è scritto molto sulla relazione fra l'arte di Sam Taylor-Wood e il cinema americano di Coppola e di Warhol; eppure all'interno della sua reinvenzione empatica del ritratto filmico e fotografico – che in gran parte potremmo definire un trionfo del formalismo e della visione manieristica – Taylor-Wood riesce a esprimere non solo i sentimenti del suo soggetto, ma anche i sentimenti che scaturiscono in noi nell'assistere all'elargizione, da parte del soggetto, di un'impronta emotiva, per così dire, sulla seducente superficie che ospita il suo film apparentemente "vuoto". Potremmo dire che Sam Taylor-Wood è un'artista che con questi effetti registra la risonanza etica dell'emozione comune, procedendo all'indietro o in avanti rispetto a un punto di collasso. Ecco allora forse spiegata la tensione monolitica del suo ginnasta tremante in *Noli Me Tangere* (1998), e anche l'eloquenza del violento accostamento di immagine, colonna sonora e intenzione in opere quali *Killing Time* (1994), *Brontosaurus* (1995) e *Misfit* (1996), che svelano le complessità del luogo comune e sconvolgono la sostanza delle emozioni, la nostra fede nelle facciate.

L'"ordinario", lo "scontato" e il "banale": paradossalmente può trattarsi degli stati più complessi da definire, visto che fungono da prodromi allo straordinario, a ciò che turba, ai luoghi più profondi della coscienza. In due dei suoi primi lavori, *Killing Time* (1994) e *Travesty of a Mockery* (1995), Taylor-Wood è partita da una situazione domesti-

In many ways, it is this concentration on the communication of emotion, and the difficulties of communicating emotion, which distinguishes Taylor-Wood's directorial style, and which suggests that she is concerned with returning people's voices to them – a process, in fact, of empathy.

If 'empathy' can be defined as the power of projecting one's personality onto an object of contemplation, and thereby achieving a full understanding of that object – and a fuller understanding of oneself – then there is a core of sensibility in the work of Sam Taylor-Wood which is both fearful of, and obsessed with, our empathetic relationship to ourselves and to teach other. In addition to this, she addresses an ambivalent obsession with intimacy while reflecting a society, or stratum of society, which is seemingly incapable of empathy, at times mundane and domestic, at times suggesting a kind of 'demi-monde deluxe', and, on occasion, approaching the psychopathic in terms of its self-reflecting self-obsession.

Regarded as pageants of emotional frustration, or as documents of repressed or disguised feeling, seeking catharsis, the unifying impact of Taylor-Wood's images – photographs, videos, film-portraits – is to place the viewer in a controlled but uncomfortable relationship with her subjects, and, more importantly, to feel their feelings for them. This is an effect of Taylor-Wood's work that the writer Philip Hoare, interviewing the artist in September 1998, described, with great accuracy, as like watching 'interactive closed circuit television.'[1]

Much has been written about the relationship between the art of Sam Taylor-Wood and the American cinema of Coppola and Warhol; and yet within Taylor-Wood's empathetic reinvention of filmed or photographed portrait – much of which could be described as a triumph of formalism and mannered vision – she manages to articulate not only the feelings of her subject, but also our feelings on witnessing that subject's donation of an emotional imprint, so to speak, on the seductive host surface of her seemingly 'blank' film. In achieving these effects, it could be said that Sam Taylor-Wood is an artist who records the ethical resonance of common emotion, working backwards or forwards from a point of collapse. Hence, perhaps, the monolithic tension of her trembling gymnast in *Noli Me Tangere* (1998); hence, also, the eloquence of her violent juxtaposition of image, soundtracks and intention, as displayed in works such as Killing Time (1994), *Brontosaurus* (1995) and *Misfit* (1996) – revealing the complexities of the commonplace, and turning the body of emotions – our faith in facades – inside out.

The 'ordinary', the 'commonplace' and the 'banal': paradoxically, these can be the most complex states of all to define, serving, as they can, as portals to the wholly extraordinary, the disturbing and the underground of consciousness. In some of her earlier works – *Killing Time* (1994) and *Travesty of a Mockery* (1995) – Taylor-Wood was working from an apparently domestic, or 'commonplace', situation; her 'characters' seemed like 'ordinary' young adults, at ease in their context but driven or directed to disrupt their own signifi-

ca apparentemente ordinaria, i cui "personaggi" appaiono come giovani adulti "normali", a loro agio in quel contesto ma al tempo stesso spinti a sconvolgere il loro ruolo, nonché le nostre aspettative. Potremmo associare queste due opere al metodo della "mosca sul muro" usato dal documentario televisivo, e a tutte le sensazioni emotive e voyeuristiche che esso suscita nello spettatore; in questo senso l'invenzione di Taylor-Wood di una "tivù interattiva a circuito chiuso" può essere vista come l'amplificazione contemporanea (ma anche reinvenzione) di una tradizione ritrattistica sociale che si occupa della crisi psicologica, della normalità eclissata da stati d'animo estremi, e in ultima analisi una forma di sublimazione nell'allegoria.

Per Taylor-Wood l'apparenza di "normalità" è direttamente proporzionale al turbamento che si cela sotto la superficie. L'esplosione emotiva, la "follia" interpretata con metodo dal giovane di *Method in Madness* (1994), sembra esprimere tanto lo sconvolgimento delle nostre aspettative contestuali, quanto l'esibizionismo (un altro tema cardine dell'opera di Taylor-Wood), l'esagerata percezione di sé e il dramma. Andy Warhol era solito sottoporre i fragili ego degli outsider "terminali" della società americana – in altre parole, coloro che dovevano lavorare più duramente alla costruzione di se stessi: tossici e *drag queens* – a un simile cimento claustrofobico, sotto lo sguardo spietato e indifferente della sua primitiva cinepresa a sedici millimetri. E a trent'anni da *Chelsea Girls* (1966), proiezione a schermo diviso in cui Warhol ottiene una biforcazione dell'effetto drammatico mescolando recitazione dietro regia e documentario, *Pent-Up* (1996) – l'installazione a cinque schermi di Sam Taylor-Wood – parrebbe completare il circuito di sensibilità avviato dalla patologia ritrattistica warholiana. Questo legame è pienamente espresso dalle parole con cui Paul Willemen ha definito lo stile del regista Douglas Sirk: "Il suo stile si serve di una dialettica fra alienazione e coinvolgimento, fra spingere un pubblico a identificarsi con i personaggi e mantenere al contempo una distanza critica". [2]

Con la sua ultima serie di fotografie, *Soliloquy I-V* (1998), Taylor-Wood realizza un accostamento di ritratti oggettivi e soggettivi, e in ciascun soliloquio crea un ritratto psicologico stilizzato di ogni soggetto. Le foto producono quindi una gran varietà di risonanze emotive: si va da un affollato sogno di erotismo nevrastenico (*Soliloquy III*) al vuoto di un parcheggio deserto che sta a rappresentare lo stato d'animo di un giovane solo (*Soliloquy V*).

In termini formali, in quanto serie di ritratti i *Soliloquy I-V* possono essere visti come la rappresentazione di una sorta di decostruzione retrospettiva della ritrattistica stessa – un processo che Taylor-Wood ha già affrontato in *Wrecked* (1996), la sua rielaborazione dell'Ultima Cena. In tre delle fotografie di questa nuova serie di immagini, Taylor-Wood esplora la coscienza sotterranea di un decadentismo *fin de siècle*, evocando immagini lussuose e romantiche che sotto l'aspetto emotivo e sensuale sembrano associare i sogni patinati della fantasia preraffaellita al glamour nervoso dell'orgiastico inno alla solitudine e al desiderio cantato dai Roxy Music nel 1973, *In Every Dream Homes a Heartache*.

In *Soliloquy I* un giovane è reclinato nella stessa posa della *Morte di*

cance and our expectations. There is a connection in such works to the 'fly-on-the-wall' method of TV documentary, and all of the emotional and voyeuristic feelings which that calls up in the viewer; in this much Taylor-Wood's creation of 'interactive closed circuit television', can be seen as a contemporary amplification, and reinvention, of a tradition of social portraiture which is concerned with psychological crisis, the eclipse of the mundane by extreme states of mind, and, eventually, a form of elevation into allegory.

For Taylor-Wood, one feels, the notion and veneer of 'ordinariness' increased in direct proportion to the disturbance that is implied beneath its surface. The emotional outburst, the Method acted 'madness' of the young man in Taylor-Wood's *Method in Madness* (1994), seems to say as much about disrupting our expectations of context as it does about exhibitionism (another major theme in Sam Taylor-Wood's work), self-consciousness and drama. Andy Warhol would subject the brittle egos of American society's terminal outsiders – in other words, those who had to work hardest at the construction of themselves: junkies and drag queens – to a similar trial by claustrophobia, held under the mercilessly indifferent eye of his primitive 16mm movie camera. Thirty years after Warhol made *Chelsea Girls*, in 1966, with its split-screen projection and matching bifurcation of the dramatic effect gained by blurring directed performance and documentary, Taylor-Wood's five-screen installation *Pent-Up* would appear to complete the circuit of sensibility thrown into action by Warhol's pathology of portraiture. Such a connection is well-described by Paul Willemen's assessment of the directing style of Douglas Sirk: 'the style operates upon a dialectic of alienation and involvement, of drawing an audience into identification with characters while maintaining a critical distance.'[2]

With her latest series of photographs *Soliloquy I-V* (1998), Taylor-Wood creates a juxtaposition of objective and subjective portraits, revealing in each individual *Soliloquy*, a stylised and psychic portrait of each subject. As such, these pieces have a broad agenda of emotional resonance, extending from saturated dreamworld of neurasthenic eroticism *Soliloquy III* through to the blankness of a deserted car-park, to stand in for an isolated young man's state of mind, *Soliloquy V*.

In formal terms, as a series of portraits, *Soliloquy I-V* can be seen to perform a kind of retrospective deconstruction of portraiture itself – a process which Taylor-Wood has already approached in her recreation of The Last Supper, in *Wrecked* (1996). With this new series of images, Taylor-Wood explores the underground consciousness of a *fin-de-siècle* decadence within three of these photographs, calling up luxurious and romantic images which seem to connect – emotionally and with an eye to the wholly sensual – the lucid dreams of pre-Raphaelite fantasy, with the nervous glamour of Roxy Music's orgiastic hymn of 1973 to loneliness and desire, *In Every Dream Home A Heartache*.

In *Soliloquy I*, a young man reclines in the pose of Henry Wallis's *Death of Chatterton* (1854); the tableau of his dreams – echoing the format of Taylor-Wood's *Five Revolutionary Seconds* series – runs be-

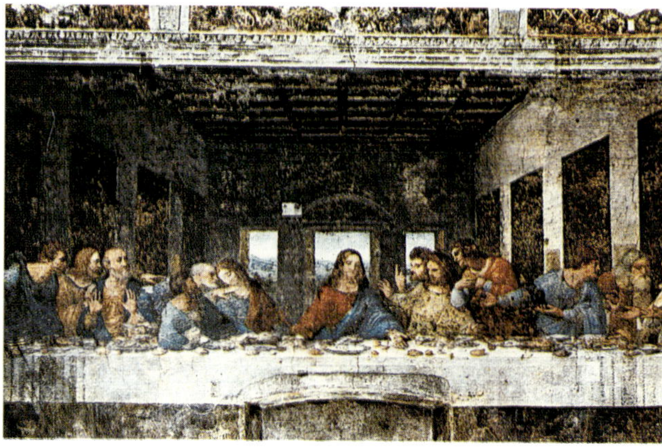

Leonardo da Vinci
Ultima Cena
Last Supper
1495-1497

Chatterton (1854) di Henry Wallis; sotto di lui scorrono in sequenza le immagini dei suoi sogni – un formato che ricorda i *Five Revolutionary Seconds* (1996) –, quasi a suggerire un mondo psichico-sotterraneo, nel quale all'interno di un ambiente opulento di stile orientaleggiante compaiono figure rarefatte, stilizzate e potenzialmente predatrici. Questa trattazione del glamour e della sessualità, venata da un senso di paranoia, è ripresa nell'accostamento ancora più enfatico del sognatore e dei sogni presente in *Soliloquy III*: la nascita di una Venere contemporanea che si guarda allo specchio mentre sotto di lei è raffigurata un'orgia. In tutta la serie *Soliloquy* si avverte un netto contrasto tra la figura umana isolata – in un momento di abbandono, o comunque vulnerabile – e l'affollato paesaggio onirico, all'interno del quale ha preso il suo posto un complesso di *dramatis personae* di sostituti psicologici.

Secondo la Gestalttheorie dell'interpretazione dei sogni, noi "cediamo" la nostra identità cosciente alla totalità dei personaggi che popolano i nostri sogni: noi siamo tutte le persone comprese nei nostri sogni, e forse possiamo tracciare una mappa psicologica di ciò che ci spinge ad agire in un certo modo, delle nostre contraddizioni e dei nostri sentimenti cercando di instaurare un dialogo coi nostri sostituti onirici. "I numerosi gentiluomini di cui mi compongo"[3]: con queste parole Marcel Proust ha descritto la cessione del sé a una varietà di sostituti; e anche i *Soliloquy* di Taylor-Wood potrebbero essere una descrizione della pratica gestaltica di dar vita a un dialogo interiore fra tutti i sostituti del subcosciente, al fine di comprendere la nostra capacità empatica.

In questa ultima serie Taylor-Wood continua pertanto a confrontarsi col processo empatico. Ha aperto un varco attraverso la sottile membrana del conoscibile e ha abbattuto le difese del sé: a questo punto critico la tensione dovrebbe allentarsi e consentire un istante di abbandono fra consapevolezza e oblio. Attenti a cosa c'è sotto.

Note
1. Hoare, Philip, ?, "Frank Magazine", novembre 1998, pp.156-161.
2. Hill, John, *Sex, Class and Realism*, British Film Institute 1986, p. 98.
3. Hayman, Ronald, *Proust*, Heinneman 1990, p. 91.

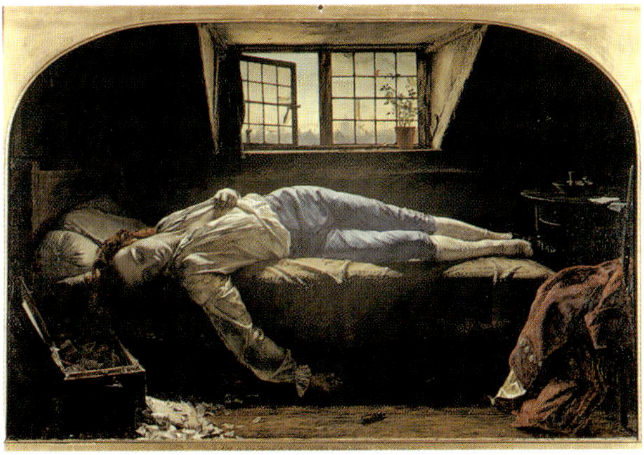

Henry Wallis
Morte di Chatterton
Death of Chatterton
1854

neath him, suggesting a psychic underworld, in which attenuated, stylised and potentially predatory figures are seen within an opulent, Orientalist interior. Here is an engagement with glamour and sexuality, underlaid by a sense of paranoia, which is continued in the more emphatic juxtaposition of dreamer and dreams in *Soliloquy III* – a contemporary creation of Venus regarding herself in the mirror, while an orgy is described beneath her. Throughout this sequence of photographs, there is a vivid contrast between the human figure in isolation – caught in repose, or vulnerable – and the people dreamscape, in which a *dramatis personae* of psychological representatives have taken their place.

Within the Gestalt theory of dream analysis, we subcontract our conscious identity to the entire cast of our dreams: we are all the people within our dreams, and can locate, perhaps, a psychic map of our motives, contradictions and feelings from attempting to have a dialogue with our dream representatives. Marcel Proust had described the subcontraction of the self into a cast of representatives as 'the many gentlemen of whom I am comprised'[3]; and the gestalt practice of creating an inner dialogue between our sub-conscious representatives, in search of an understanding of our empathetic capacity, could be seen to be described within Taylor-Wood's *Soliloquy* series.

As such, this new body of work continues Taylor-Wood's ambivalent engagement with the empathetic process; she has pushed through the membrane of the knowable, and broken down the defences of the performing self: the tension should break at this point of collapse, allowing a moment of release between self-awareness and oblivion. Look out below.

Endnotes
1. Hoare, Philip, "?", *Frank Magazine*, November 1998, pp.156-161.
2. Hill, John, *Sex, Class and Realism*, British Film Institute 1986, p. 98.
3. Hayman, Ronald, *Proust*, Heinneman 1990, p. 91.

Fuck, Suck,
Spank, Wank

1993
stampa
print

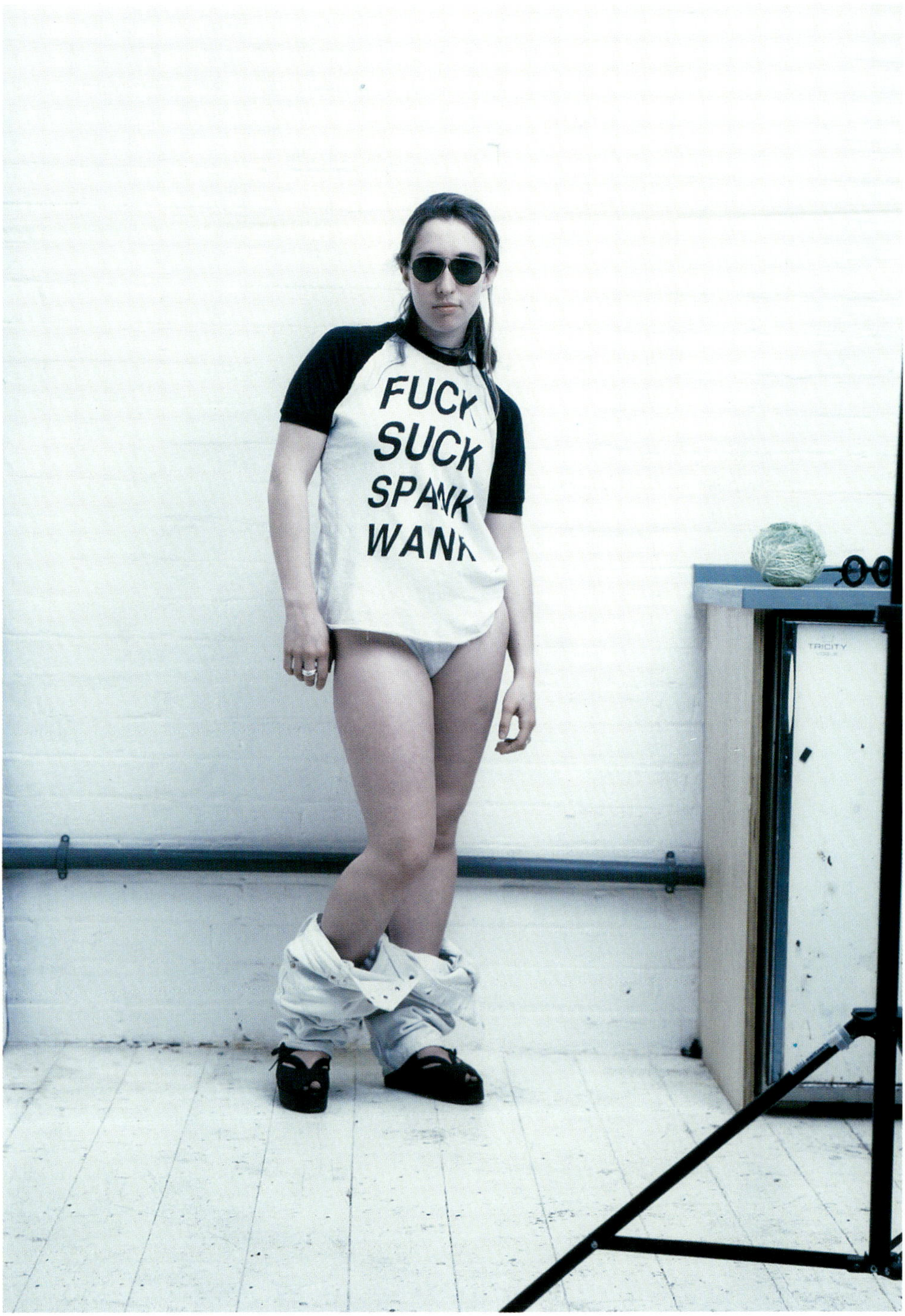
FUCK
SUCK
SPANK
WANK
TRICITY

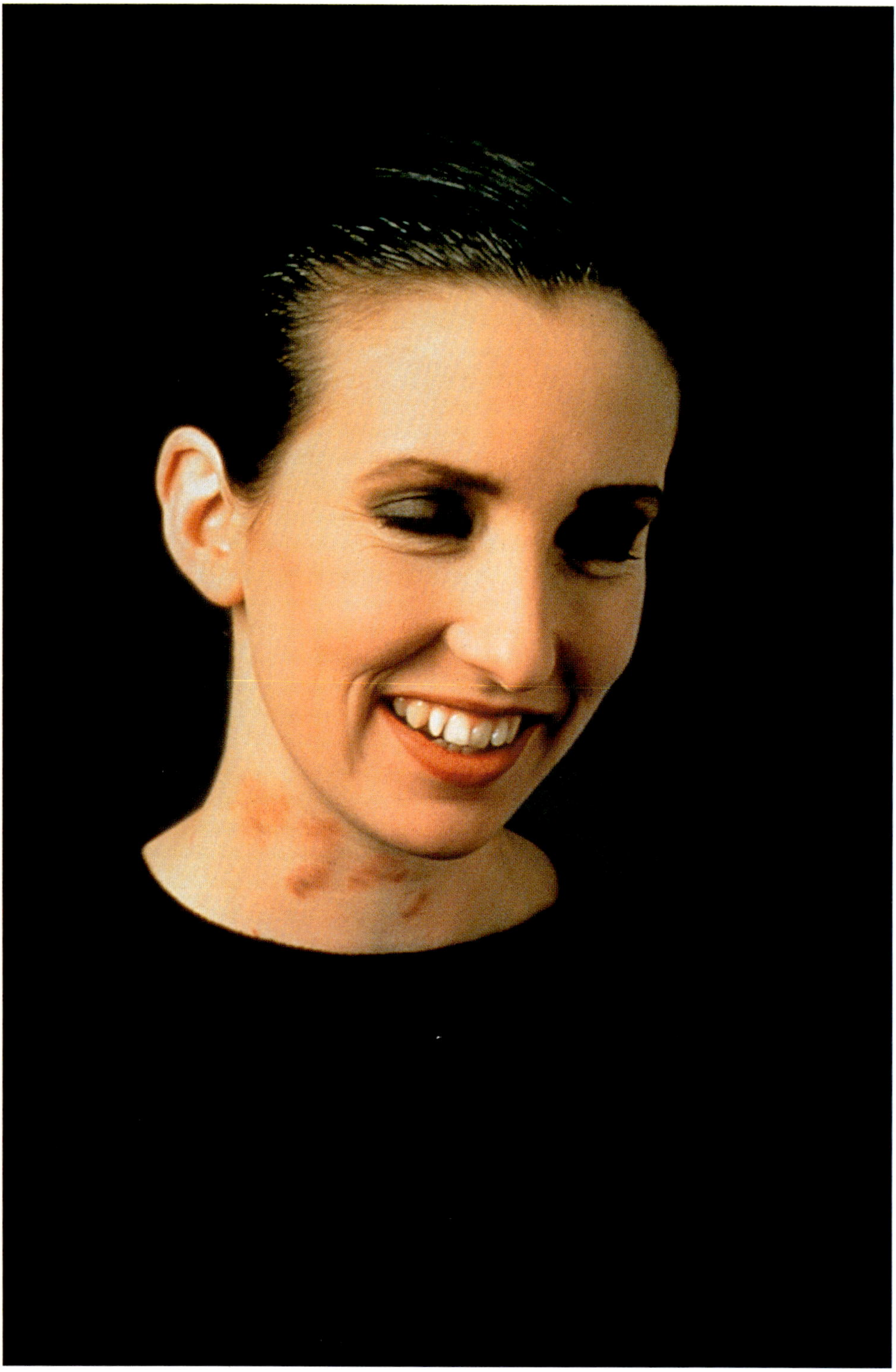

Slut

1993
fotografia a colori
colour photograph

October 26, 1993

1993
fotografia a colori
colour photograph

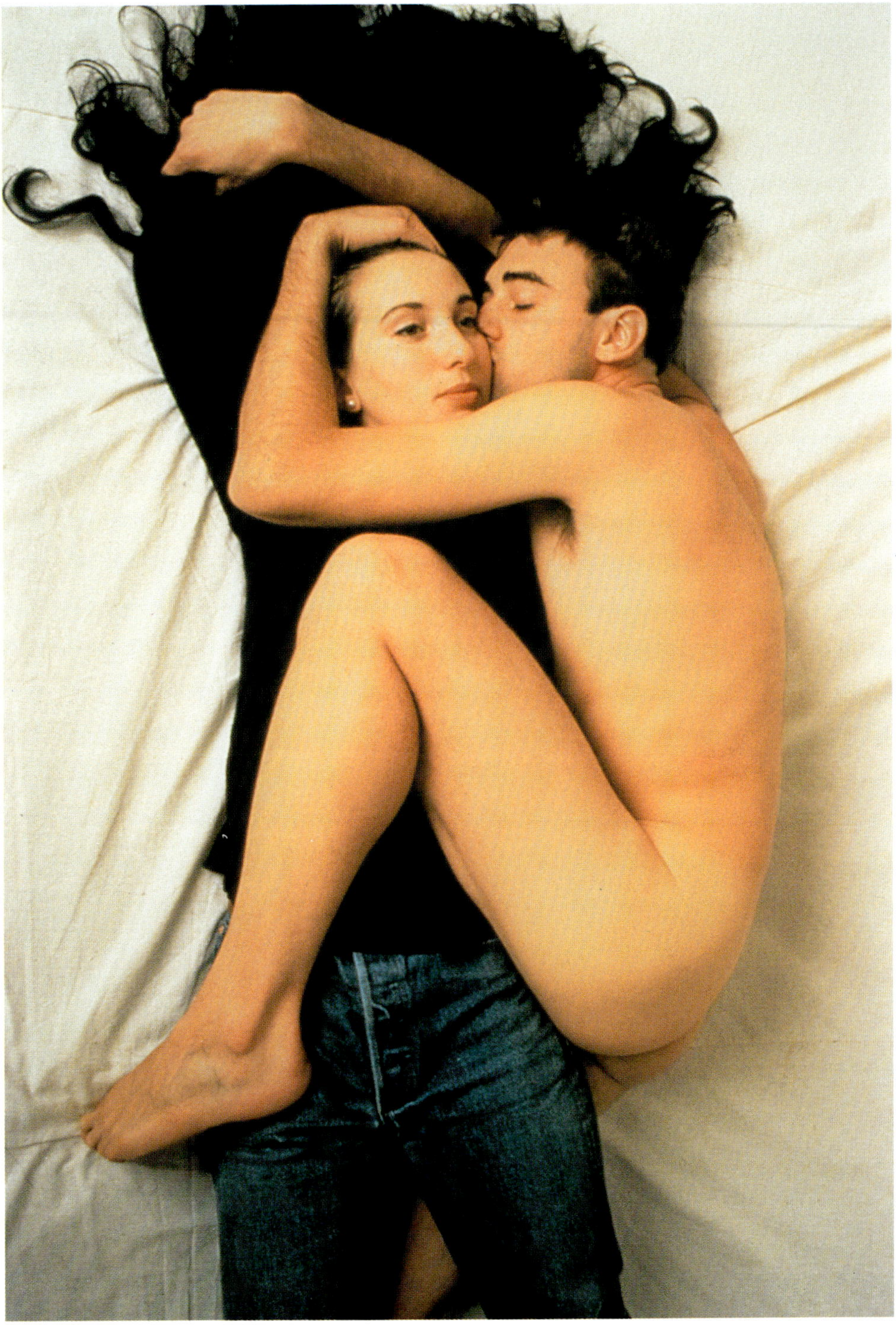

Spankers Hill

1994
fotografia a colori
colour photograph

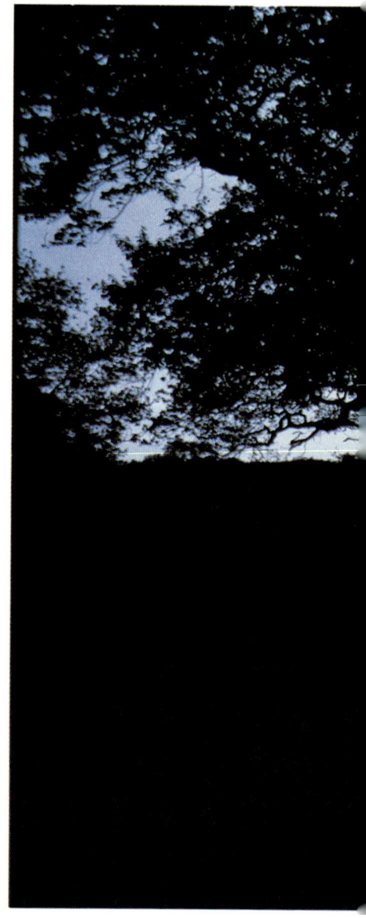

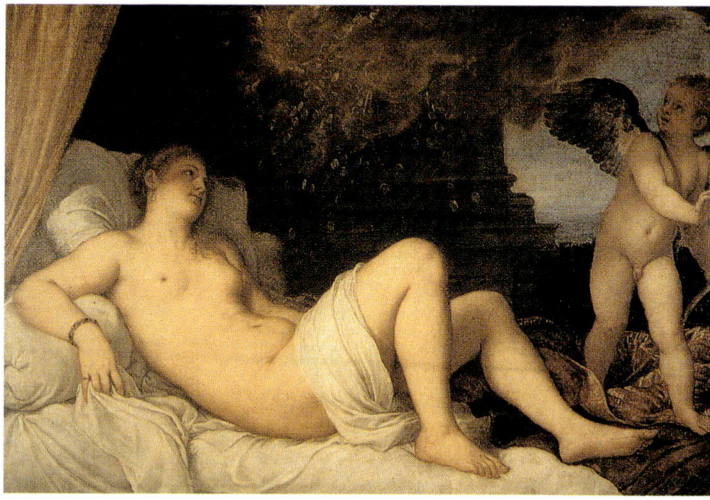

Tiziano/Titian
Danae
1545

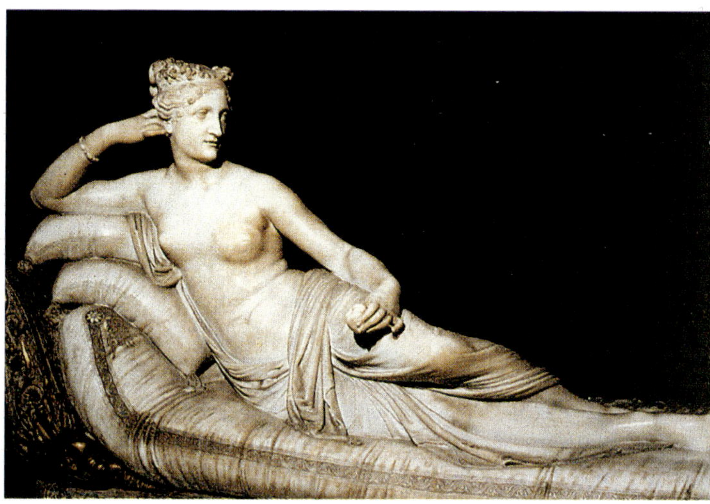

Antonio Canova
Paolina Borghese
1804-1808

con il luogo attivo della catena di corpi e di storie su cui poggia la sua immagine. La predella è luogo di desideri e di incontri, dove il racconto evoca un senso del limite causato dalla sua scansione in parti. A mano a mano che lo sguardo si addentra nei particolari, la stanza svela un che di torbido e di minaccioso, una sorta di dispositivo in cui si intrecciano normalità e proibizione. I corpi sono impegnati in una fantasmagoria di posizioni e di relazioni che l'occhio indiscreto della macchina fotografica mescola e rende tanto allucinatorie quanto possibili. La performance di ognuno crea un paesaggio dalla sconfinata polisemia. Genera pulsioni di vita e di morte, di amore e di sesso.

In questo caso volevo rappresentare una situazione incentrata sulla bellezza e sulla vanità, sul rapporto tra carne e sesso. Nella serie *Soliloquy* affronto diverse dinamiche del pensiero, compreso quello erotico e pornografico. Pertanto la figura femminile di *Soliloquy III* sta pensando a se stessa come a un oggetto sessuale decisamente attraente, come qualcuno che è abituato a essere guardato e a essere un oggetto di desiderio. Nella parte inferiore, invece, veste di rosso ed è seduta sulla poltrona, quasi che nel sogno fosse protetta e assistesse, come testimone, a uno scenario orgiastico che non le appartiene o le è indifferente.

Mi sembra che la scelta dell'ambiente fornisca un'ulteriore chiave lettura interpretativa. È un territorio emotivo oppure è un agente anonimo o violento che oscilla dalla casa al bagno turco? Quali connessioni magnetiche si stabiliscono tra la vicenda e l'ambiente? È un "grembo" di attrazione o di repulsione, produce sicurezza o senso di colpa, oppure è semplicemente "trovato" e quindi frutto di una casualità visuale?

In *Soliloquy III* si tratta di un comune appartamento, quasi da casa popolare, di quelle che il governo costruisce con i sussidi per l'edilizia abitativa. È quindi un'abitazione modesta, che mantiene tuttavia una forte connotazione di decadenza. L'arredo, il tipo di attività, le pose e i colori, i vestiti e le azioni rivelano invece ricchezza e prosperità. Inoltre ho voluto creare un contrasto tra lo spazio anonimo e banale e la forza carnale dei corpi.

E la costruzione dell'orgia?

Accade... come accade nei sogni. Non c'è alcun riferimento, non c'è alcuna organizzazione. Fa parte piuttosto della definizione del titolo *Soliloquy*. Rimanda all'immagine di un attore shakespeariano che, rivolto alla platea, dice ad alta voce cosa gli passa per la mente – quasi si trattasse dello spaccato del suo occhio interno, capace di commentare e di spiegare ciò che vede o percepisce –, e poi, subito dopo, torna nel pieno della scena e della rappresentazione di cui fa parte. Stavo pensando proprio a questa dimensione di distacco che permette a una persona di estraniarsi e di vedere, tramite lo sguardo interiore, le proprie ansie e i propri desideri relativi a quanto accade o può accadere. La figura femminile si sdoppia o si triplica nell'immagine riflessa nello specchio così come nel suo riflettersi interiore, quello della proiezione scandalosa e pornografica di una storia aperta a tutte le interpretazioni. [→ p. 70]

Five Revolutionary
Seconds I

1995
stampa fotografica
a colori su vinile e sonoro

colour photograph
on vinyl and sound

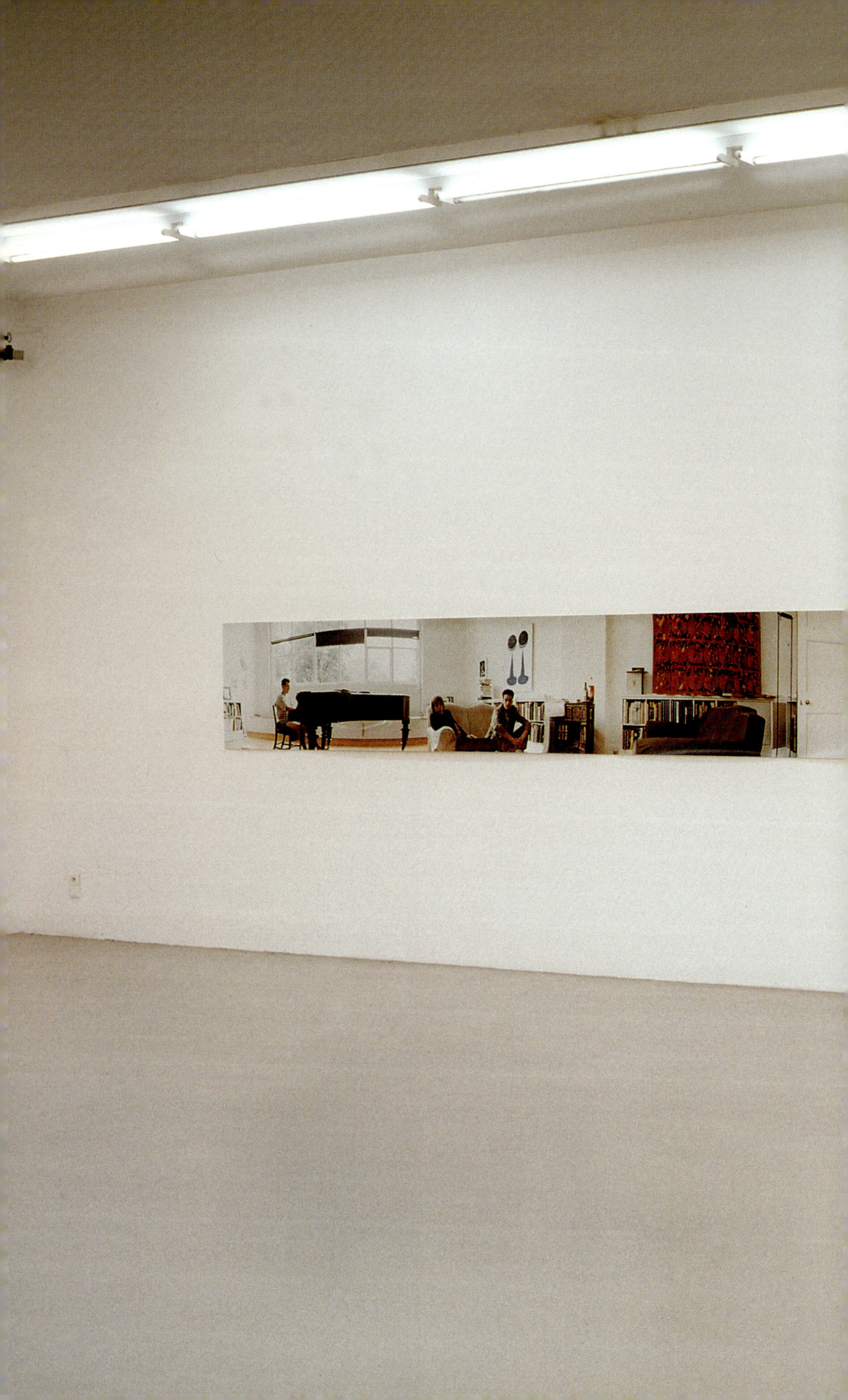

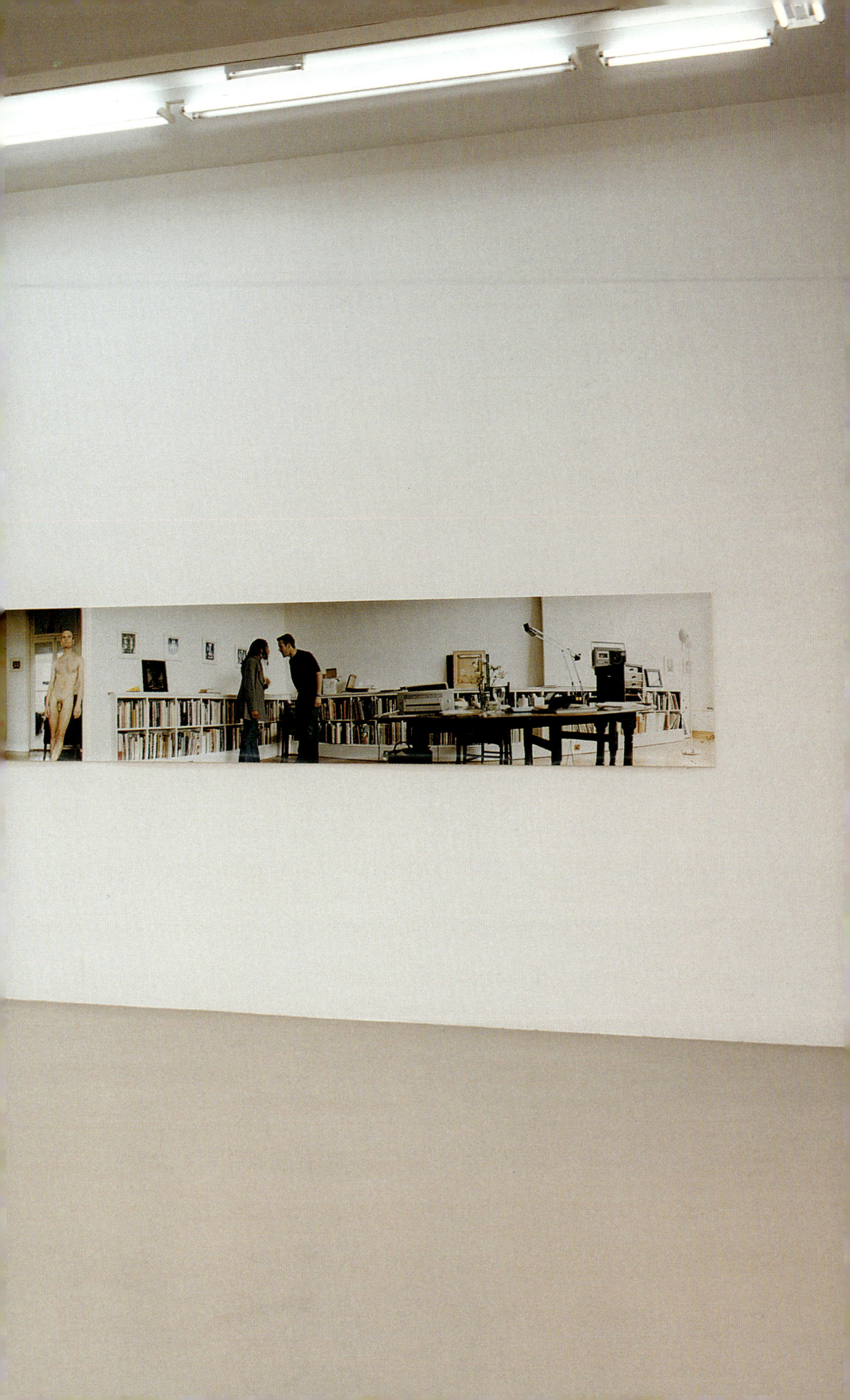

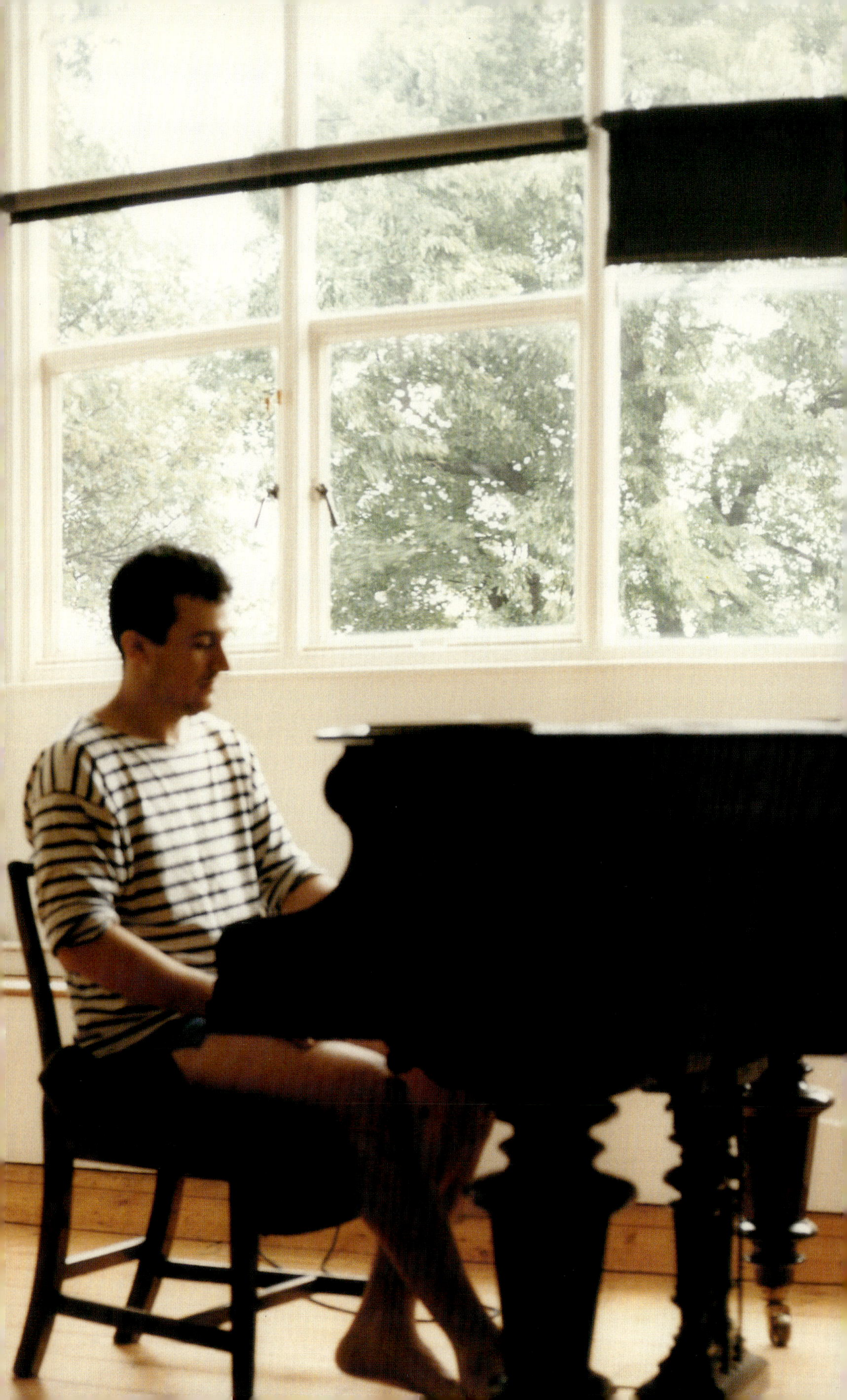

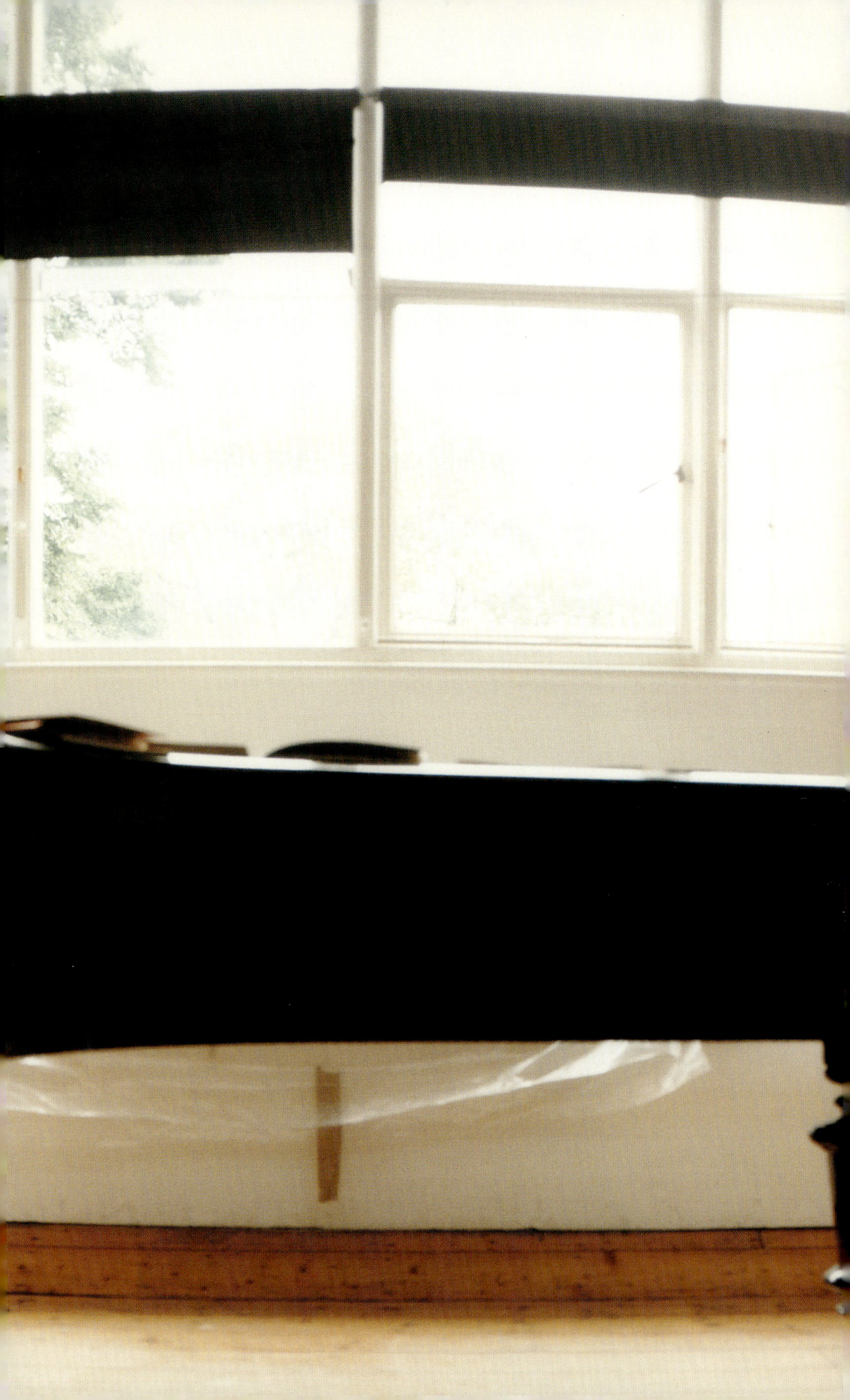

Five Revolutionary Seconds II

1995
stampa fotografica
a colori su vinile e sonoro

colour photograph
on vinyl and sound

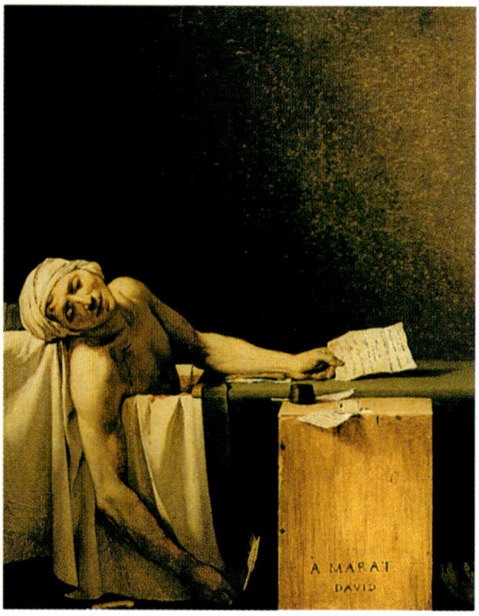

Jacques-Louis David
Marat assassinato
The Death of Marat
1793

Trattandosi di proiezioni circolari, una lettura che si sviluppi da sinistra o da destra non ha alcun senso.

In effetti non ne ha alcuno, è a trecentosessanta gradi: si può entrare in un dettaglio e trovarvi un significato particolare, oppure iniziare la lettura da una parte o dall'altra. È una donna che pensa al suo piacere.

Nella stessa serie, Soliloquy I, IV *e* V *[→ p. 294]**, oltre che una diversa relazione con i luoghi di transito – dal divano, alla camera da letto o alla strada –, suggeriscono percorsi iconografici che spaziano dal* Marat assassinato *dipinto da Jacques-Louis David ai film di Federico Fellini e di Jean-Luc Godard, da* 8 1/2 *a* Sino all'ultimo respiro. *Riconosci delle affinità segrete con questi richiami culturali, oppure si tratta di una logica di mutamento linguistico?*

Ho cercato di differenziare stilisticamente ogni pezzo in modo da non avere un'unica maniera ma da trovare diverse scritture per immagini. La condizione sospesa del sogno o dell'angoscia, sia del racconto che della visione, mi serve a "sospendere" il tempo o le contingenze legate al particolare; cerco una temporalità sempre diversa, secondo ritmi e luoghi differenti.

Il respiro angosciante e solitario delle predelle di *Soliloquy* IV e *Soliloquy* V è differente da quello delle precedenti. Il silenzio di *Soliloquy* V è riflesso nel parcheggio vuoto, dove ricompare il personaggio, mentre la fisionomia e la peculiarità corporea delle figure, dai nani ai gemelli, che compaiono in *Soliloquy IV*, esasperano il senso dello smarrimento. Il racconto del registro inferiore è una disseminazione di organi dispersi, quelli che compongono il corpo "inconscio" della figura maschile o femminile.

Nell'affidare al Marat odierno un misto di deliquio fatto di eleganza e di abbandono, e una storia asessuata e metafisica alle figure femminili che corrono in un ambiente decadente e ricercato e alla figura della Saraghina felliniana, ti proponi una "corruzione" delle immagini tradizionali o, quanto meno, una messa in discussione della loro iconografia. Questo approccio è palese in Wrecked, *dove l'*Ultima Cena *trova il suo corpo sacrificale nella figura femminile nuda e gli apostoli in un gruppo di amici. Cosa significa, allora, "storia"?*

Tali rimandi e tali citazioni sono una sorta di autodisciplina che impongo alla mia stessa storia, vissuta in base alla mia esperienza e alla mia mentalità. Non so se è un rovesciamento o un sovvertimento; non intendo attribuirle una connotazione politica. Semplicemente, mi appartiene. Intendevo quindi rivedere certe immagini – in questo caso il *Cenacolo* – per provare un senso di libertà. Volevo avere una donna al centro e creare intorno a essa un senso di abbandono. Una tavolata di gente completamente rilassata.

Creando nuove combinazioni di storie e di eventi sottendi un rovesciamento di valori che tende a consentire il ritorno a un caos primitivo, là dove dovrebbe essere possibile la trasformazione di un elemento in un altro – dal maschile al femminile, dal romantico al pornografico, dallo storico al contemporaneo, dal normale al diverso. È un modo di creare un nuovo genere di realtà che si basa sia sui travestimenti sessuali che sulla differenziazione corporale. In questo senso colgo delle analogie tra la rigenerazione della figura femminile presente in Wrecked *e il potere di trasformazione fisico-mentale che si sviluppa nella dimensione psico-sessuale del sogno della donna di* Soliloquy IV.

Tutte le mie rappresentazioni tendono al fantastico. Con *Soliloquy IV* volevo creare una visione onirica, non partecipe della realtà: tre nani, un bambino, i gemelli creano una situazione per nulla quotidiana. Inserendo figure disparate tendo a uscire da un sapere unico – o quanto meno unificabile –, a far trasparire l'estrema fragilità della sua logica e del suo progredire. La commistione assurda produce una mescolanza che è paradossale e insieme labirintica. 71

Queste "articolazioni di racconto" operano in base a un progetto o sono fondamentalmente intuitive? Vale a dire: sono frutto di una tua rigida programmazione o nascono dalla percezione di un ricordo indefinibile e ambiguo?

Volendo creare una condizione onirica e irreale, l'impaginato della sequenza è basato sulla ricerca di un'inclinazione verso il vuoto e l'aperto e quindi ambigua. Al pari di *Five Revolutionary Seconds*, la serie *Soliloquy* aspira a creare qualcosa di surreale, una possibile narrazione, per cui ho disposto sul set diverse individualità in un unico ambiente. Questo espediente coagula le loro presenze e lega le singole unità alle singole caratteristiche, e al contempo le unifica, le intreccia, dà adito alla costruzione di un racconto che appare enigmatico e pertanto – come rappresentazione visiva – passibile della sovrapposizione di un'interpretazione personale esterna.

Soliloquy IV è costruito in modo tale che la donna distesa sul letto, con gli occhi chiusi, proietti fisicamente i suoi stati interiori. La storia nella predella dilata l'attenzione all'universo delle cose come delle persone relazionabili a ciò che lei sogna; la presenza di altri personaggi in un ambiente vuoto dà corpo a un sistema di riferimento autonomo: quello di una "casa vuota e morta". Al suo interno, la mescolanza delle caratteristiche fisiche e dei personaggi luciferini sembra sostenere il peso fisico del gomito della figura femminile. I nani guardano fuori dall'immagine e sono inseriti in una scena quasi teatrale, come se stessero osservando la donna che dorme e come se fossero attori che durante uno spettacolo, rivolgono la loro attenzione al pubblico quasi che l'inconscio rivolgesse il suo sguardo al conscio e al metafisico – costruito sulla presenza di esseri diversi, per la loro statura e il loro doppio – e transitasse visualmente [→ p. 74]

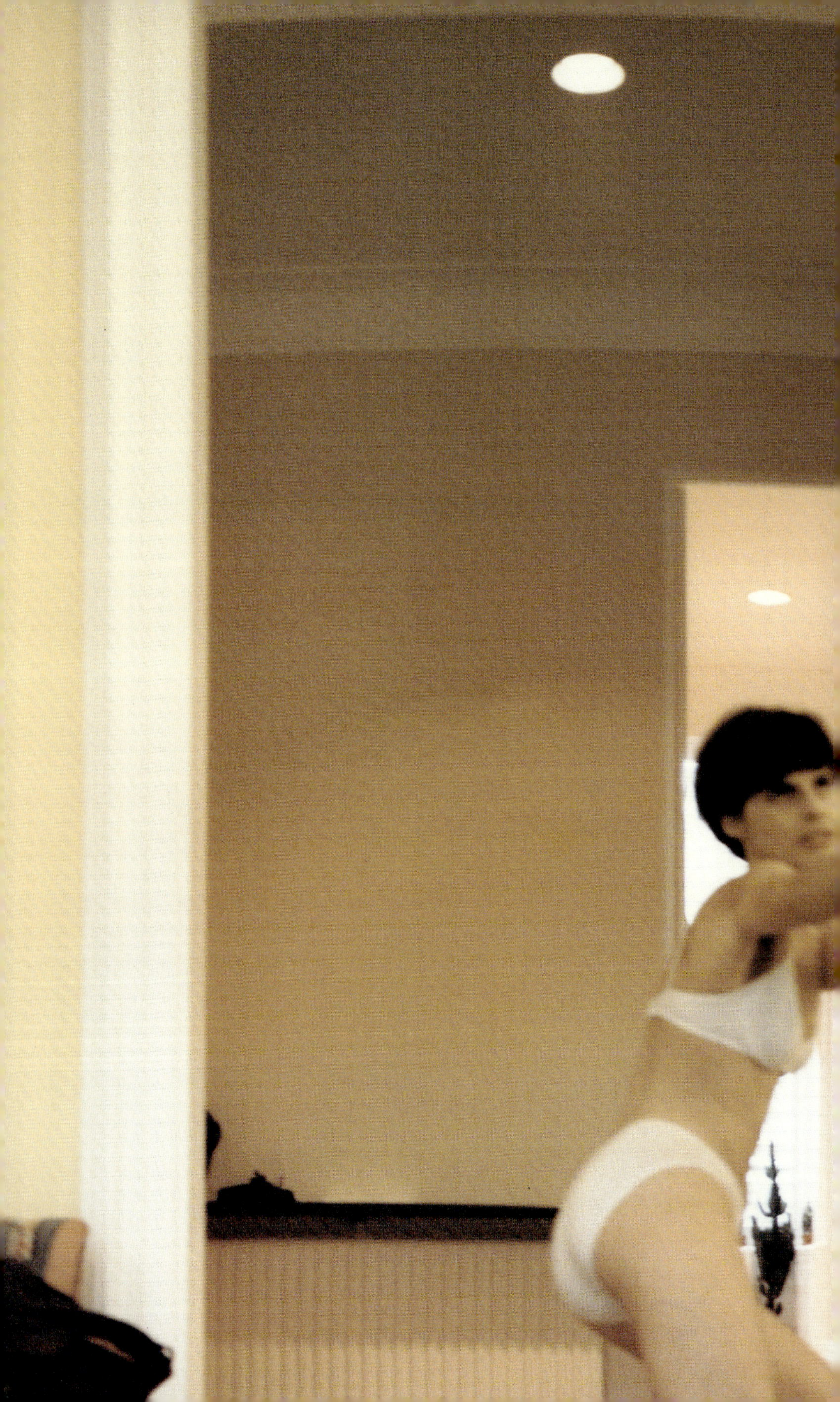

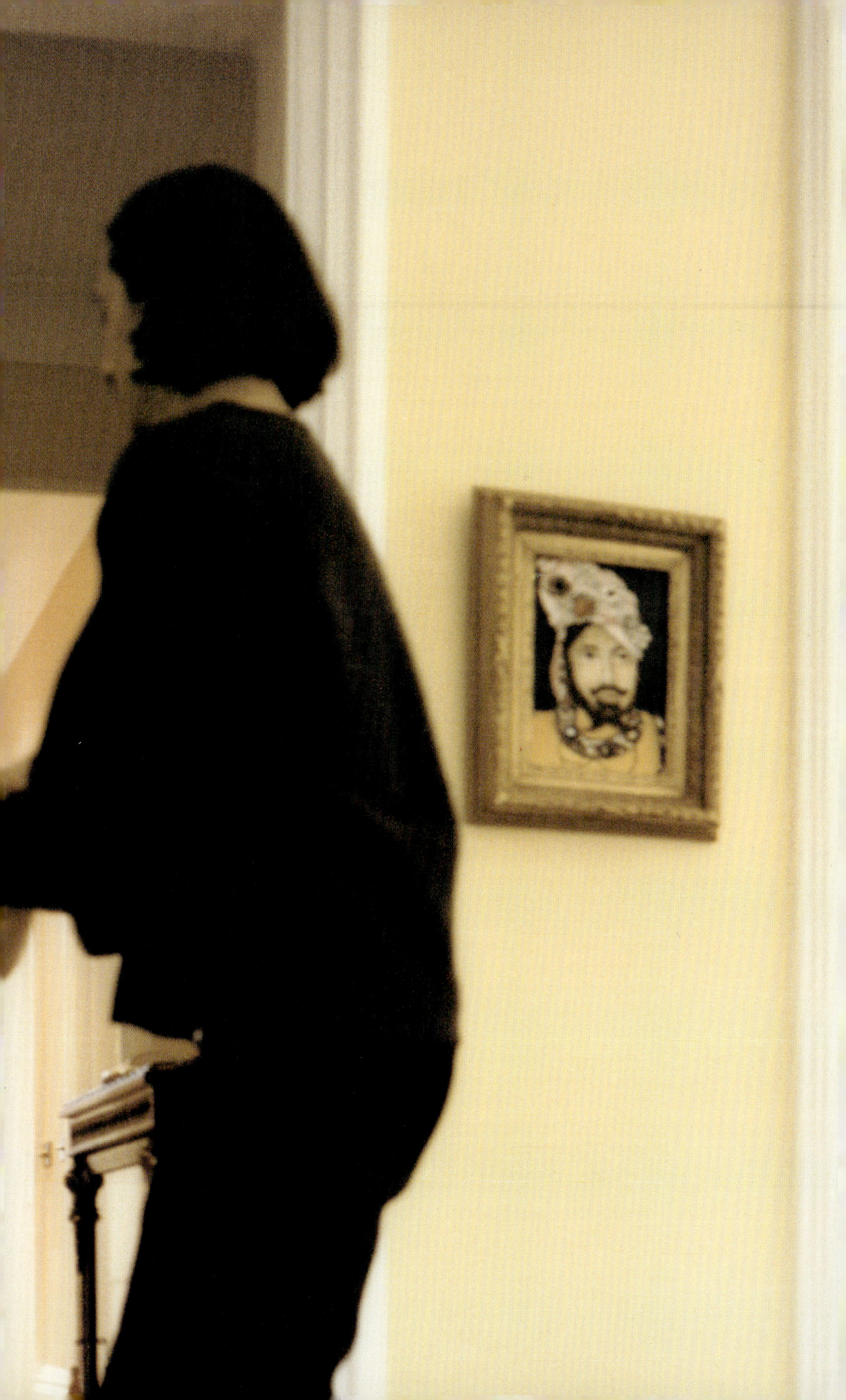

nel fisico dell'eccesso carnale. È un modo per innescare ansia e tensione tramite la dialettica tra sguardo mirato e fisso e sguardo nascosto – quello della dormiente – oppure tra le polarità ambientali del vuoto e dell'essenziale e quelle del pieno e dell'abbondante.

Se Soliloquy *IV costruisce un spazio quasi tattile e carnale contrapposto a quello asettico e mentale,* Soliloquy *I raccoglie e assomma uno spazio in movimento, estremamente decorativo, pieno di particolari soggettivi, frutto di una mente non astratta bensì fortemente narrativa. In questo caso si percepisce un universo esteso nel tempo e nello spazio, illimitato e privo di direzioni, carico di geroglifici mnemonici, dove la storia si intreccia al presente. Vi si intessono trame e vicende complesse che aderiscono completamente al luogo, come la maglia che copre il corpo della figura maschile abbandonata sul divano.*

Volevo che questo sogno proiettasse una sensazione di totale decadenza aristocratica, qualcosa che è assolutamente *over the top,* lontano dal suo universo. Le scene sono riprese nella casa tardo ottocentesca di lord Leighton, il pittore. Anche la dimensione fisica è come alterata, poiché il braccio del giovane è allungato e per di più alcune figure all'interno della scena inferiore sono alterate nelle proporzioni. L'ambientazione esprime negli arredi qualcosa di autenticamente decadente e fuori del tempo. Anche la ripresa fotografica riflette un approccio visuale tipicamente romantico.

Di tutt'altra natura è Soliloquy V. *Qui l'uomo appare per strada, chiuso in se stesso, perso nel suo universo, mentre la sua visione – nel registro inferiore – evoca un dissolvimento spaziale, quello di un parcheggio sotterraneo assolutamente deserto, dove lui ricompare sulla destra, vicino a un pilastro. Siamo dinanzi a una traversata nello spazio, dove non compaiono né riflessi, né tessiture sensuali o decorative, metafisiche o irreali. L'aria è impalpabile e rarefatta, quasi si trattasse di un panorama dell'angoscia e della paura solitarie.*

Un uomo che cammina contemplativo, quasi in trance: una figura a sé stante, che rappresenta un altro stato esistenziale. All'interno della serie *Soliloquy*, la sua apparizione serve a sottolineare che non esiste solo una condizione sognante, connessa allo stato del dormire, ma anche quella dell'essere svegli e attivi. In questo modo i vari stadi dell'esistere sognato passano dalle visioni introverse a quelle estroverse, dal pieno al vuoto, dal femminile al maschile, dal mobile all'immobile. Nella loro singolarità, i soliloqui formano comunque una totalità che documenta diverse condizioni, alcune dolci e sensuali, altre amare e impersonali. È sempre un parlare tra sé e sé, con uno sguardo fisso nel vuoto o gli occhi chiusi. È un'esperienza quotidiana che colpisce tutti noi quando siamo tra altre persone o da soli, per strada o a letto.

Ripercorrendo il tuo lavoro a ritroso, la serie Soliloquy *presenta configurazioni spaziali percorse da azioni e movimenti eterogenei che, poiché avvengono nello spazio omogeneo di un'unica stanza, sono tra loro riducibili, costruiscono un movimento virtuale realizzato per sezioni immobili. Lo stesso può dirsi per* Five Revolutionary Seconds, *formati da immagini bloccate nel tempo sinteticamente intellegibili perché ruotanti nella stessa orbita spaziale; il discorso, invece, muta con il passaggio alle proiezioni cinematografiche.*

[→ p. 82]

Five Revolutionary Seconds III

1996
stampa fotografica
a colori su vinile e sonoro

colour photograph
on vinyl and sound

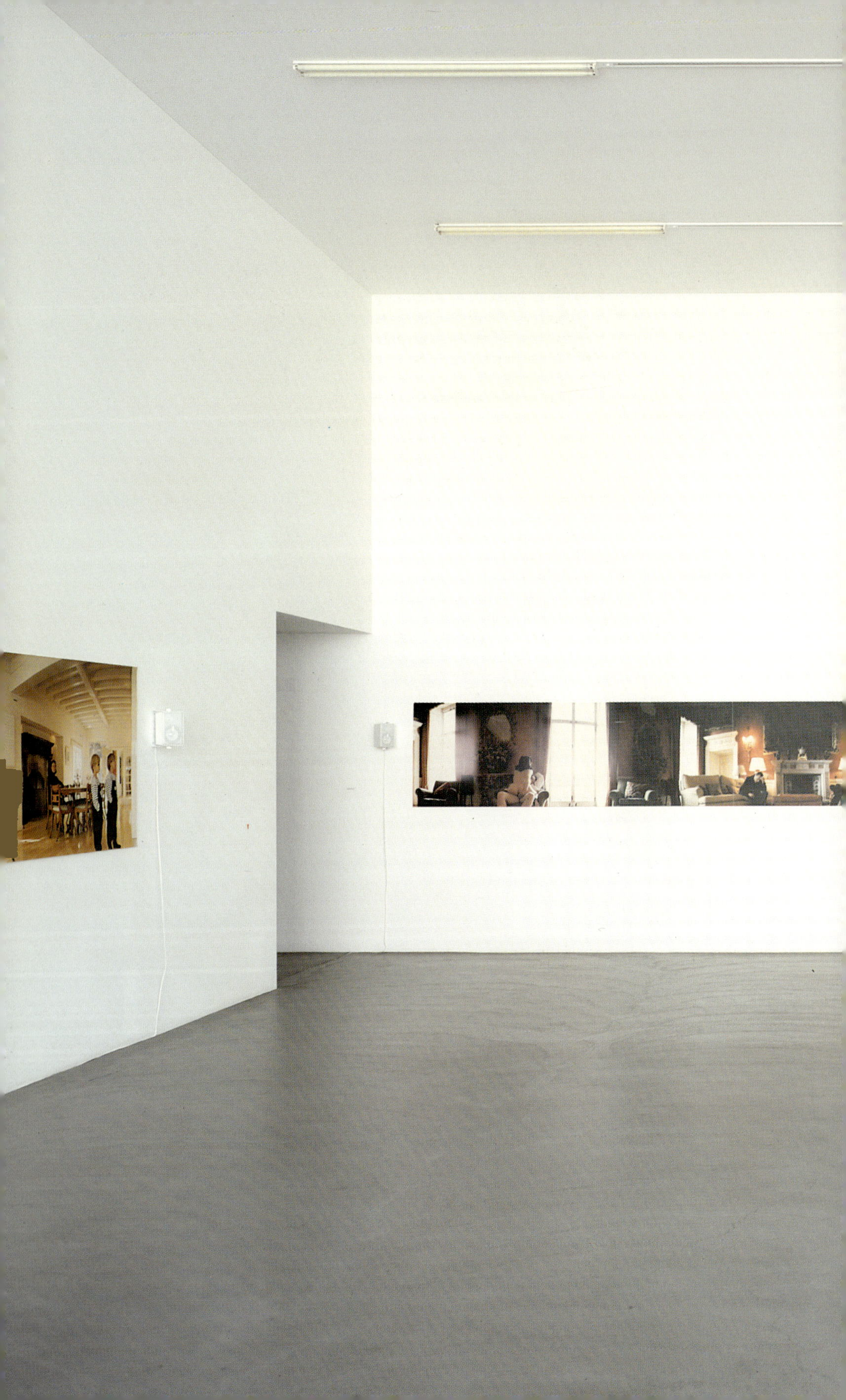

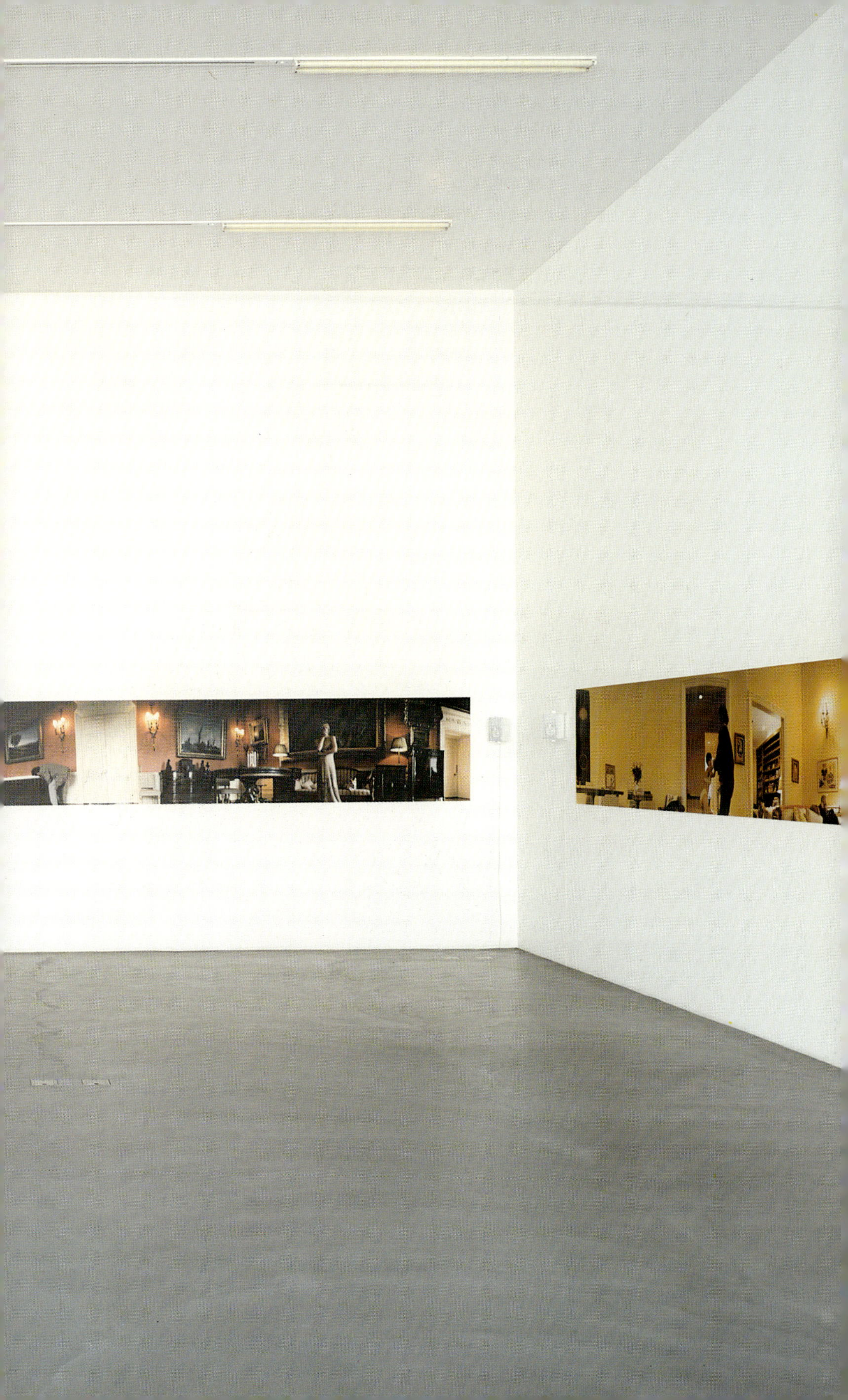

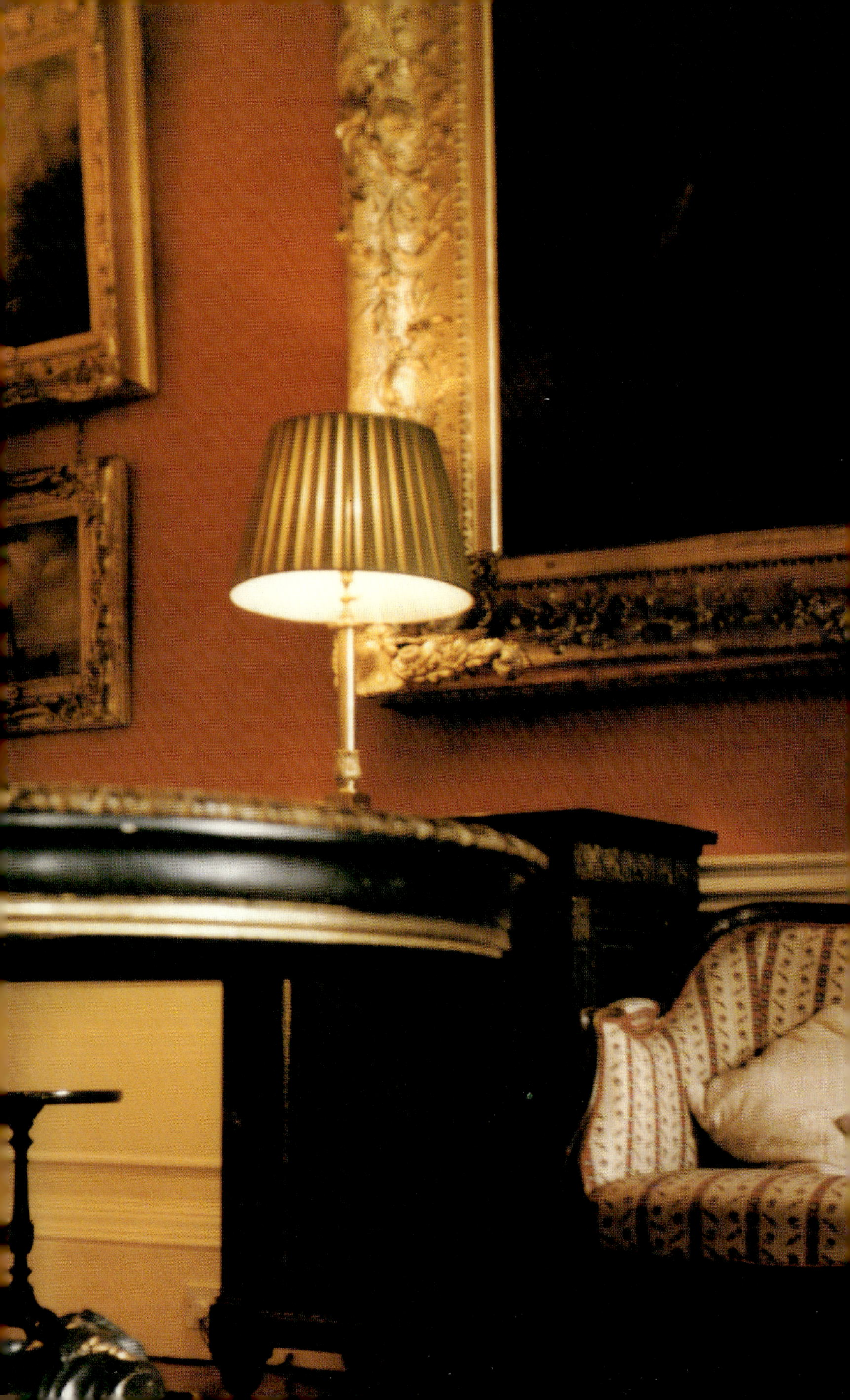

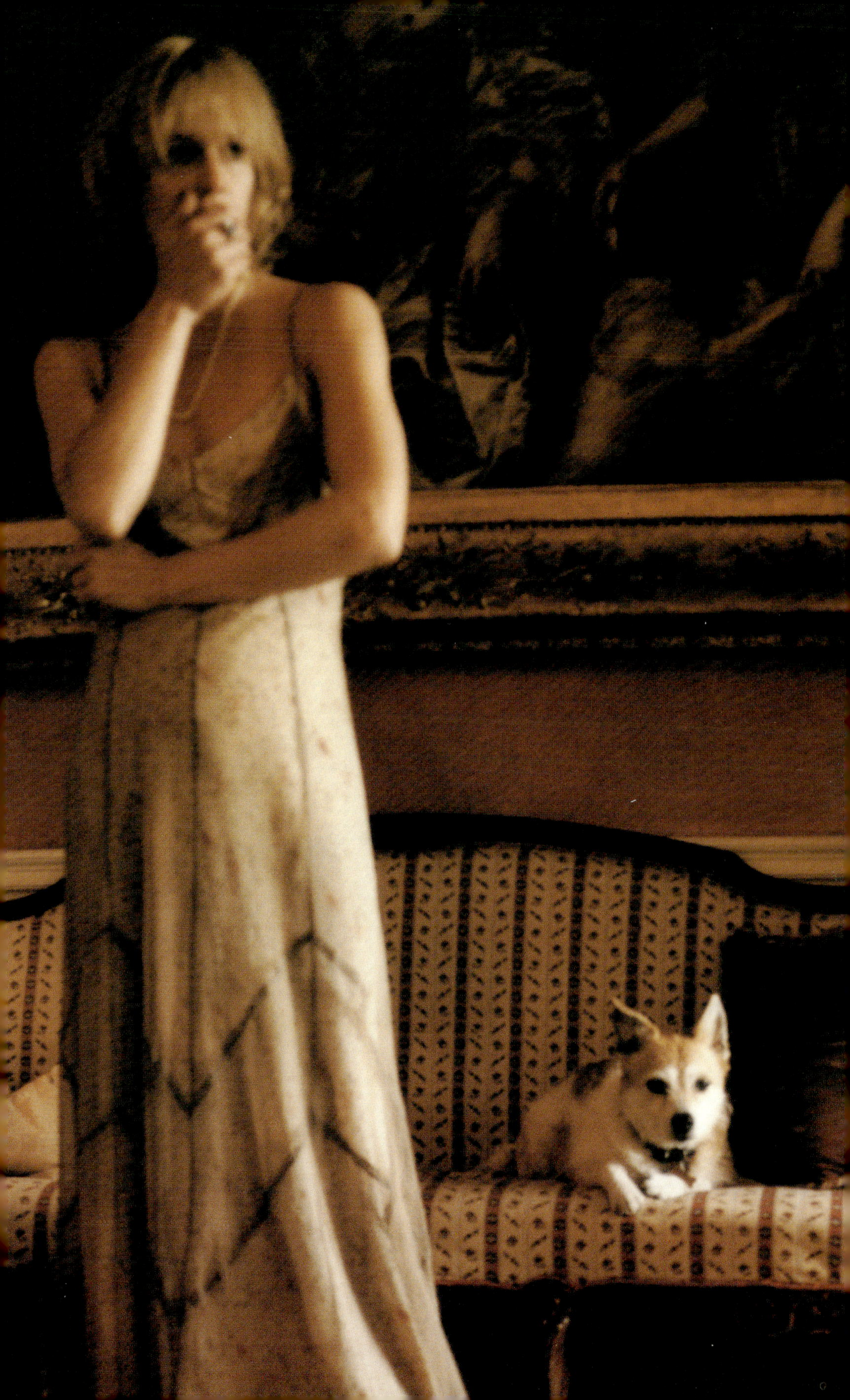

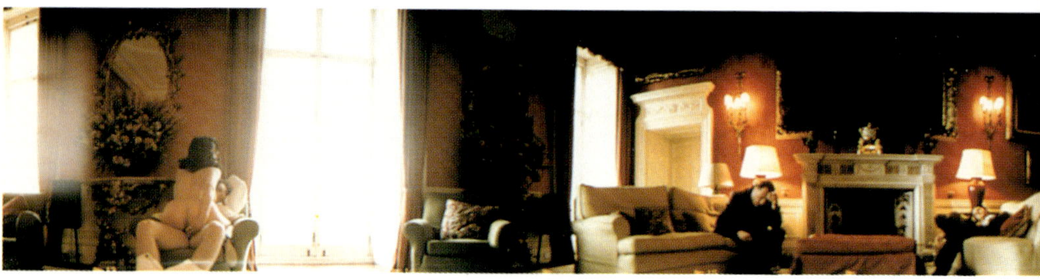

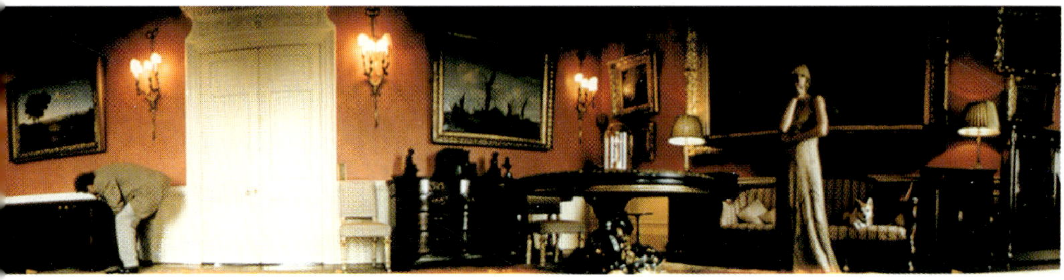

La metodologia operativa di *Soliloquy* e di *Five Revolutionary Seconds* è analoga, strettamente connessa alla ricerca di un racconto omogeneo. Uso la stessa strumentazione e la stessa modalità di ripresa. Il processo lavorativo coincide e viene espletato al massimo nell'arco di un giorno. La preparazione è invece più complessa, richiede almeno dalle sei alle otto settimane. Bisogna individuare le persone giuste e la giusta location, occuparsi dell'organizzazione e del processo operativo. Il rapporto di causa ed effetto è identico, perché la lunghezza delle sequenze è sempre di 7,5 metri circa: sono così lunghe che è impossibile vederle nel loro insieme; ciò significa che è necessario percepirle per parti, percorrerle, scegliere le sezioni da guardare. In questo senso, chi osserva è sollecitato a fare una sorta di editing visuale e mentale, mediante il quale ricava una propria lettura, il senso della narrazione o di quello che interpreta. Lavorandoci, penso sempre più che ciò che creo intende offrire una "provocazione" di significati, accentuare lo scarto da ciò che è presente ma subordinato alla proiezione esistenziale di chi guarda. Il display delle immagini è cinematico, dilata lo spazio e il tempo, istituisce un campo aperto di esistenza che rende possibile il viaggio interpretativo. Non si pone un luogo preciso, la

singola informazione acquista valore solo all'interno di un percorso e di una connessione. Avvicinandosi, ognuno è indotto a negoziare la porzione di spazio selezionata, a capire perché lo sguardo si sofferma sulla donna o su un gruppo, su un particolare ambientale o su un dettaglio. È come se ci si stesse muovendo al suo interno per prendere coscienza dell'ambiente e delle presenze. È come costruire un dialogo tra sé e un racconto "accogliente" che si apre allo sguardo.

L'esperienza è come una miscellanea: ognuno crea le coordinate per definire le presenze che concorrono a formare gli elementi costitutivi del racconto. Il procedere è simile al gioco con le carte, dove conta la mescolanza di tempo e di spazio, oltre che di gesti e di situazioni. Inoltre la percezione si basa sul ricordo, per cui le combinazioni differiscono in relazione alle diverse esperienze personali. Anche l'intuizione come metodo fornisce risposte diverse, così che la mente e l'occhio, leggendo, costruiscono rappresentazioni in relazione sia al movimento sia allo scarto della memoria che crea iati e cesure, all'interno dei quali le figure o gli ambienti da te creati possono agire e offrire materia di interpretazione.

Five Revolutionary Seconds copre una serie di stati esistenziali diversi, con tutte le possibili variazioni: dalla più assoluta normalità all'eccesso. Così in *Five Revolutionary Seconds III* [→ p. 75] compaiono una persona assorta in se stessa, un'elegante figura femminile che sembra in attesa di qualcosa, un accoppiamento erotico e un personaggio maschile che scruta l'ambiente. In *Five Revolutionary Seconds V* [→ p. 91], in un grande loft si incrociano alcune figure sedute, un gruppo che sta discutendo e che si riflette in uno specchio, e una donna vestita di rosso che sembra correre via, uscire dalla scena. Allo stesso modo, in *Pent-Up* (1996) [→ p. 231] la sequenza delle proiezioni vede scorrere parallelamente diverse condizioni umane. Le loro azioni alludono, non arrivano a esprimere completamente: una donna cammina assorta vicino a una cancellata; un anziano sembra essersi svegliato nella notte restando pensoso; un ragazzo si aggira nella sua stanza da letto; una ragazza ubriaca parla da sola in un bar ed è come adirata; l'ultima figura maschile tocca l'apice di un certo turbamento anormale. [→ p. 90]

Five Revolutionary Seconds IV

1996
stampa fotografica
a colori su vinile e sonoro

colour photograph
on vinyl and sound

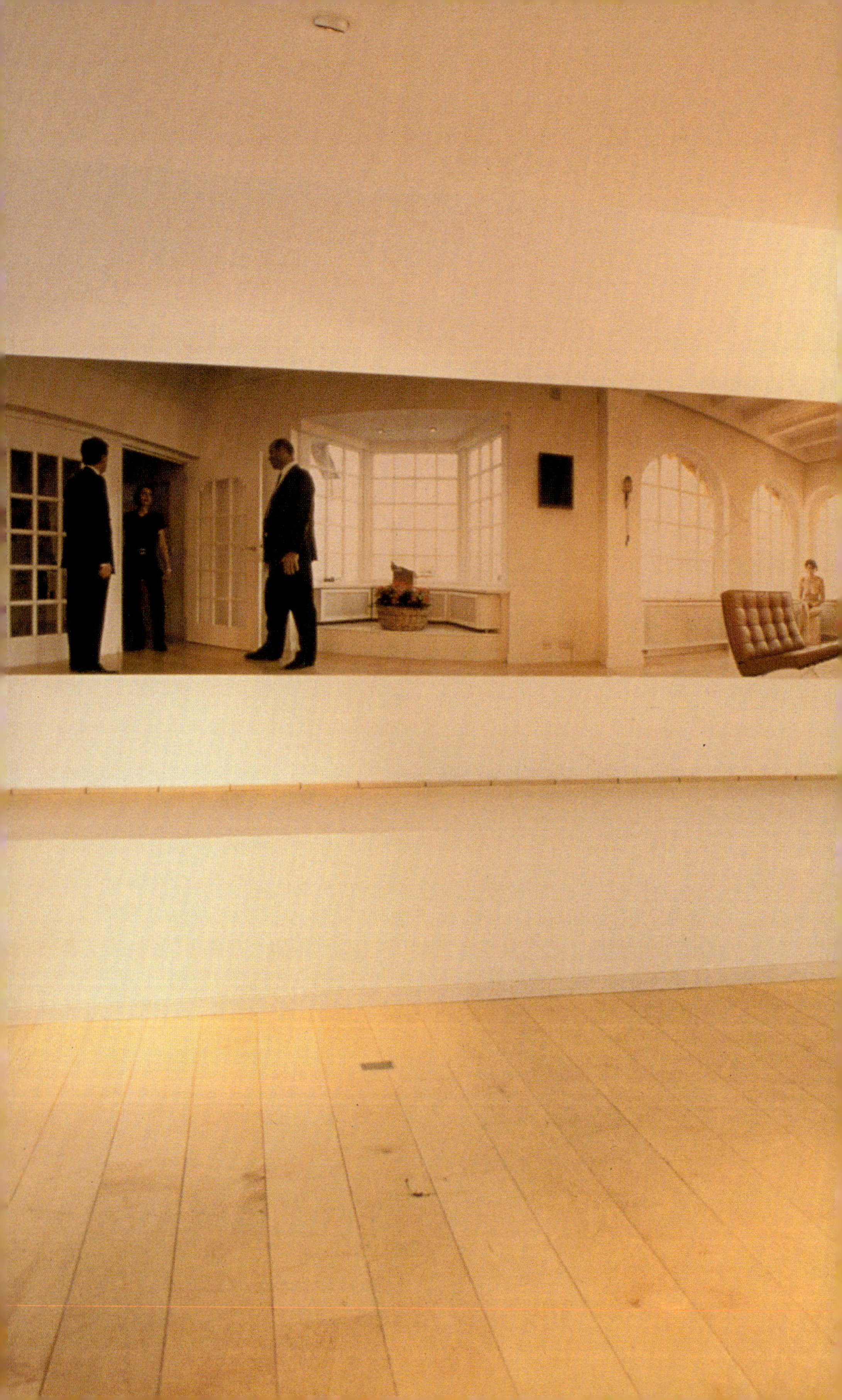

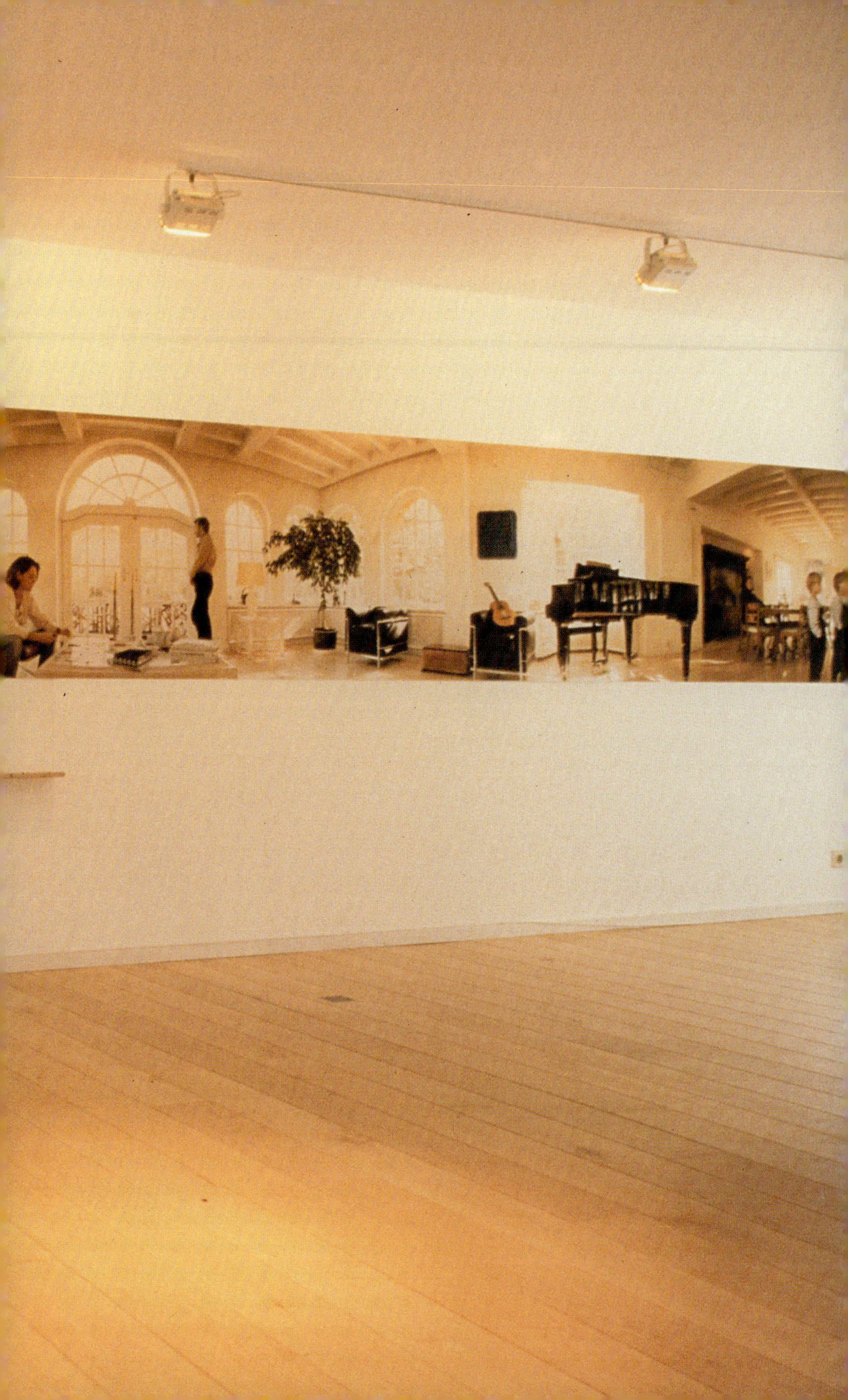

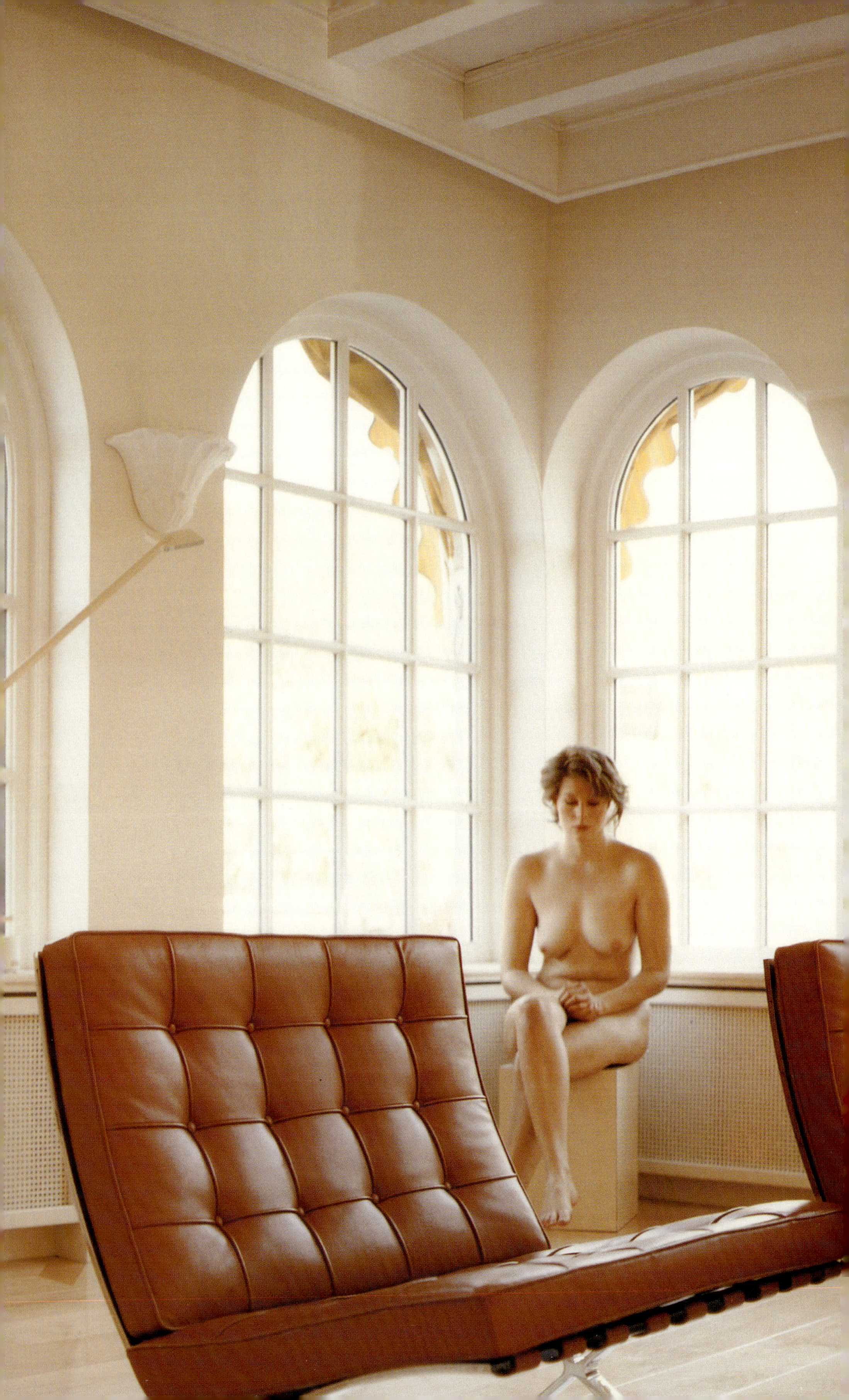

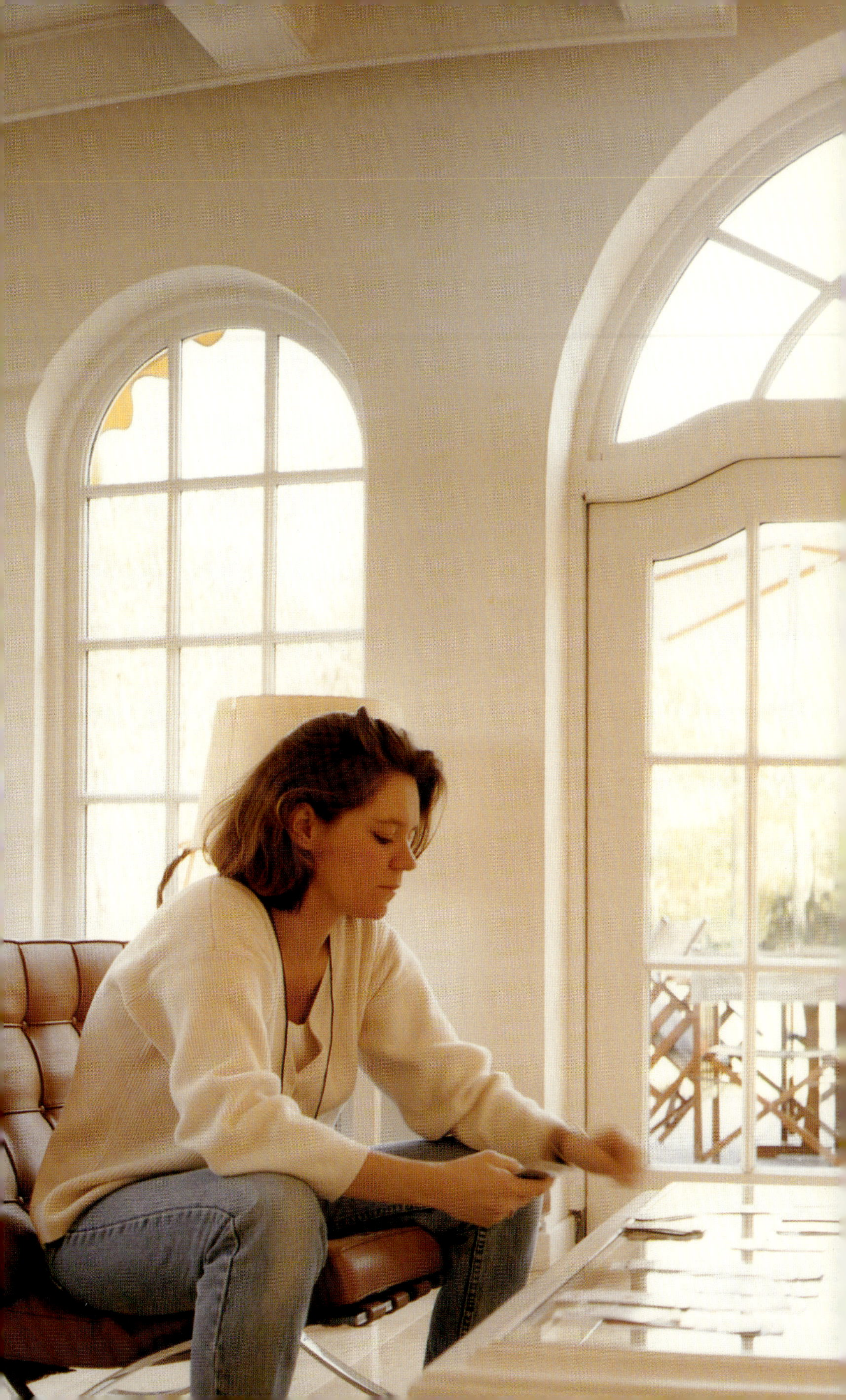

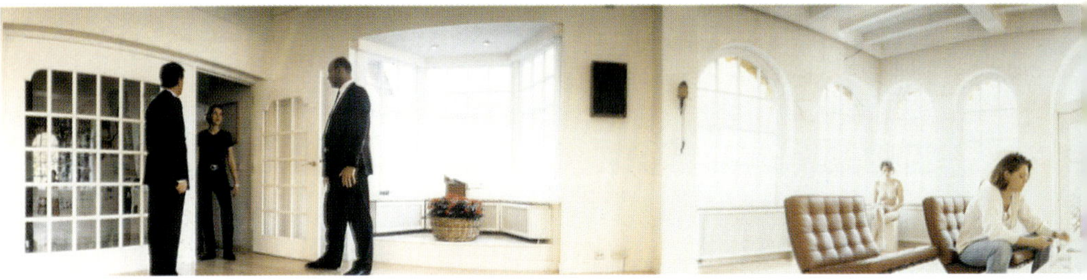

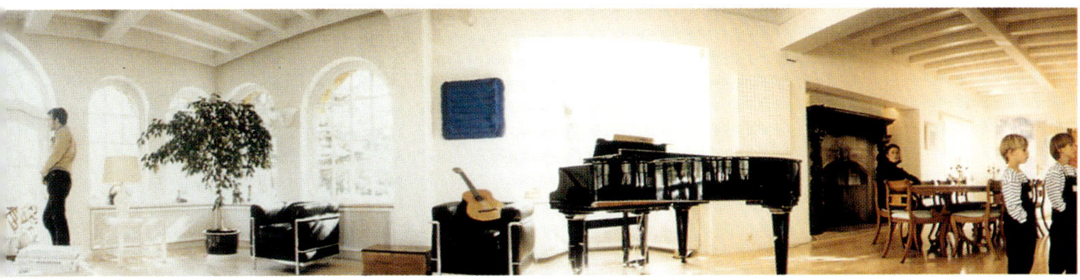

Considerata la complessità di queste proiezioni, come dividi la rappresentazione dei singoli elementi, come stabilisci la differenza di natura e di azioni? Apparentemente non devono esserci differenze formali, ma come vengono garantiti i movimenti e le diversità emotive?

Per realizzare *Pent-Up* ho scritto una sceneggiatura, ho selezionato le cinque persone che avrebbero parlato, indirettamente, l'una all'altra, senza tuttavia creare una comunicazione dal significato univoco, bensì una comunicazione aperta nella quale le frasi echeggiano l'un l'altra senza che vi siano risposte e ipotesi di dialogo tra un riquadro e l'altro. Ho scritto i dialoghi, poi ho scelto gli interpreti, tre dei quali erano attori, mentre una è una ballerina, perché mi interessava che avesse un incedere morbido, un muoversi e un passeggiare diversi, in una piazza di Londra. Infine la resa formale e l'inquadratura sono estremamente controllate, come le cadenze temporali. Vi compaiono il giorno e la notte, l'interno e l'esterno, la luce e il buio. Tutto dialoga, gli attori sembrano rivolgersi l'uno all'altro. Cominciando dal primo che dice: "Sei sicuro?", a cui sembra rispondere l'uomo sulla destra, agitato e nervoso, che afferma: "Sicurissimo". È un intreccio di interne conversazioni, che trovano connessioni fragili ma dirette. E la donna ubriaca al bar, in attesa di un amico, fa una domanda – "Allora perché non mi guardi?" – a cui segue la risposta indiretta del ragazzo nella camera da letto bianca: "Non puoi chiedermi cose del genere". Un dialogo tra desideri e soliloqui.

Pent-Up *è una predella cinematica, che racconta – tramite cinque proiezioni laser disc di film girati in 16 millimetri – alcuni momenti della vita umana, sia quelli familiari e intimi, sia quelli di carattere collettivo e sociale. Parla di un essere umano seduto, di uno che sta in piedi, di un altro che si agita, di una che si ubriaca e di un altro tormentato. Una dimensione conviviale che può avvicinarlo a* Wrecked, *in cui si mostra sia l'intimità di una cena tra amici, che la solennità opulenta di un banchetto rituale, con al centro il sacrificio di un "corpo glorioso", quello femminile, rispetto al maschile della cristianità. E poiché le vesti esprimono valori o libertà e riflettono il dominio attivo sulla propria identità, la figura nuda e sensuale e la sua posizione eretta esprimono una resurrezione. L'intimità del cenacolo si riferisce all'Eucarestia, in cui la carne è vivanda, come il sesso che viene consumato in molte sequenze o predelle, da* Five Revolutionary Seconds *a* Soliloquy.

Altrove, come in Five Revolutionary Seconds I [→ p. 53] *e* Soliloquy II [→ p. 282] *l'amore di coppia è un'attenzione appassionata ai fatti della storia umana, mentre la presenza degli oggetti e degli animali – il pianoforte o i cani – sembra indurre un simbolismo che comporta uno spostamento di significato: l'essere umano circondato dagli sconvolgimenti cosmici, oppure l'oggetto enigmatico che contiene un suono interno, metafora di un sogno o dell'animo umano. Entrambi sono protagonisti di un segno positivo e negativo, si comportano secondo modalità sempre sorprendenti, spesso umanamente inesplicabili. Esprimono sia una forza terrena e celeste, sia una potenzialità salvifica, che proviene dalla dimensione interiore e totalmente sconosciuta. Sono ambedue forze in atto, che devono tuttavia essere verificate dall'essere umano: per questo in* Five Revolutionary Seconds I *e* Soliloquy II *l'essere umano è seduto a suonare il piano o è "circondato" dai cani.* [→ p. 106]

Five Revolutionary
Seconds V

1996
stampa fotografica
a colori su vinile e sonoro

colour photograph
on vinyl and sound

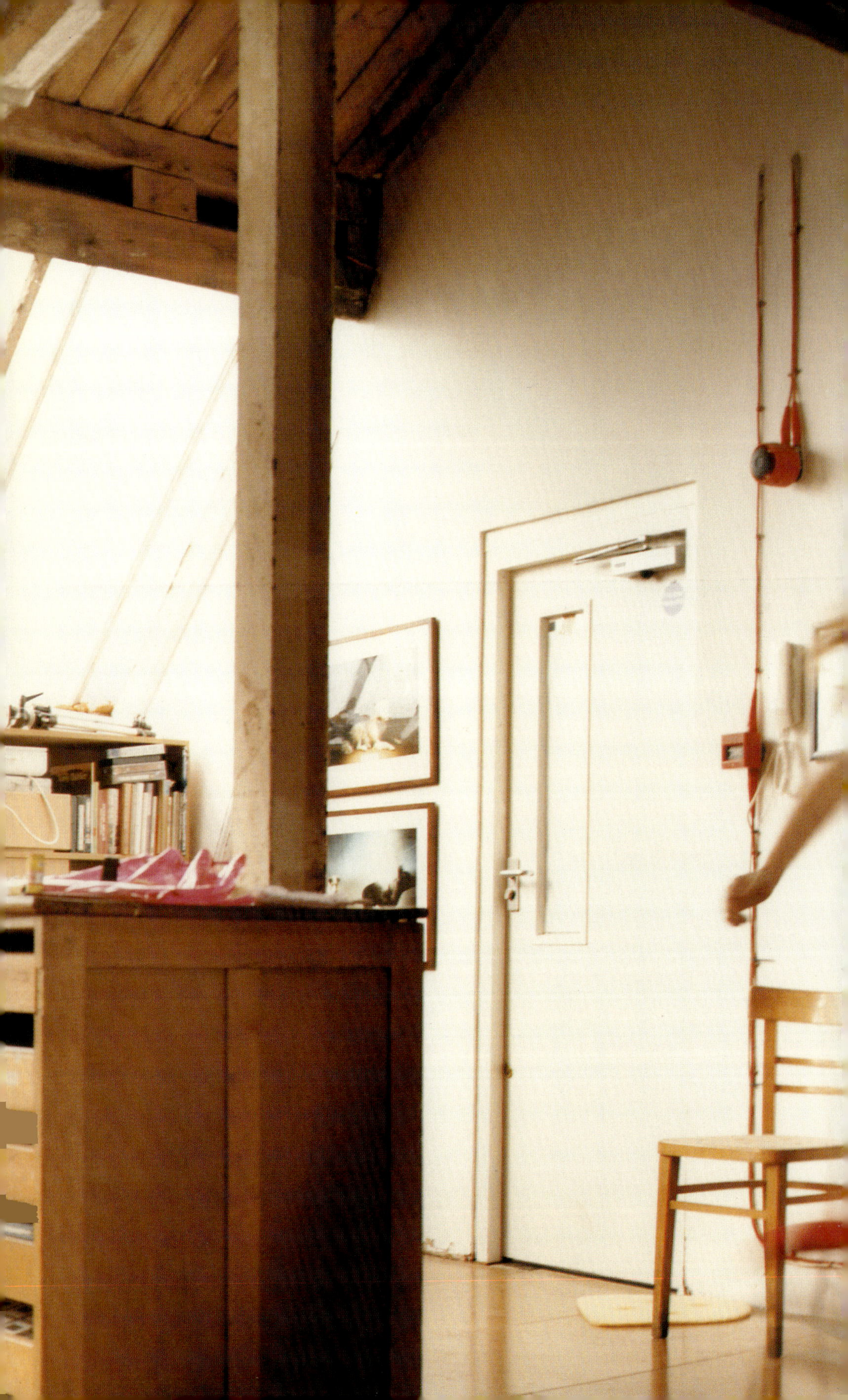

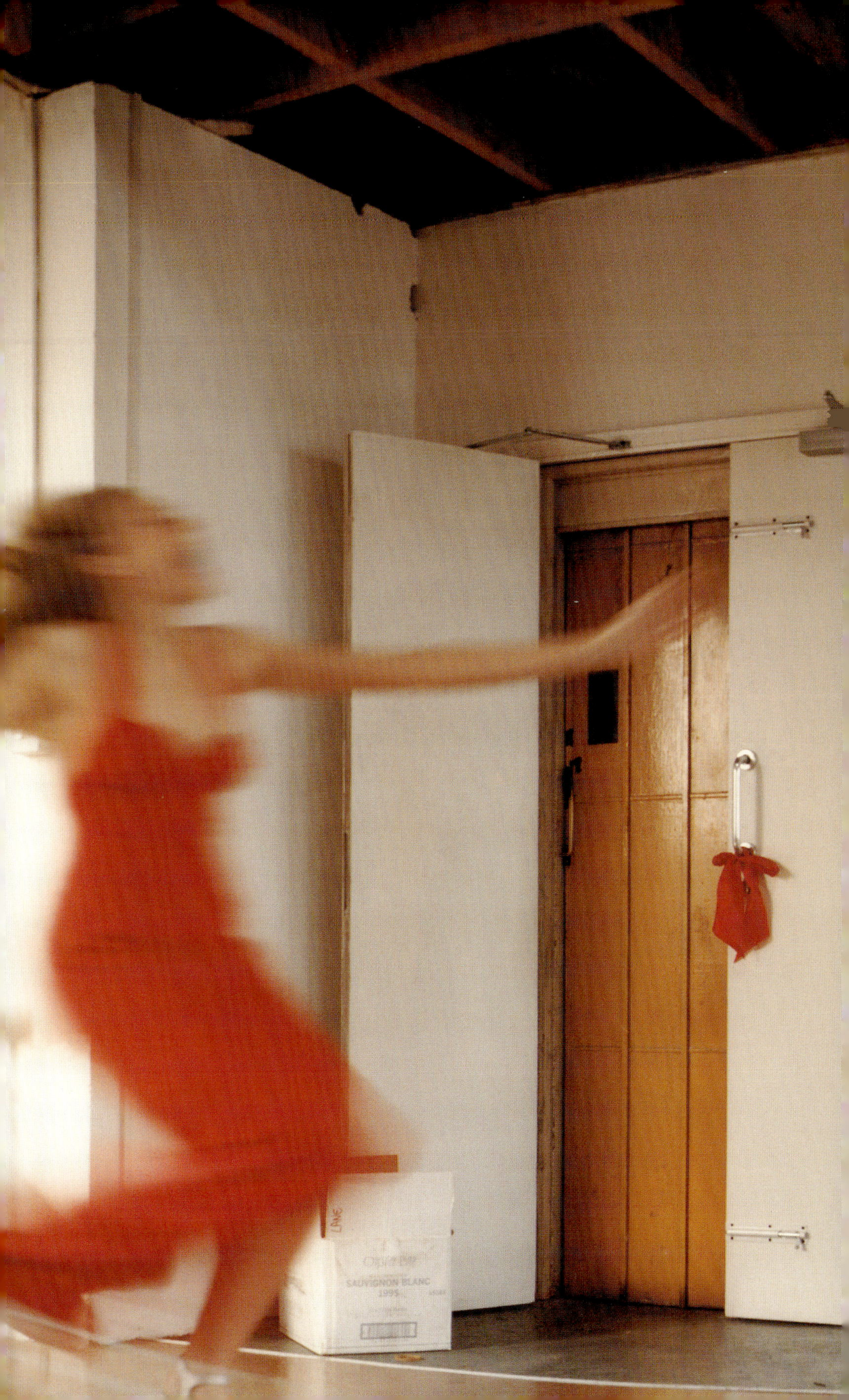
SAUVIGNON BLANC
1995

Five Revolutionary Seconds IX

1997
stampa fotografica
a colori su vinile e sonoro

colour photograph
on vinyl and sound

Wrecked rivive una condizione storica, quella dell'Ultima Cena, ma non si sovrappone a essa. La memoria si abbandona al banchetto, non c'è espiazione, ma piacere. La mia idea era che le persone dovessero divertirsi: avevano mangiato e bevuto, quindi erano un po' ubriache. La figura centrale, la donna, l'avevo incontrata a una cena e mi era piaciuta per il suo aspetto caravaggesco. L'ho scelta per il suo rimando alla storia, ma la fedeltà iconografica non mi interessa, tanto che una figura ha sul piatto un pacchetto di fiammiferi e di sigarette, mentre il Giuda incrocia le dita, rimando simbolico al tradimento.

La coscienza della natura ciclica del tempo e dello spazio informa la serie Five Revolutionary Seconds, *le cui immagini, dispiegandosi davanti allo sguardo, appaiono come un pianeta orizzontale dinnanzi a un possibile telescopio, capace di scrutarne la superficie e gli avvenimenti. È un giro nel mondo di un unico ambiente dove l'Io affronta le sue diverse identità, come attore e come lettore. Tuttavia, tra gli elementi della narrazione si colloca anche il suono, che offre un'ulteriore incarnazione alle storie.*

Le singole inquadrature e la sequenza circolare avvengono quasi istantaneamente, nell'arco di cinque secondi, il tempo richiesto dalla macchina fotografica per fare un'immagine a trecentosessanta gradi. L'immagine complessiva è strutturata in porzioni o in frammenti, e il suono costituisce un altro rimando allo spazio e al tempo. Oltre a essere una referenza filmica, il suono è un ulteriore segnale di scollamento. Tutti i suoni sono registrati durante il periodo dello shooting fotografico. Grazie a essi, tramite le voci e i rumori, si possono quindi "ripercorre" alcuni personaggi e alcuni accadimenti. Nel risultato finale le figure sono immobili e ciascuna è isolata, e l'inserimento del suono crea una dimensione narrativa e insieme cinematografica.

Il transito dall'immagine al suono si riflette in una condizione di movimento che è simile alla relazione tra nudo e vestito. Nei tuoi lavori il suono conferisce all'immagine la sua identità sociale, come in Knackered *(1996)* [→ p. 247] *– che per la televisione si trasforma in* Misfit *(1996)* [→ p. 324] *–, dove la figura femminile nuda si qualifica in base all'essere "vestita" dalla lirica cantata dall'ultimo castrato, eseguita nel 1890. In questo senso la nudità si riveste di suono e il ruolo si ritualizza in un "sacerdozio": quello della "donna castrato".*

A volte il suono, come in molte foto di *Five Revolutionary Seconds*, è il riflesso dei rumori registrati nel momento della realizzazione dell'opera. In altre opere, come *Knackered*, la musica serve a realizzare un pezzo molto specifico. Volevo un'opera che fosse vulnerabile, ma anche forte e provocatoria. Ho scelto una stanza molto luminosa, con una luce molto aspra, in cui non ci fosse alcunché da nascondere e poi la figura femminile nuda, le cui carni brillano e il cui sguardo – fisso verso lo spettatore – trafigge. È eretta, ma in un certo senso sta affrontando la sua stessa vulnerabilità; la sua voce è quella dell'ultimo castrato. Una voce d'incredibile stranezza, che non può essere sua; una forte ambiguità sessuale che corrisponde anche al tipo di donna: con lunghi capelli ma tuttavia dotata di una componente androgina. Una vulnerabilità che si trasforma in una condizione forte e provocatoria.

Non ti interessa allora la lettura politica del femminile quale "castrato", vale a dire modificazione del maschile?

Non mi interessa la connotazione politica. Penso, tuttavia, che il mio lavoro possa essere "politico"; l'idea si riferiva a una persona a cui era stata tolta la parola o la voce, e aveva quindi adottato la voce del castrato. Era un modo per farle perdere la vulnerabilità. L'intento aggressivo non mi appartiene, piuttosto vi vedo un rimando alla storia dei castrati, chiamati a sostituire le donne nelle parti femminili. Mettendo insieme il nudo femminile e la voce del castrato, ricostruisco una circolarità antica e insieme contemporanea. Il nudo è una perdita di protezione, ma è anche una dichiarazione di chi riesce a sopravvivere senza difese. Tra *Knackered* e *Misfit* si inserisce l'uso della televisione pubblica. Si tratta delle stessa idea; la differenza è che mi sono avvalsa di un personaggio noto, la famosa cantante Kylie Minogue, così da raggiungere un pubblico più vasto.

Il nudo, seppure maschile, ricorre già in Brontosaurus *(1995)* [→ p. 203]. *Anche qui assistiamo a una "gloria" informe, quella di un corpo danzante, di luce e insieme di tenebra, dove l'erotismo è ironico e lieve, quasi uno svelamento leggero della dissoluzione della forma sessuale maschile.*

Devo fare una divagazione su *Brontosaurus*. Per prima cosa ho filmato un uomo che ballava nudo nella sua camera da letto al ritmo di una musica techno-jungle molto veloce. Poi ho tolto la musica e ho fatto proiettare il film al rallentatore. Le movenze del protagonista erano diventate quasi aliene; non aveva senso: faceva tutte quelle mosse che apparivano così sgraziate. Al rallentatore divenne qualcosa di molto bello e al tempo stesso assolutamente goffo. Allora ho sostituito la musica con un *Adagio per archi* di Samuel Barber, un brano malinconico. Il protagonista è un mio amico, eppure non considero il lavoro come autobiografico. Cerco sempre di fare qualcosa di universale. In questo caso si tratta di un lavoro galvanizzante, che "tira su la vita". È diventato un inno alla vita, anche se il protagonista sembra ballare la danza della morte, perché è così fragile, delicato e vulnerabile.

La realtà ignuda è sempre vulnerabile, rivaluta il nudo, anche quello trafitto del Cristo. In Noli me Tangere *continui la tua carrellata storica sull'iconografia classica. Dopo il nudo caravaggesco di* Wrecked *e le rotondità sensuali della Venere di* Soliloquy III, *in* Noli me Tangere *passi al denudamento – con velo – del modello ideale del corpo glorioso. Anche qui conta l'essere materia e carne: un corpo la cui perfezione da body-builder viene messa in discussione in quanto finzione e simulacro. Trasformandolo in opera d'arte – il telamone – lo fai muovere in una dimensione mimetica, quella di un'imitazione, che verificata attraverso lo sforzo fisico di stare in verticale sulle mani, si rivela fantasmatica e transitoria. Si tratta forse di un'altra rivelazione della mimesi che l'essere umano può assumere, quella dell'arte, così da trasformarsi in scultura, ma che alla fine è destinata a crollare?* [→ p. 110]

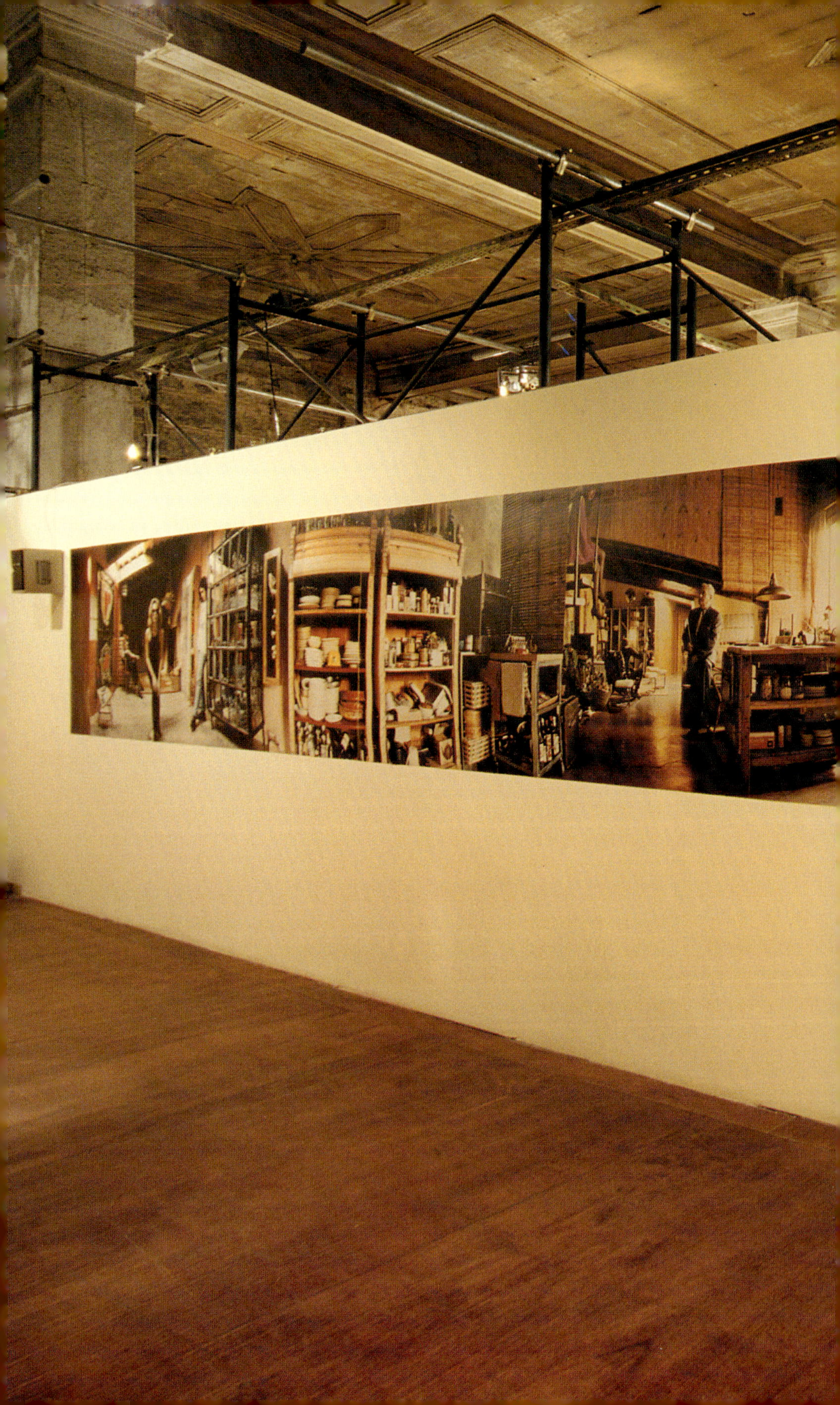

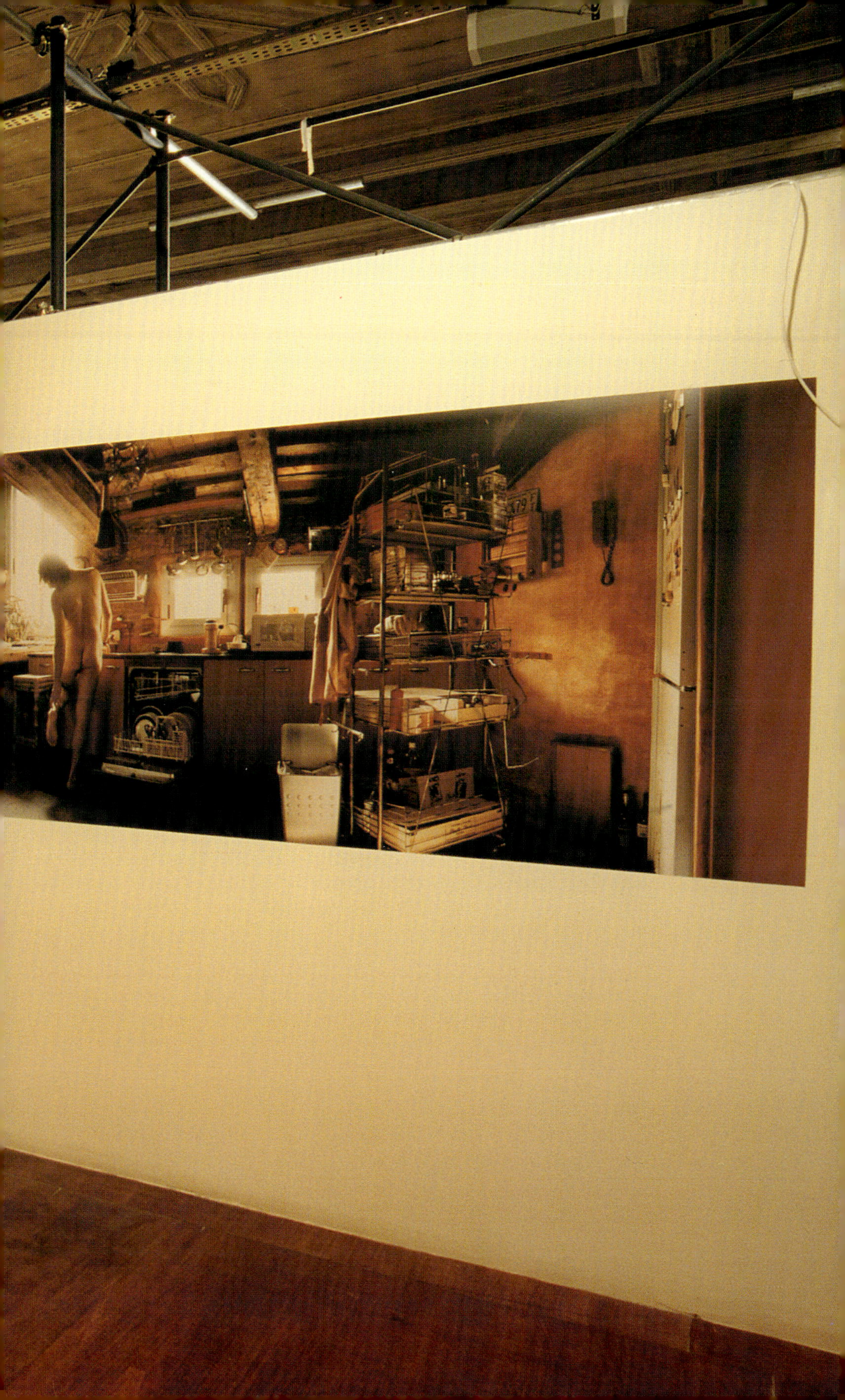

Ho filmato un essere umano, col corpo perfetto da atleta o da acrobata, mentre si sostiene in verticale sulle mani il più a lungo possibile. Volevo rimanesse in tale posizione almeno dieci minuti, ma il massimo possibile è stato cinque. Allo scadere di questo lasso di tempo, la sua fisicità entra in crisi, i muscoli iniziano a tremare, il corpo si copre di sudore, le braccia tendono a piegarsi fino alla definitiva caduta. Terminata la ripresa, ho capovolto l'immagine, così che egli sembra sostenere il soffitto come un Atlante. In questo modo, camminando in uno spazio buio, la percezione immediata è quella di un corpo perfetto che sostiene il peso dell'edificio. L'idea del capovolgimento continua a tenere in vita la percezione di qualcosa di inusuale e di sbagliato, fuori posto, di una condizione sgraziata, seppure inizialmente reale.

La bella nudità della rappresentazione classica si dissolve, quasi il corpo fosse sottratto alla rappresentazione ideale. La sua celebrazione iconografica entra in crisi, il suo modello di sublimazione viene sottratto all'incanto della perfezione. È come se filmicamente tu registrassi la discesa del corpo solitario e isolato dei Soliloquy *nell'ambiente fremente e impetuoso, umano e vibrante delle loro predelle. È un transito e una dislocazione che può avvenire solo mediante la trasformazione da perfetto a imperfetto, da conscio a inconscio, da involucro a sostanza.* Noli me Tangere *attua una comunione tra carne tesa e carne cedevole, tra corpo trionfante e corpo sacrificato, tra statua e spoglia.*

Ancora una volta il mio interesse è rivolto all'idea di vulnerabilità che si scopre attraverso l'esperienza. La presenza del corpo è forte e serena, raggiunge dimensioni monumentali tali da sostenere il soffitto di un edificio. È un gigante, qualcosa di straordinario, ma con qualcosa di sbagliato. L'effetto è quello della debolezza della forza.

Sarà accompagnato da un suono?

Il suono dovrebbe essere una specie di battaglia di ansimi e di respiri, fino al collasso. Quindi una sorta di doppia condizione di vita, quella di una forza e di un potere che drammaticamente può trasformarsi in debolezza. Credo, in questo periodo della mia vita, di essere molto consapevole della vulnerabilità del corpo. Sia *Noli me Tangere* che *Soliloquy* possono rimandare alla sensazione di essere immortali, fino al momento in cui bisogna fare i conti con la propria mortalità. Ho iniziato questi lavori un anno fa, subito dopo la mia malattia.

Questa apertura sul personale, mi induce a chiederti del tuo passato, di quando eri bambina e delle tue esperienze di allora che, a mio parere, sono la matrice del fare adulto. Nel transito dalla vita presente a quella della nostra infanzia si realizza il transito che intercorre tra vita e morte, di cui siamo ora coscienti.

Da bambina sono cresciuta in un ambiente fuori dal comune. Ho vissuto con il mio vero padre sino all'età di otto/nove anni, poi i miei genitori si sono separati e mia madre si è risposata con una persona che non comunicava molto facilmente. In tale situazione sono maturata in fretta anche per difendere e prendermi cura di mio fratello e mia sorella. Penso pertanto di essermi isolata molto da quanti mi circondavano. Per fare un esempio, il mio patrigno – che passava tutto il tempo a fare yoga – non mi ha mai rivolto la parola per due anni, poi tutto d'un tratto mi chiese "come stai?".

Non voglio fare del facile psicologismo, ma questo anticipare la logica di un altro, o quanto meno interpretarne i segni in silenzio, sembra dare corpo a un'immagine assolutamente inesistente ma reale, quindi interpretabile, a uno scenario da Five Revolutionary Seconds. *È produrre una serie illimitata di immagini o di segni da una figura silenziosa, come nei tuoi lavori. Se tento di visualizzare la situazione mi sembra di entrare nella stessa immobilità metafisica dei tuoi lavori.*

La tua lettura può complicarsi con il fatto che oltre alla mancanza di comunicazione, quando avevo quindici anni mia madre decise di abbandonare la famiglia. Per me e i miei fratelli è stato un periodo terribile, perché alle fine scoprimmo che in realtà abitava ad appena pochi isolati da noi. Poi anche mio padre scomparve per dodici anni, e solo ora è tornato nella mia vita. La necessità di sopravvivere mi ha stimolato a fantasticare, a immaginarmi situazioni di grande benessere, qualcosa di diverso e di lussuoso. Al tempo stesso continuavo a vivere in una condizione surreale; strana gente frequentava la casa; tutto mi appariva irreale. Spesso sognavo di uscirne e di scappare. Perciò vedo in me un forte interesse per la condizione irreale, una sorta di fascinazione per il lusso e la decadenza. Contemporaneamente ho messo molti personaggi di *Five Revolutionary Seconds* in una situazione di disagio, attraverso la nudità o lo status sociale, inserendo persone indigenti in contesti di lusso. È un'attenzione allo scollamento ambientale, che è personale e insieme sociale.

Cosa ti ricordi delle letture che facevi, della musica che ascoltavi?

Il mio patrigno aveva portato con sé una buona biblioteca, ed era anche un appassionato di musica classica, per cui delle volte in casa risuonava giorno e notte la musica di Wagner, tanto da non farci dormire. Riguardo ai libri, mi piaceva tanto il genere horror quanto Shakespeare. Poi sono andata a lavorare alla Royal Opera House, che ha influenzato moltissimo la mia vita. Il primo film che ho visto è stato *La Cosa* di John Carpenter, un film dell'orrore. Guardavo anche molti video al videoregistratore, sempre film horror.

[→ p. 114]

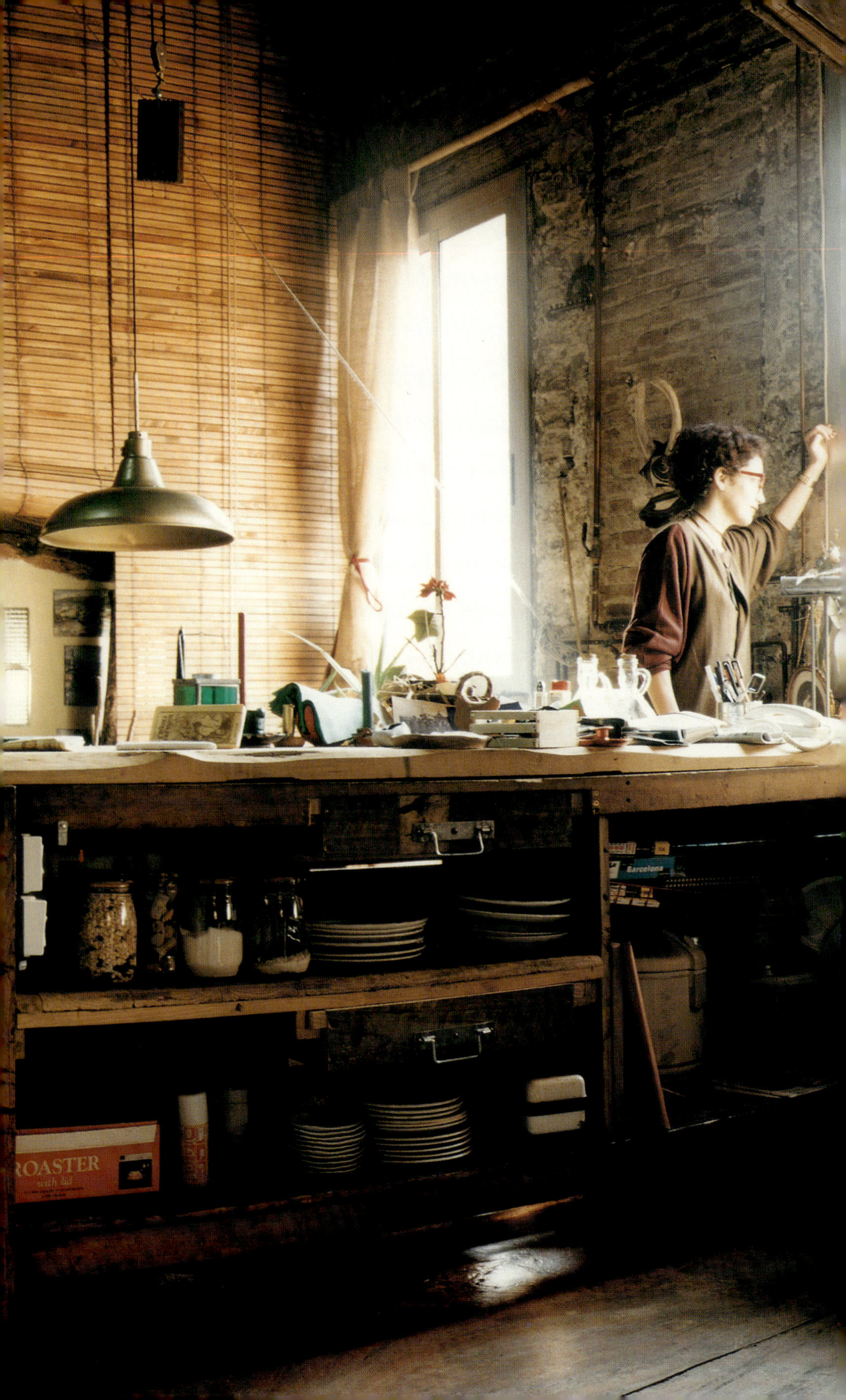
ROASTER
Barcelona

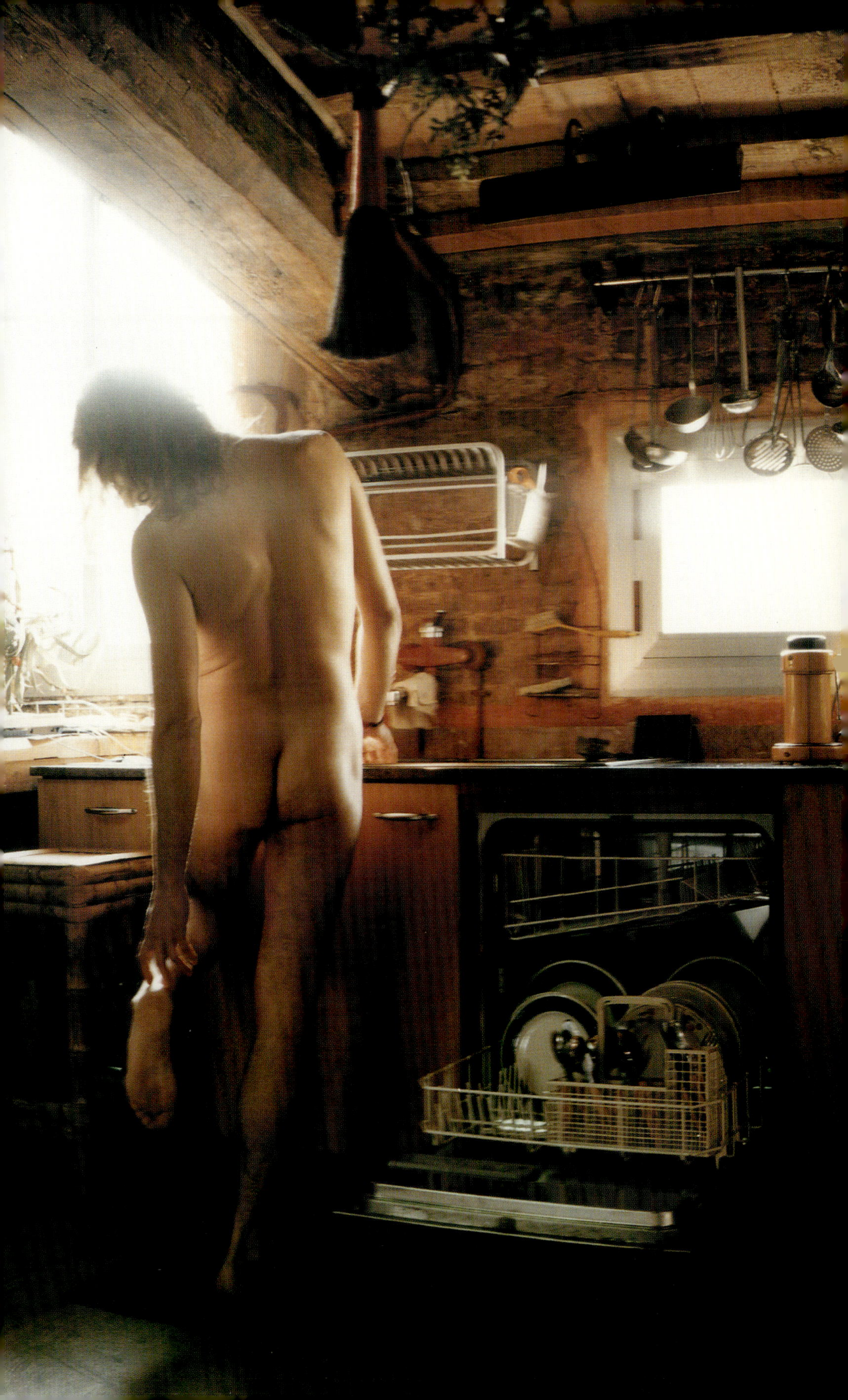

Come sei arrivata a Killing Time *(1994)* [→ p. 193] *e a* Method in Madness *(1994)* [→ p. 211]*?*

Killing Time proietta in contemporanea, e in diversi formati, quattro persone sedute che seguono dei passi da un libretto d'opera. Mentre mimano le parole, il loro pensiero è evidentemente altrove. C'è una differenza di scala che va dalla protagonista a un piccolo personaggio, quasi immobile. *Method in Madness* consiste in una proiezione singola nella quale appare un "method actor" che giunge all'apice della recitazione emozionale. È la manifestazione sia di un incontro/scontro tra un modo di essere attori vivendo intimamente la parte e l'intenzione di far capire che è una recita. È il tentativo sia di mettere in scena un esaurimento nervoso, sia di mostrare il confine tra realtà e irrealtà, tra vita e recitazione. La proiezione ha un andamento teatrale, parte dal lento agitarsi per arrivare all'urlo e al pianto. Nell'arco di dieci minuti si percepisce un inizio, una parte centrale e una fine. La proiezione è continua, per cui produce un senso di imbarazzo nel guardare il protagonista che perde completamente la testa, cerca di ricomporsi, inizia a sentirsi a disagio e poi perde nuovamente il controllo. La musica che accompagna la performance dell'attore contrasta nettamente con la scena, è una musica da ascensore e da supermarket.

Sembra che i tuoi film tendano a documentare un esercizio di violenza o di emozioni ritualizzate. È una sorta di sacrificio a spese di individui diseredati e inutili, che però si trasforma in festa, una ritualità completamente diversa da quella che sembra svolgersi sulla scena, mi riferisco in particolare a Hysteria *(1997)* [→ p. 271].

Hysteria è muto e dura dieci minuti, ma è diverso da *Method in Madness:* volevo che fosse impossibile distinguere tra riso e pianto. Non c'è audio, così che rimane il dubbio se lei stia ridendo o piangendo. Due stati emozionali che appaiono insieme, quasi fossero la medesima cosa. A questa confusione contribuisce anche il rallentatore, che amalgama l'insieme e offusca le differenze. La stessa attitudine si ritrova in *Travesty of a Mockery* (1995) [→ p. 219], in cui è impossibile capire la natura della discussione. Si percepisce solo un espediente che è molto fisico. Due persone su due schermi, separate, litigano e si lanciano oggetti: una frizione fisico-comportamentale che è resa ancora più drammatica dalla collocazione ad angolo dei due schermi. Lei è l'attrice Amanda Ooms, mia amica, e lui è un attore non professionista, anch'egli mio amico. Nella disputa lei ha chiaramente il maggior controllo della situazione, mentre lui reagisce. Lei recita, lui interagisce. Considerata la durata di *Travesty of a Mockery*, è difficile trovare la ragione di questa lunga discussione. Si comprende solo che queste due persone sono in uno stato di eccitazione emozionale, in una condizione di estrema passionalità. Come spettatore, puoi partecipare o essere distaccato, farti coinvolgere o rimanere indifferente. Siccome si arriva allo scontro fisico – a tirarsi un bicchiere di latte o una pentola, ma anche colpi bassi – la scena è altamente drammatica, tanto che a un certo punto uno entra nello spazio dell'altro.

[→ p. 120]

Five Revolutionary
Seconds VI

1996
stampa fotografica
a colori su vinile e sonoro

colour photograph
on vinyl and sound

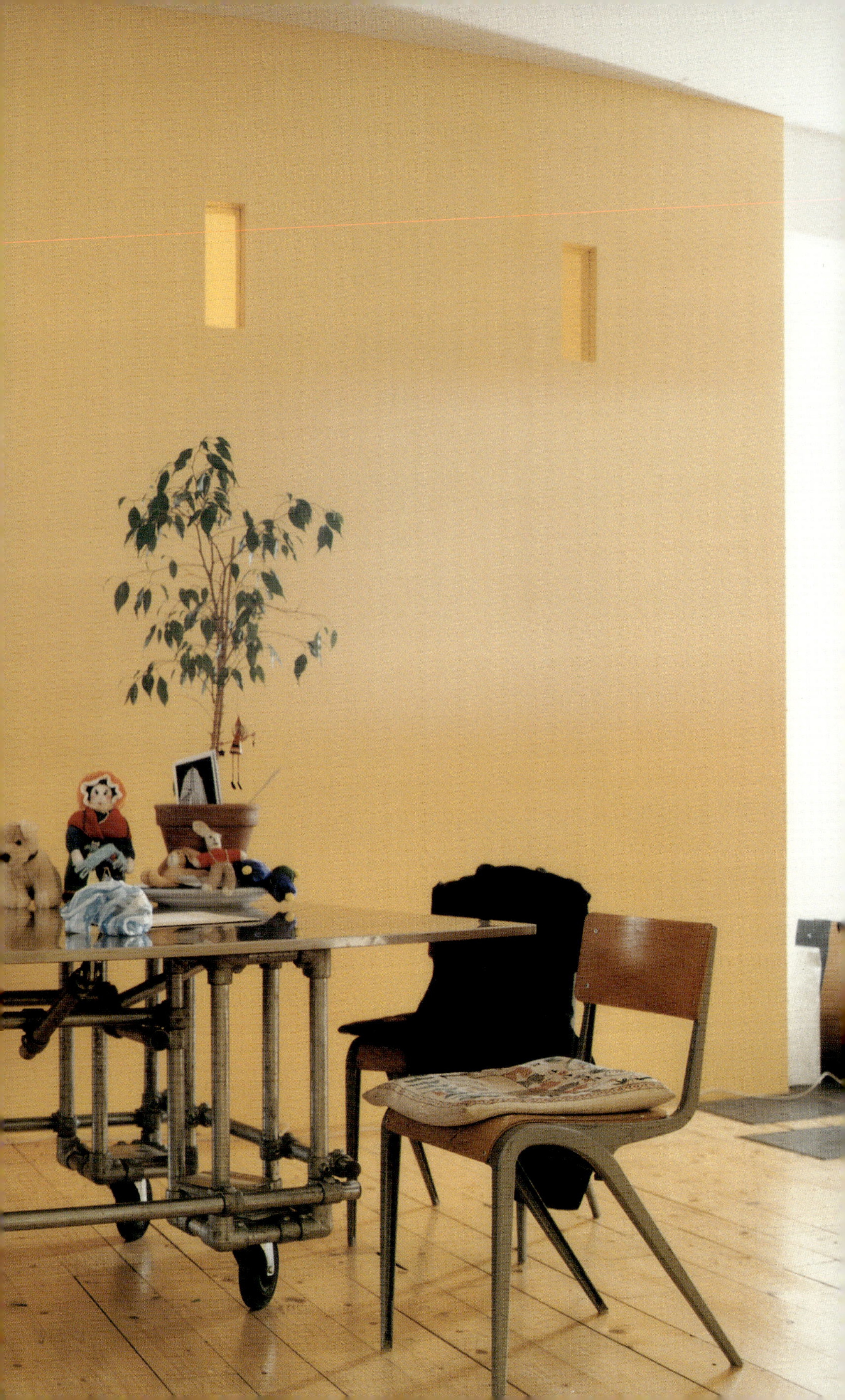

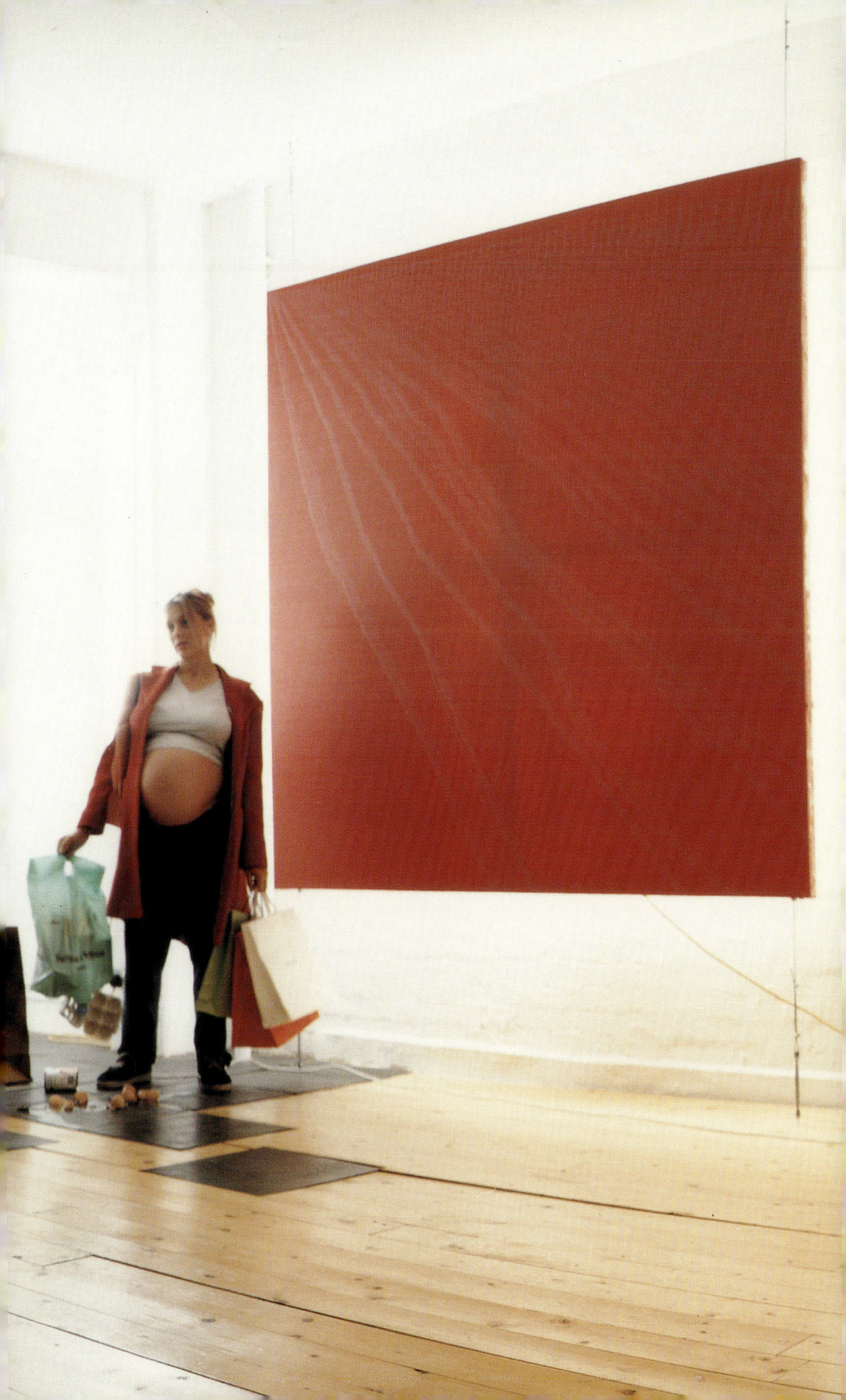

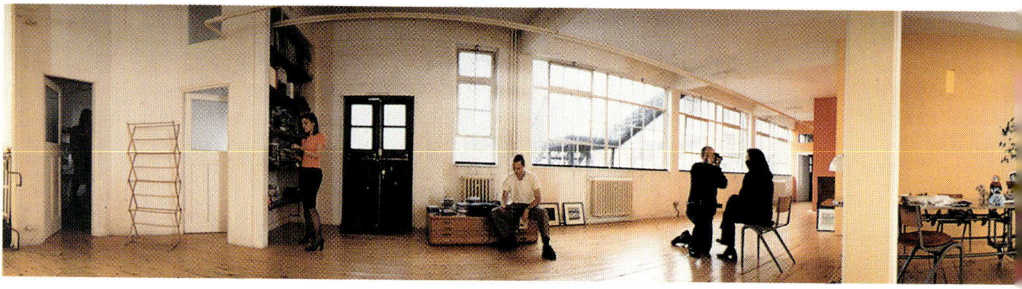

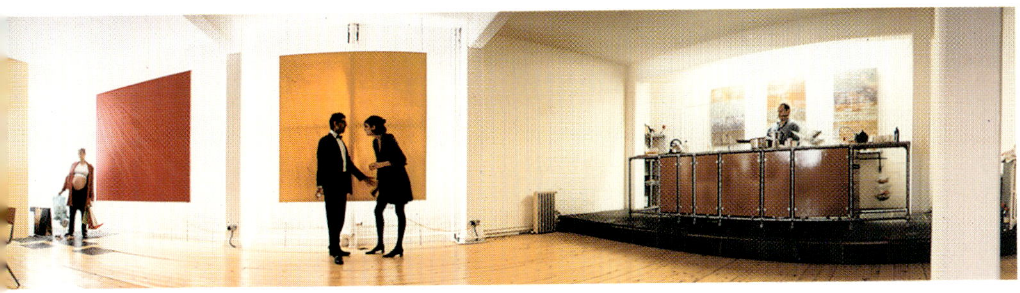

Si tratta veramente di uno scontro oppure di una relazione normale, in cui le persone si scatenano l'una contro l'altra in momenti particolari del loro rapporto? La contrapposizione si manifesta con la violenza, ma anche con la sorpresa, come in Sustaining the Crisis *(1997)* [→ p. 266]*?*

Le persone sono decisamente agli antipodi, sia per sesso che per carattere, ma si pongono anche insieme, quando partecipano dello stesso spazio. Poi la situazione torna a essere esplosiva e loro rientrano nei rispettivi territori: è un modo di integrare gli estremi e gli eccessi. *Sustaining the Crisis* si compone di due proiezioni su due muri frontali, che quasi si guardano reciprocamente; consiste di due figure, quella femminile che si muove con disinvoltura a torso nudo verso la cinepresa e quella maschile, stupita di tale apparizione.

Tutta la tua opera sembra ruotare intorno alla ricerca di opposte sensazioni, che si rispecchiano frequentemente in circostanze quotidiane. La dimensione duale racchiude una verità più comprensiva, e il dialogo si rovescia nelle sue antitesi, corre irresistibilmente verso il suo opposto. Così da Travesty of a Mockery *a* Soliloquy *il dialogo tra le parti comporta sempre la rottura dell'unità, un porsi in cammino tra esperienze contrastanti. Parlare significa tanto consolidare quanto dissolvere il contatto tra le persone.* Atlantic *(1997)* [→ p. 257] *suggerisce un colloquio tra persone che, seppur vicine, sono agli antipodi, sembrano alla ricerca di una presenza insieme e di una coappartenza che si rivela ancora una volta fittizia. Il mutuo appartenersi è solo parte di una scena che mantiene insieme le persone, anche se non hanno nulla a che fare tra loro?.*

La ripresa di *Atlantic* è avvenuta all'"Atlantic Bar and Grill" e mi interessava creare una distanza tra due persone, pur mantenendole nello stesso spazio. La proiezione è triplice: da un lato il volto della figura femminile, al centro una veduta del ristorante, con i tavoli tra cui siede la coppia, e a destra le mani della figura maschile. Volevo che l'effetto fosse quello di un'altra persona che siede nello stesso ristorante tre tavoli più in là e vede una coppia, cerca disperatamente di capire il tipo di dialogo, gli capita di intuire una situazione, di carpire una frase... È come costruire una storia dall'esterno, proiettando la propria esperienza di coppia.

Poiché la donna piange e l'uomo non si vede se non attraverso il gioco delle sue mani, pensi che la simpatia vada istintivamente alla donna, oppure è già una mia proiezione?

Ho voluto creare una scena neutra: ogni volta che parteggi per uno, allora l'altro sconvolge l'equilibrio. Non è possibile stare veramente da una parte, anche se stai al centro, tra i due schermi. È difficile andare molto più in là, nel senso di simpatizzare; piuttosto dovresti essere cosciente di essere entrato in una situazione personale, molto privata. Diventi voyeur, ma preferisco non coinvolgere, non c'è infatti una richiesta di presa di posizione. Certamente se vuoi puoi proiettarti in essa, ma di fatto non è possibile, è un avvenimento distante. [→ p. 126]

Five Revolutionary Seconds VII

1997
stampa fotografica
a colori su vinile e sonoro

colour photograph
on vinyl and sound

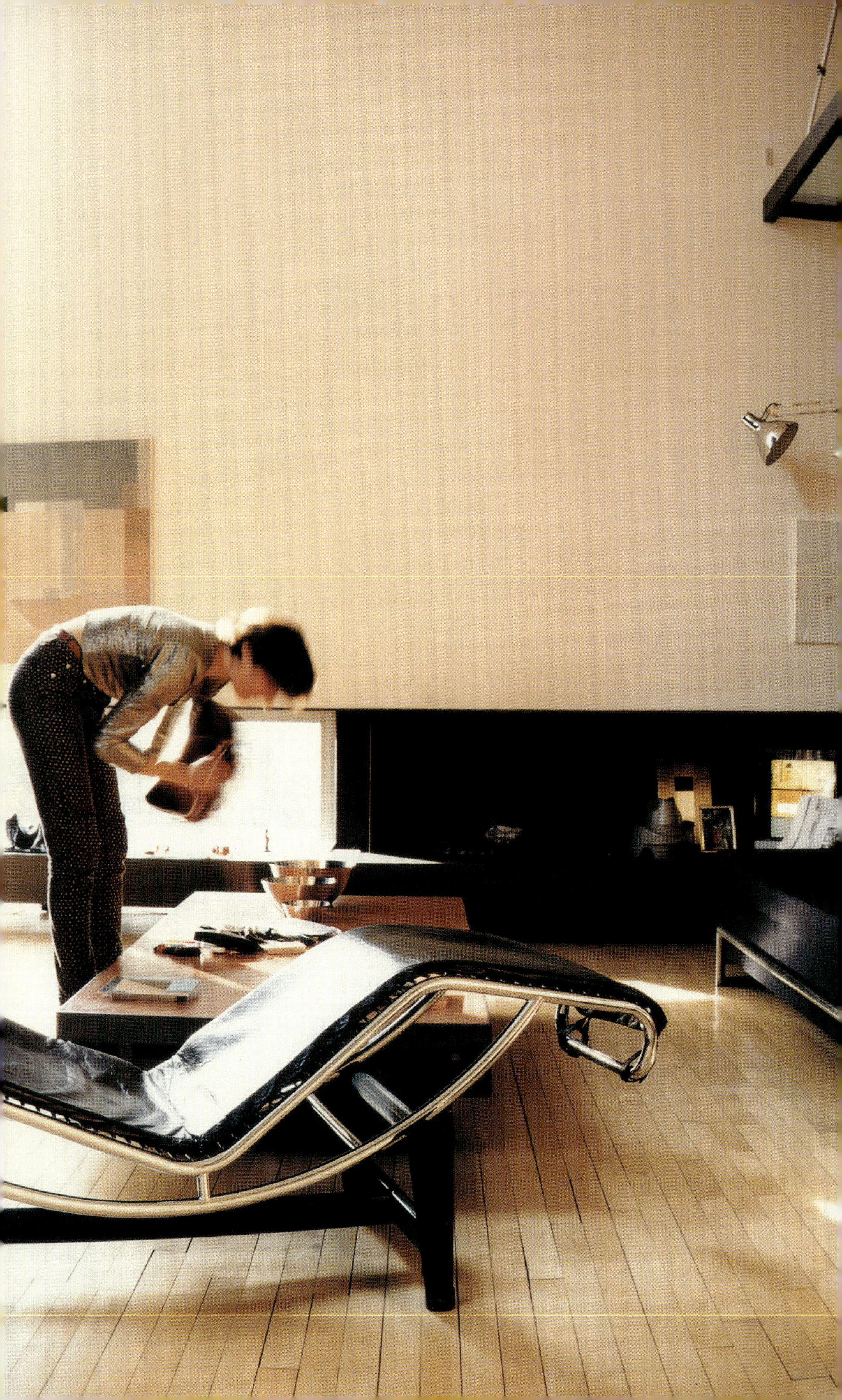

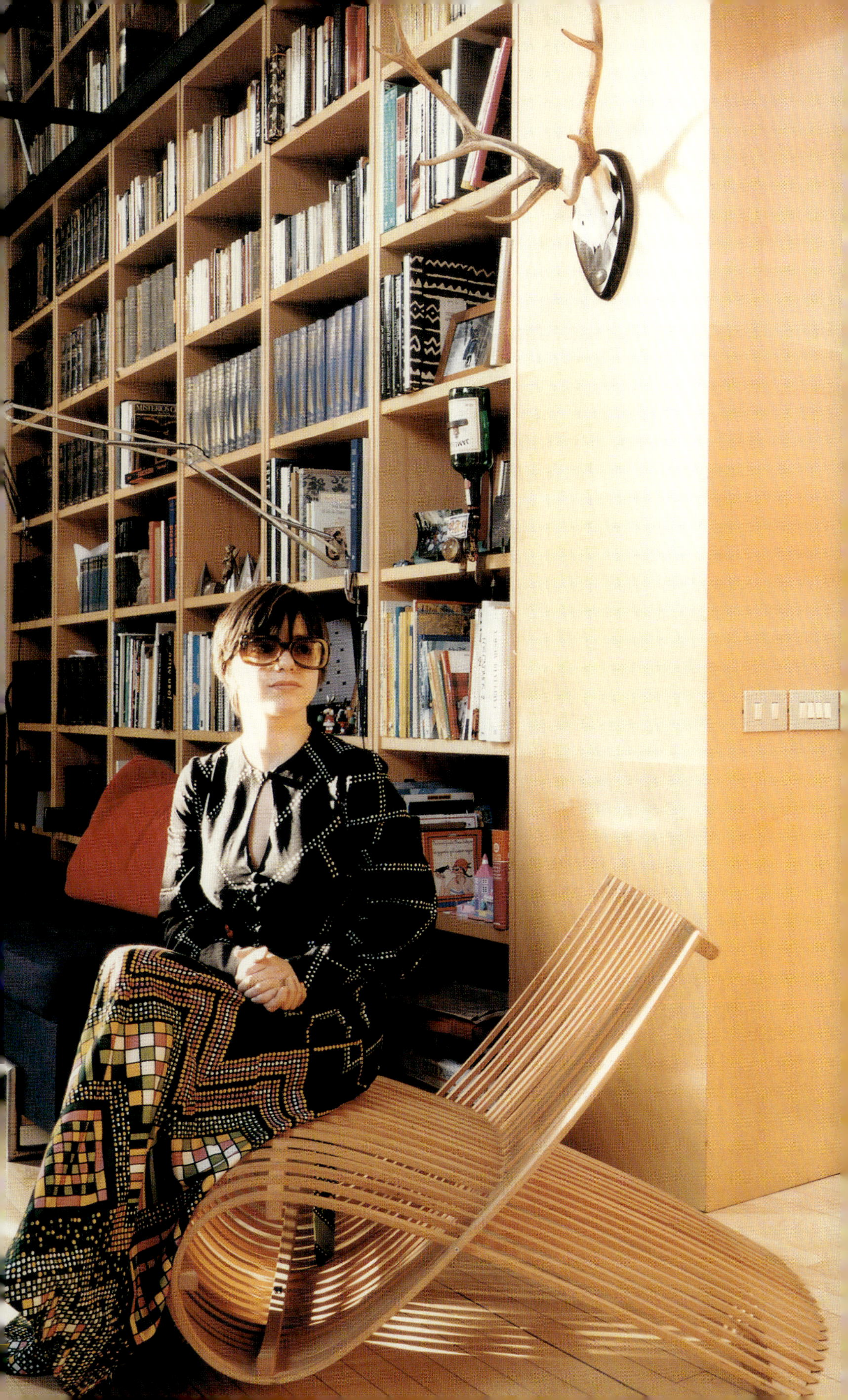

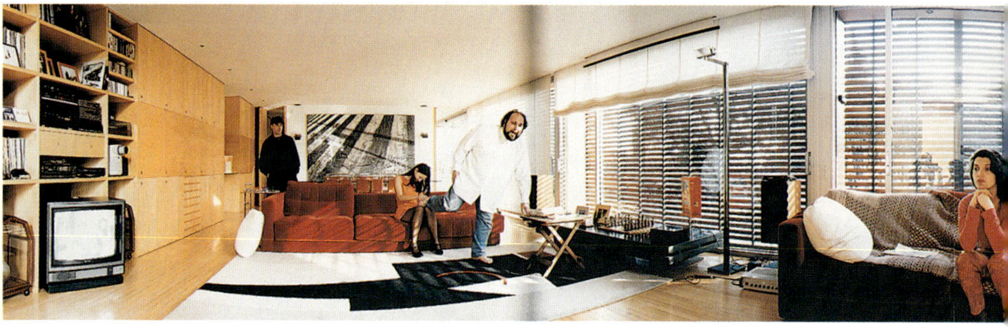

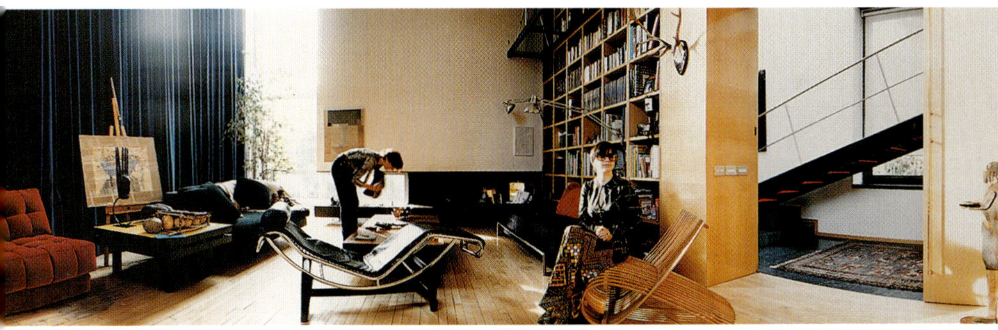

La ripresa cinematografica è a camera fissa?

In *Killing Time* e *Travesty of a Mockery* la camera è fissa, una sorta di testimonianza statica, nel senso che gli eventi si compiono e non devono essere interpretati. Li differenzia il suono: in *Travesty of a Mockery* ho usato la musica come evocazione emotiva ed esperienziale. È la colonna sonora a direzionare le "proiezioni". È quella registrata sintonizzandosi su diversi canali radio, passando dalla musica classica all'heavy metal, dal rock e all'acid house music, intrecciata a trasmissioni parlate e con dialoghi. Non volevo che si cogliesse alcun significato di ciò di cui la coppia stava discutendo, in modo che fosse impossibile capire cosa fosse giusto e cosa fosse sbagliato. Infine ho dato dei limiti ai movimenti dei due attori; la discussione doveva essere improvvisata e durare circa venti minuti, così da passare da momenti di disagio alla rabbia, dal silenzio alle offese, dal dolore al pianto...

Qual è il processo per arrivare alla definizione dei titoli dei tuoi lavori?

Travesty of a Mockery s'ispira a un film di Woody Allen, *Prendi i soldi e scappa*, un film in cui il protagonista deve difendersi in un'aula di giustizia e sta lì in piedi, con aria da martire, dicendosi: "è una farsa, una presa in giro, a *mockery*". Mi sembrava appropriato per un litigio tra due persone, che in fin dei conti sono in una relazione, di qualsiasi tipo essa sia. La serie *Soliloquy* s'ispira al teatro shakespeariano. *Pent-Up* è una sorta di angoscia, ed è la matrice morfologica del numero cinque ["penta"], quindi corrisponde al numero dei personaggi e delle proiezioni. *Brontosaurus* allude alla sopravvivenza; il piccolo pupazzo che sta alla sinistra dello schermo vicino alla figura maschile danzante, è qualcosa di futile che assume una notevole importanza.

Continuando il nostro viaggio a ritroso, ora possiamo parlare di Fuck, Suck, Spank, Wank *(1993)* [→ p. 40]*, di* Spankers Hill *(1993)* [→ p. 46] *e di* Slut *(1993)* [→ p. 42]*, in cui torna nuovamente il legame tra piacere e maltrattamento, tra pulsione sensuale positiva e negativa. Le fotografie sono infatti una sfida allo charme erotico, un atteggiamento opposto all'accoglimento del rapporto piacevole e amoroso. Ti muovi tra l'assenso e la negazione di un corpo sottoposto a violenza, alla negazione critica di una disponibilità che è umiliante. Inoltre appari in prima persona, quasi che quelli rappresentati fossero desideri o rapporti soggettivi, mentre si capisce che il bersaglio sono la castità e l'orgia, il matrimonio e la prostituzione, l'omosessualità e l'eterosessualità.*

Erano autoritratti perché non avevo soldi e non potevo permettermi di ingaggiare nessuno. Inoltre l'autoritratto è qualcosa di immediatamente disponibile. Sono i primi lavori incentrati sul porsi in una condizioni di vulnerabilità. In *Fuck, Suck, Spank, Wank* indosso una "gay acting T-shirt", quasi volessi assumere un ruolo diverso, assumere tutti quei grandi atti sessuali per offrirmi in maniera provocatoria. Indosso gli occhiali come una sorta di difesa. Ho usato vecchie pellicole in modo che l'immagine risultasse sporca, piena di macchie e di imprecisioni. Volevo espormi in tutta la mia bruttezza e a disagio (all'epoca mi sentivo uno straccio per essere uscita da una lunga relazione che mi aveva lasciata grassa e colpevole), e allora mi sono ritratta come un mostro, con i pantaloni abbassati. [→ p. 132]

Five Revolutionary Seconds VIII

1997
stampa fotografica
a colori su vinile e sonoro

colour photograph
on vinyl and sound

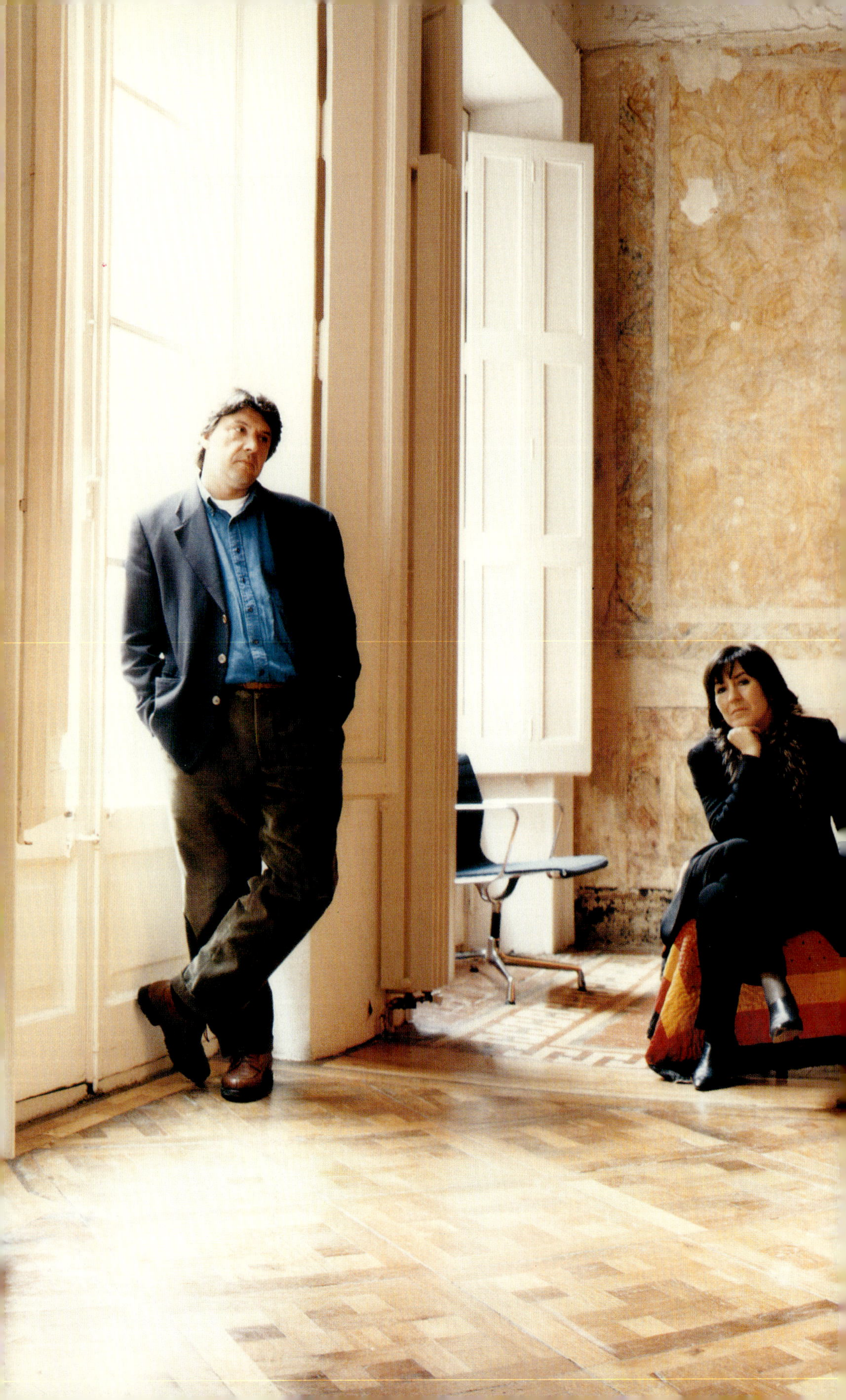

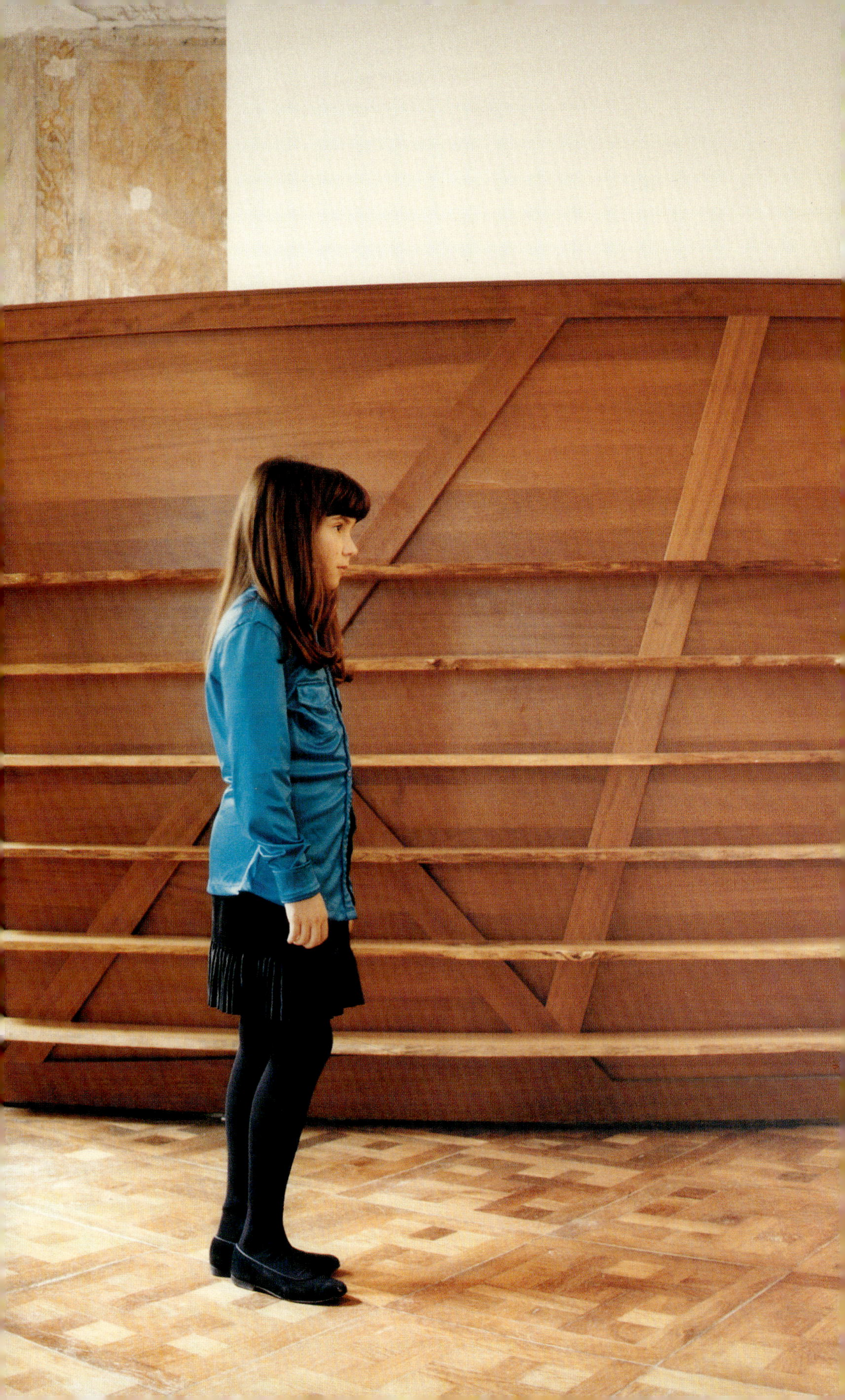

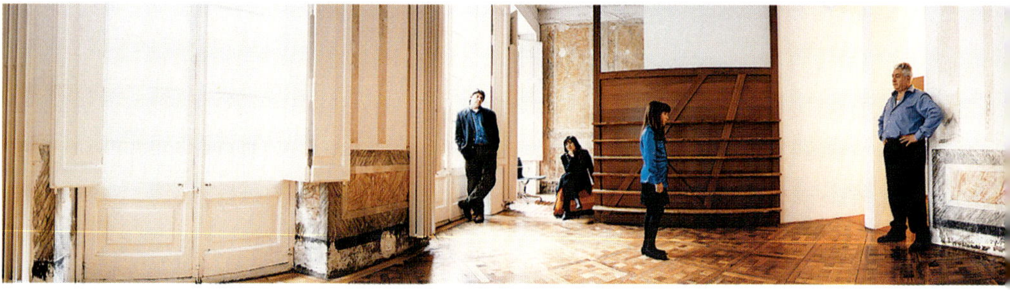

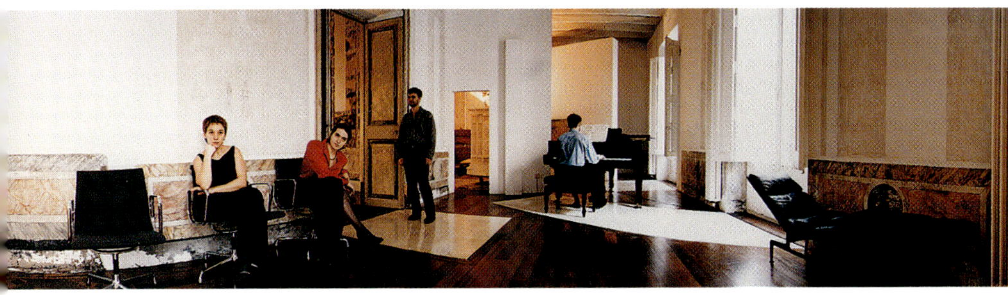

In *Spankers Hill* vesto i panni di un coniglio spaventato dai fari di una macchina, quasi che all'epoca vivessi una condizione "congelata". Infine in *Slut* sono truccata pesantemente, quasi come una pin-up da rivista erotica, praticamente mascherata. Sul collo dei morsi violenti, che hanno lasciato tracce sulla mia pelle, qualcosa di fatto senza passione. Volevo offrirmi come un termine di abuso, anche se stavo mostrando un rapporto estremamente passionale.

La tua iconografia è carica di immagini al limite tra psicosi e normalità, di costanti come il litigio, il delirio e la follia, la perversione erotica, i rapporti e il dialogo, lo scontro tra idealizzazione e consolidamento di una nevrosi perversa. Quindi siamo dinanzi a un linguaggio transizionale (Winnicott), nel quale le persone si impegnano in un'esplorazione delle fantasie e delle emozioni del loro mondo interiore. Nell'analisi tendono inconsciamente a distruggere la situazione e si trovano in una continua dualità dell'essere, tra piacere e sofferenza, tra amore e odio, tra erotismo e pornografia. Il tuo lavoro è una "barra" che si pone tra questi universi, gira intorno a essi – Five Revolutionary Seconds *–, ma è anche sovversiva o quanto meno perverte le relazioni.*

Direi che ne ricerco la summa perché, in tutte le opere fotografiche – da *Pent-Up*, a *Five Revolutionary Seconds*, sino a *Soliloquy* – o nelle proiezioni filmiche – da *Pent-Up* ad *Atlantic*, sino a *Sustaining the Crisis*, che si svolgono all'interno di uno stesso ambiente, fotografato o illuminato dalla proiezione – cerco di raccogliere una gamma completa di sentimenti di un essere umano, seppure riflessa in più persone. Nella stessa stanza compaiano infatti l'erotismo, la rabbia, il pensiero, la creatività, la repulsione, l'ansia, la gioia, l'angoscia, il piacere. Quasi volessi spiegare l'intera vicenda del mondo emotivo ed esistenziale. Vorrei tirare fuori tutto, senza costruire una storia, per rimanere con i singoli momenti, le singole personalità, le singole passioni e le singole ossessioni.

Se devo terminare con un'ultima analogia, ciò che affermi avvicina il tuo lavoro alla costruzione di un pianoforte, un oggetto che compare sistematicamente in tutte le tue opere, sia come elemento solitario sia quando viene suonato da qualcuno. Le tue opere, in particolare Five Revolutionary Seconds *e* Soliloquy, *mi appaiono come una tastiera, le cui singole chiavi musicali sono sostituite da porzioni di immagini e di ambienti, di personaggi e di cose: uno strumento musicale la cui "coda" e i cui tasti sono identificabili nella singolarità di una persona distesa o in cammino, seduta o dormiente, che garantisce a tutti una lettura per emozioni e per sentimenti, secondo criteri di discernimento passionale che sono affidati all'orecchio interno che ognuno di noi possiede, e che ci permette di suonare. Sulla tastiera del tuo pianoforte ci sono tutti i suoni – mentali e sensuali, fantastici e banali, della vita quotidiana; sono presenti ed effettivi, hanno bisogno solo di partner capaci di dare loro una musicalità.*

Five Revolutionary Seconds XI

1997
stampa fotografica
a colori su vinile e sonoro

colour photograph
on vinyl and sound

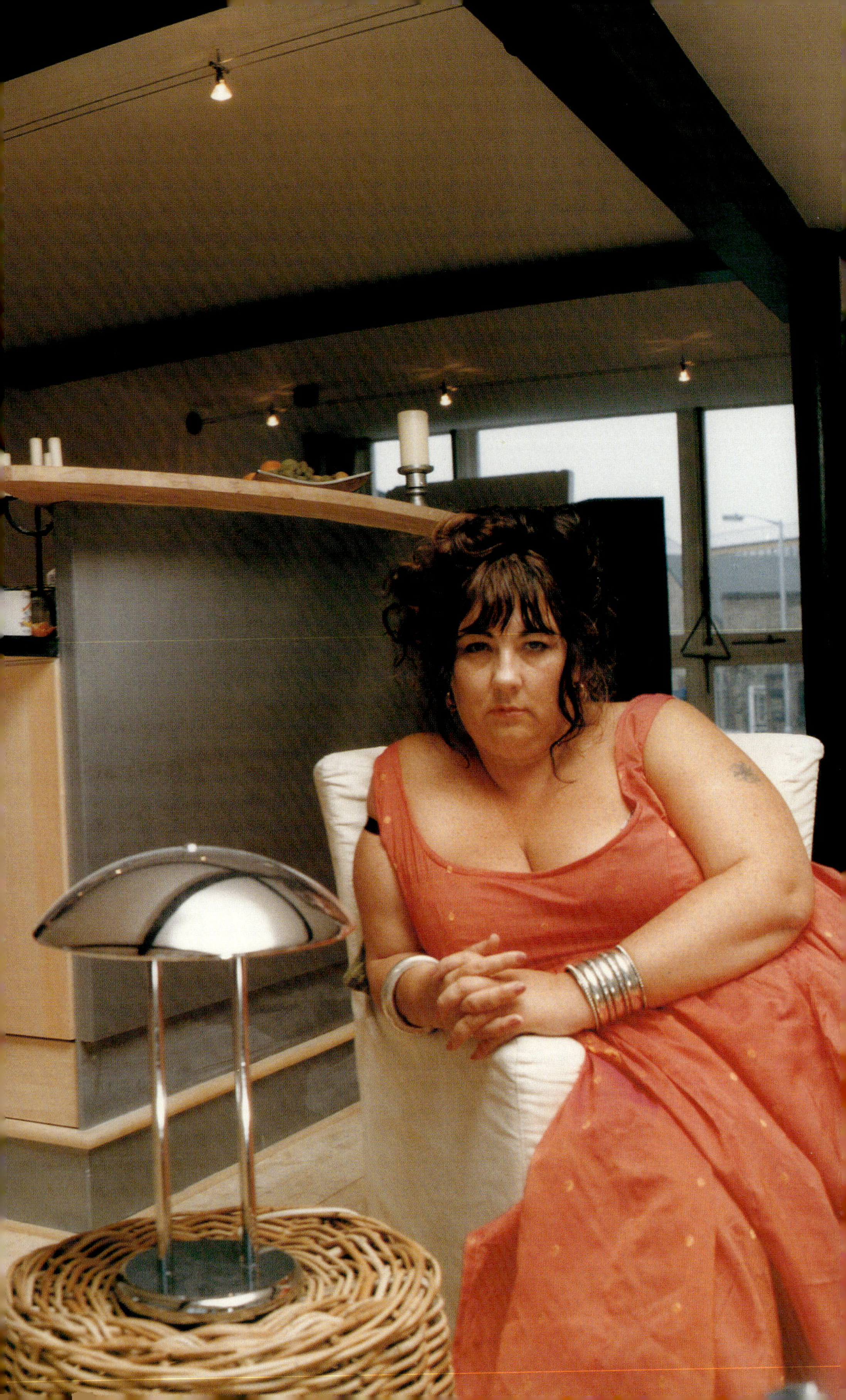

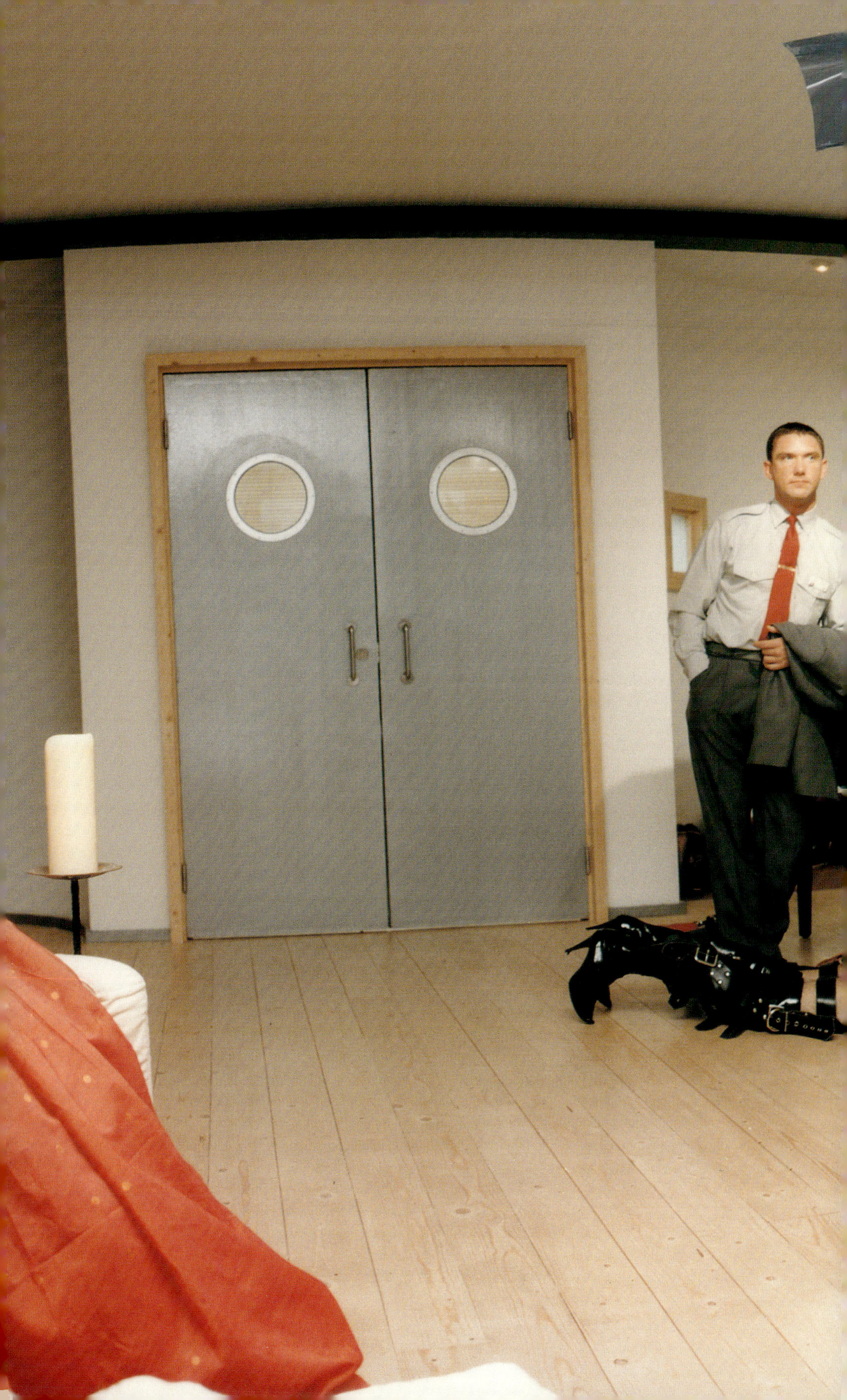

Germano Celant/Sam Taylor-Wood: Soliloquy

Essay/interview. October 1998

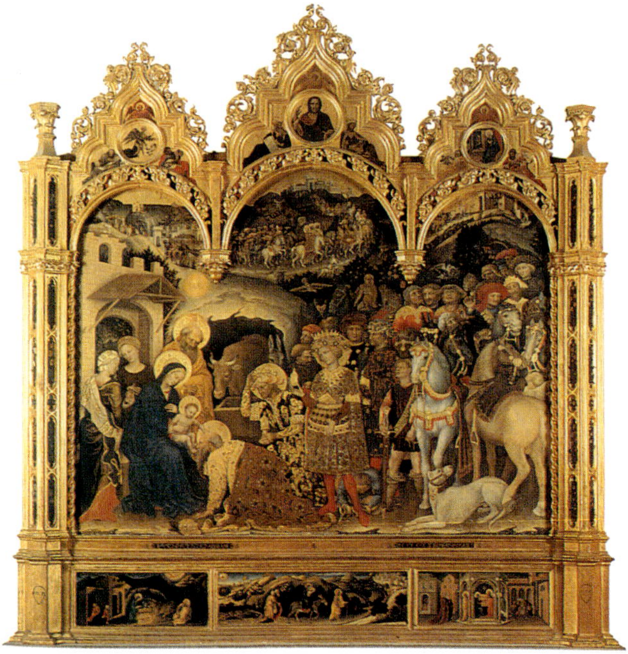

Gentile da Fabriano
Adorazione dei Magi
Adoration of the Magi
1423

GC *Throughout your world of visual images, references to the history of art as allusions to an enigmatic tale, however extraneous to each other, continue to reverberate, to respond to each other long-distance. Indeed, the language you have adopted, looking back from the present to the past, ranges from* Noli me Tangere *[→ p. 298] and the* Soliloquy *series [→ p. 278/296] (both 1998) to* Wrecked *(1996) [→ p. 173], with continuous reference to the classical iconography of fourteenth and fifteenth-century painting, as the definition of a space of events regulated by laws or meanings, not immediately comprehensible and yet always there, somewhere, within subjective territory. On the level of Art History,* Noli me Tangere *refers to the figure of Telamone and alludes to the passion cycle, from the crucifixion to the deposition to the resurrection of the male body of Christ. The* Soliloquy *series reflect a fascination with altarpieces that depict a male or female saint and the Magi or the Annunciation above, and below, in the predella panels, episodes from personal or historical events, to the direct quotation of the Last Supper in* Wrecked.

Dwelling on the latest work, particularly the Soliloquy *series, the fusion between central figure and predella creates a transit or flow from top down, which makes it impossible to distinguish between the implied story lines of one or the other. In the interstice or spacing that is created between the two realities, a mechanism of references is activated, between before and after, cause and effect, the deciphering of which brings out hidden meanings. The tale in the predella seems to become transformed into a discourse on the unconscious depth of the male or female figure. It exposes a device that stresses different interpretive grids that allude to an "elsewhere," somewhere between dream and nightmare, pleasure and anxiety.*

STW My iconic inspiration comes from old-master paintings, from Simone Martini to Fra Angelico, from Paolo Uccello to Andrea Mantegna, in whose work the panels form triptychs or unified wholes, constructed as a large architectural space, where figures are placed as a separation between heaven and earth. Above, in the empyrean, are the Divinities and Saints, below their terrestrial events. In the *Soliloquy* series, I wanted to depict the same separation, the different formal sense between above and below, between the sublime and the physical, immaterial and material, and I sought to bring them into line in a whole that would produce a sort of focus on the territory that lies between the conscious and the unconscious. Above is the individual who thinks or reflects and below, his oneiric and anguished reflection.

Isn't the photographic predella like the pool into which Narcissus gazed, reflecting the character's inner image, its interior or secret thoughts?

The sequence is similar to the scenario of a dream within the character's mind, which you almost succeed in interpreting. Sometimes I have tried to go to the edge of madness and nightmare. It is important, however, that an effect of separation be created, a place of fortuitous and unexpected collusion that establishes a terrain of secret understanding. The space both creates and erases distances, so that images are presented as polarities of the same energy.

The energy institutes an internal dynamism that can refer back to a harmony or a contrast, and the predella can seem perverse and oblique with respect to the principal representation. For example, in Soliloquy II *[→ p. 282], the multiple sense of the tale is already present in the scene where the male figure appears surrounded by an unusual number of dogs.* [→ p. 150]

Five Revolutionary
Seconds XIII

1998
stampa fotografica
a colori su vinile e sonoro

colour photograph
on vinyl and sound

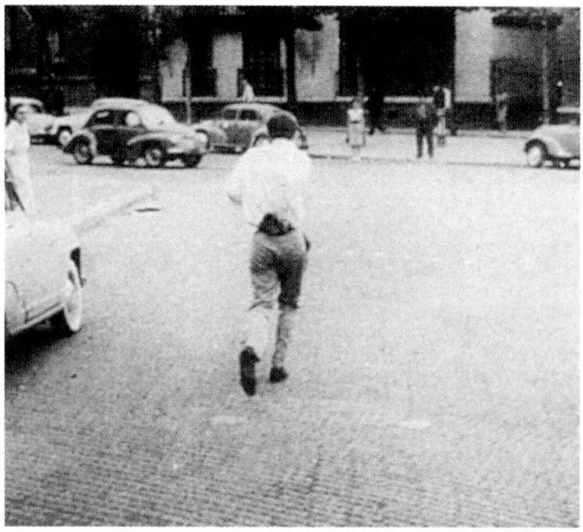

Jean-Luc Godard
Fino all'ultimo respiro
Breathless
1959

This surprising situation is accompanied by the solitary/erotic story of the predella, where the character is seen with a dog, surrounded in the same room by other figures where the bodily and environmental intensity create further fantastic sparks that oscillate from sexual bondage to emotional solitude. How did the creation of the main image come about?

We were in Spain and I was driving the car when this pack of wild, stray dogs appeared, about thirty of them. It was a real situation, but one with a surreal component, capable of creating a certain anxiety. I made a note of the place, and asked a young man who had a certain typically "English" look, to let me take his photograph among the dogs. It was like creating an unbalanced dimension, between the sedate and elegant pose of the normal but "selected" body and the unseemly disorder of the context created by the freedom of the animals. I think I was immediately drawn to this mad setting, which is reflected in the photographic sequence, a sort of dream-like reference, an interweaving between the sexual and the mental body. Obviously I want the upper and lower images to be read as a whole, to the point where the upper figure sometimes overflows and descends downward, as in *Soliloquy I* [→ p. 278], *Soliloquy II* and *Soliloquy IV* [→ p. 290], where the arm, tail or elbow cross over the boundary and merge with the tale below.

Contrary to Five Revolutionary Seconds *series* [→ p. 53/169] *(started in 1995), the photograph of the main scene, like that of the scenic sequence, is manipulated or at least minimally altered in some details, such as the inclusion of a dog or the modification of a nude. Why are you interested in including these alterations? Is it perhaps a subtle evocation of technique, thus meant to remind the viewer of the representative event that is always artificial, like a negative or the sliding sound-track in Godard's films?*

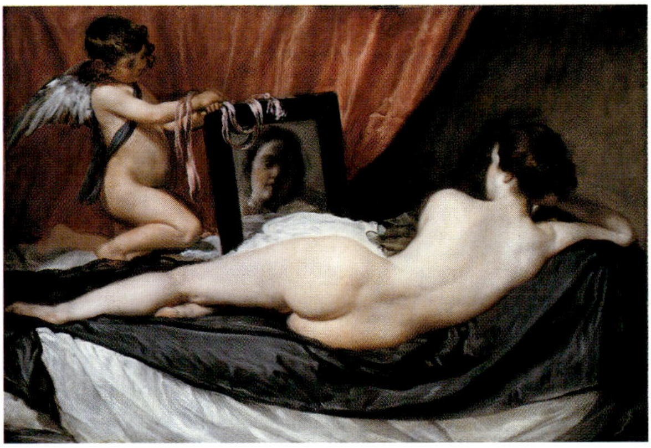

Diego Velázquez
Venere allo specchio
The Toilet of Venus
1650

First the impact of the image seems normal, but slowly one can perceive that one leg is too long and one hand has six fingers, subtle changes that are capable of creating a surreal space, one that is almost awkward and clumsy, out of place. Perhaps it reveals an attempt to communicate that this is a montage or an open-ended story; in fact the sequence gives the idea of an infinite event, one that never concludes, or that can wrap around itself, at three hundred and sixty degrees.

In Soliloquy III *[→ p. 286]**, the reference to Titian's* Danae *or* Venus *as well as to Canova's* Paolina Borghese, *with her agitated sensuality and purity of contour, along with the flash of seduction that comes from her position and her glance reflected and turned toward the viewer, contrasts with the active space below, the chain of bodies and stories on which her image rests. The predella is a place of desires and encounters, where the tale suggests a sort of limitation, due to the dissemination of the parts. Gradually, as the glance penetrates the details, the room seems to contain something turbid and threatening, a sort of device in which normality and prohibition are interwoven. Here the bodies are engaged in a phantasmagoria of positions and relationships that the indiscrete eye of the camera mixes and renders hallucinatory, as well as possible. The performance of each creates a landscape of limitless polysemy. It generates impulses of life and death, love and sex.*

In this case I wanted to represent a situation based on beauty and vanity, on the relationship between flesh and sex. In fact, in the *Soliloquy* series I am thinking of various dynamics of that idea, including the erotic and the pornographic. Thus this female figure is thinking of herself as a decidedly attractive sexual object, like someone who is accustomed to being looked at and being an object of desire. In the lower part, however, she is dressed in red and seated on an armchair, almost as if in a dream, where she is protected and witnesses an orgiastic scene to which she does not belong and to which she is indifferent.

[→ p. 156]

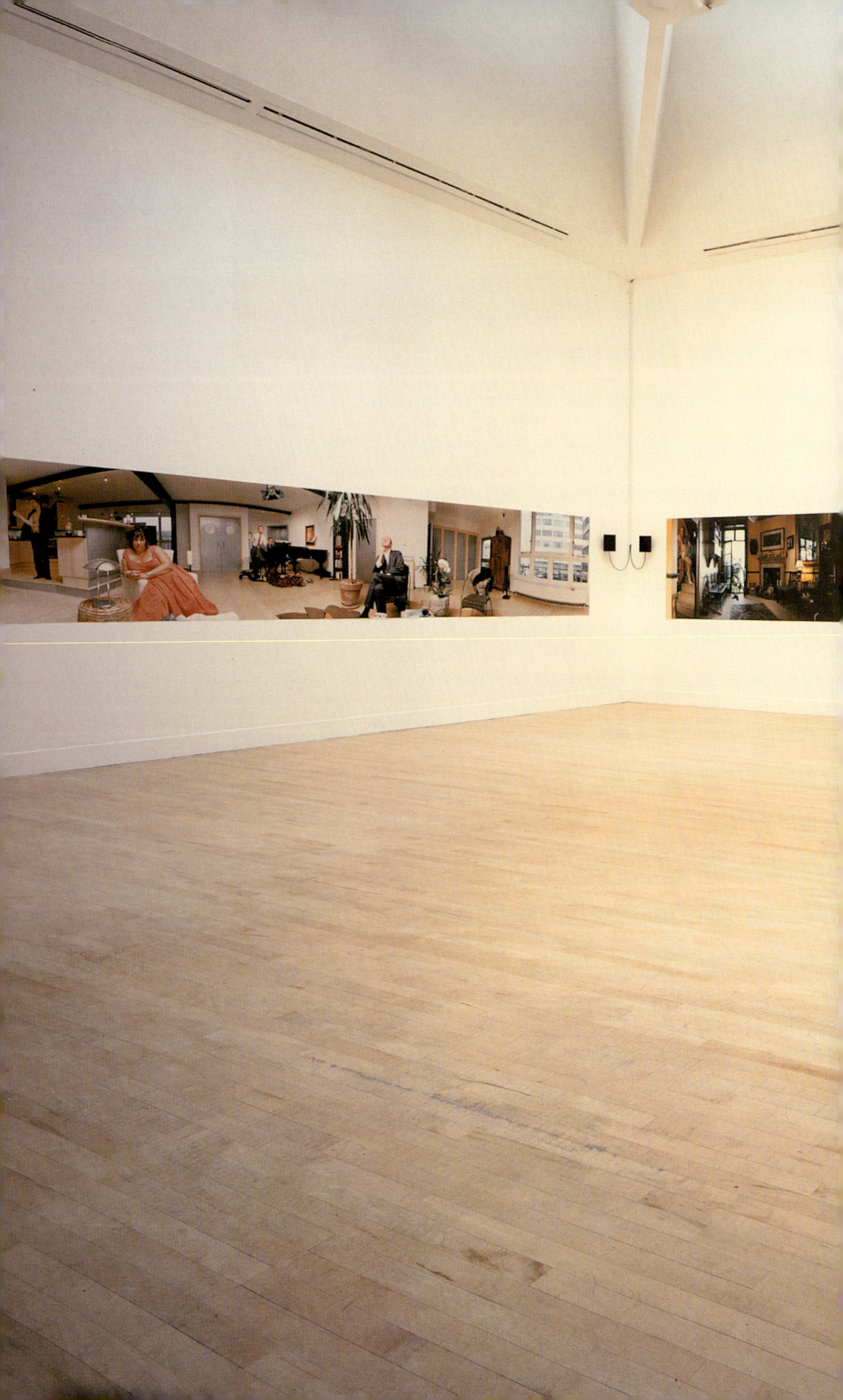

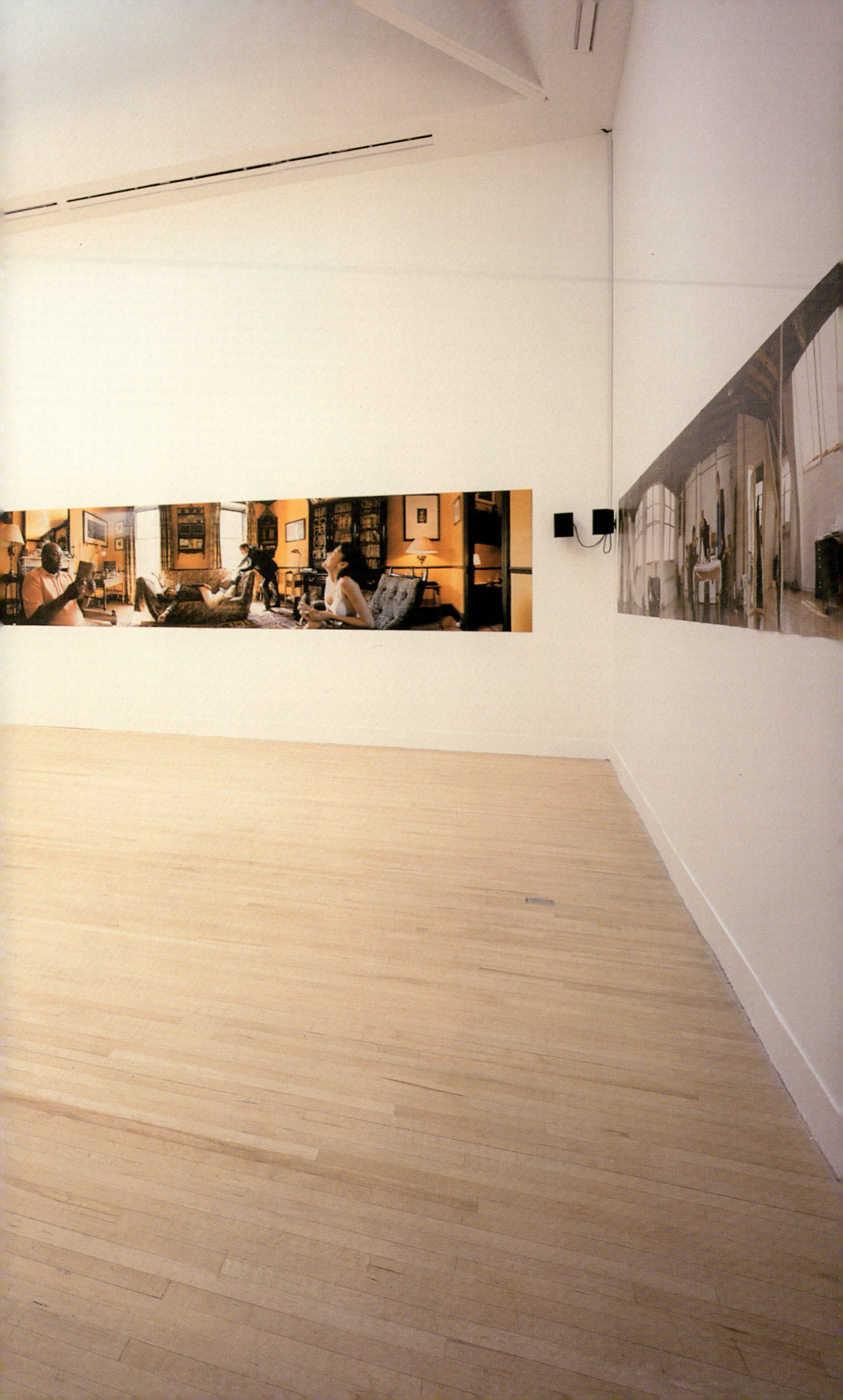

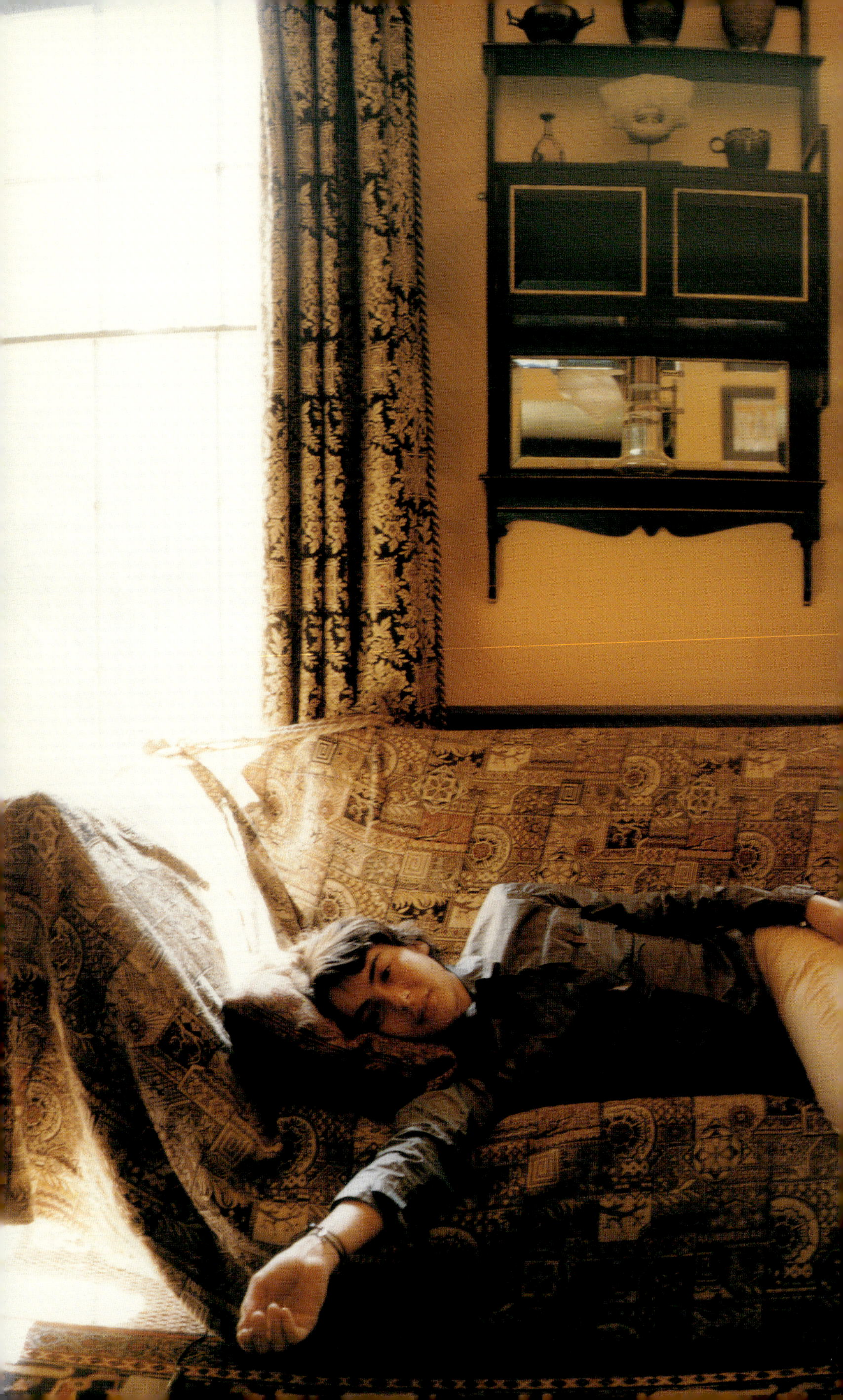

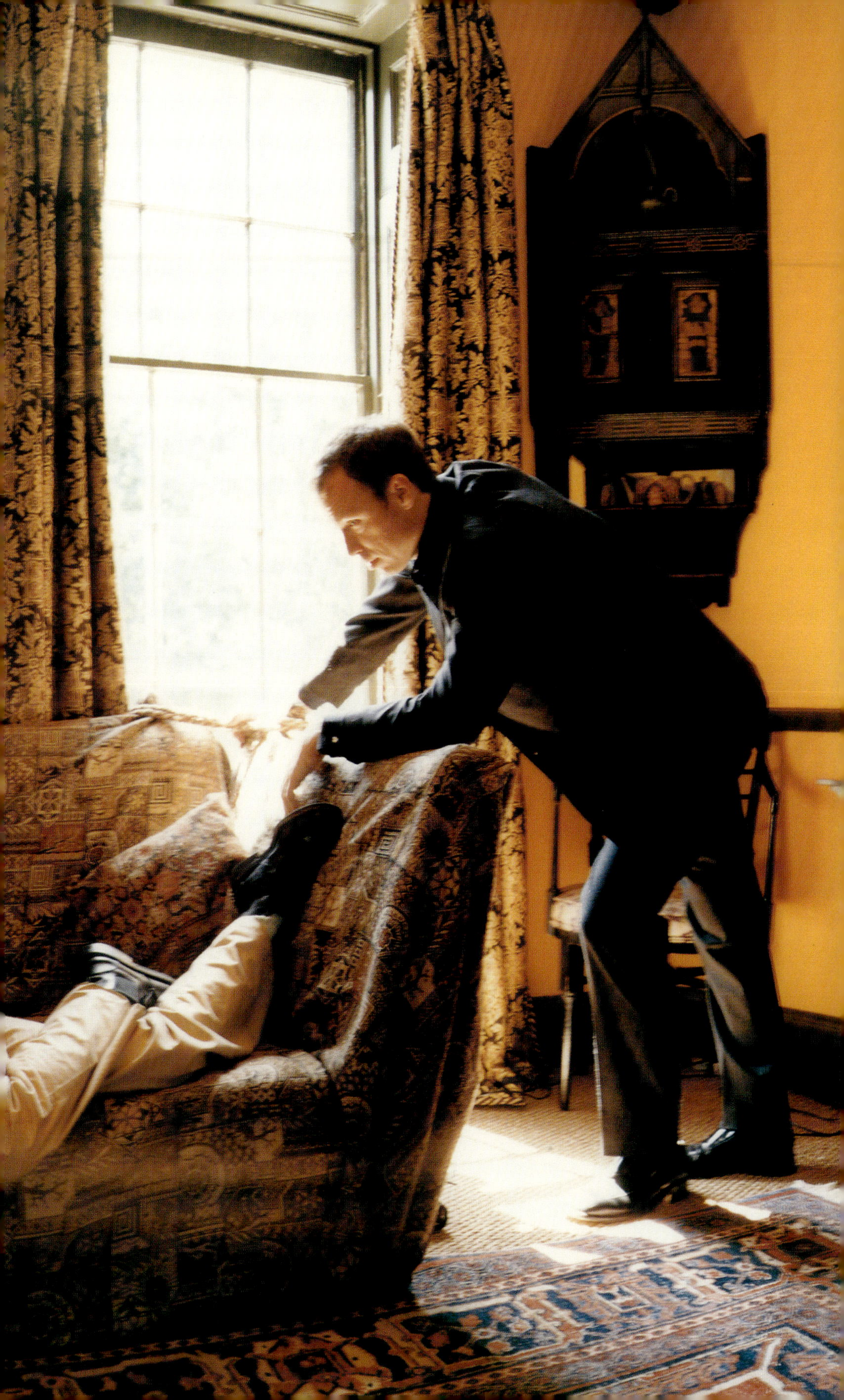

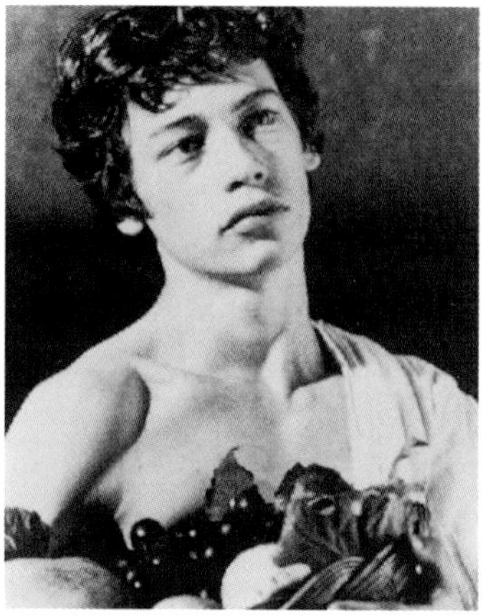

Derek Jarman
Caravaggio
1986

It seems to me that the choice of setting provides another interpretation. It is an emotional territory, or perhaps she is an anonymous or violent agent, emerging from the Turkish baths. What magnetic connections are established between the event and the setting? Is it a place of attraction or repulsion, does it produce security or a sense of guilt, or is it the fruit of visual fortuitousness?

In *Soliloquy III*, it is a common apartment, almost like one in public housing, the ones the government builds with subsidies. Thus it is a modest dwelling, but one that maintains strong connotations of decay. However both the furnishings and the type of activity, the poses and the colours, the dresses and the actions, reveal a rich and sumptuous condition. I was also looking for a contrast between the anonymous and banal space and the carnal power of the bodies.

And the construction of the orgy?

It happens, just as it happens in dreams, without any reference or organisation. But the definition of the title, *Soliloquy*, does play a role. It refers to a Shakespearian actor who, when the scene is complex and difficult to understand, addresses the audience and, speaking aloud, shares his inner thoughts, commenting and explaining what he sees or perceives, and then immediately returning to the scene at hand and the role he is playing. I was thinking precisely of this dimension of detachment that allows people to remove themselves and see, through their inner eye, their anxieties and desires about what is happening or might happen. The female figure doubles or triples, in her reflection in the mirror as well as in her inner reflection, the scandalous and pornographic projection of a story that is open to all interpretations.

Being circular projections, the interpretation from left or right has no particular meaning.

No, it is three hundred and sixty degrees, one can enter into a detail and find a particular meaning, begin one's reading at one place or another. She is a woman who is thinking of her own pleasure. *[→ p. 164]*

Five Revolutionary
Seconds X

1997
stampa fotografica
a colori su vinile e sonoro

colour photograph
on vinyl and sound

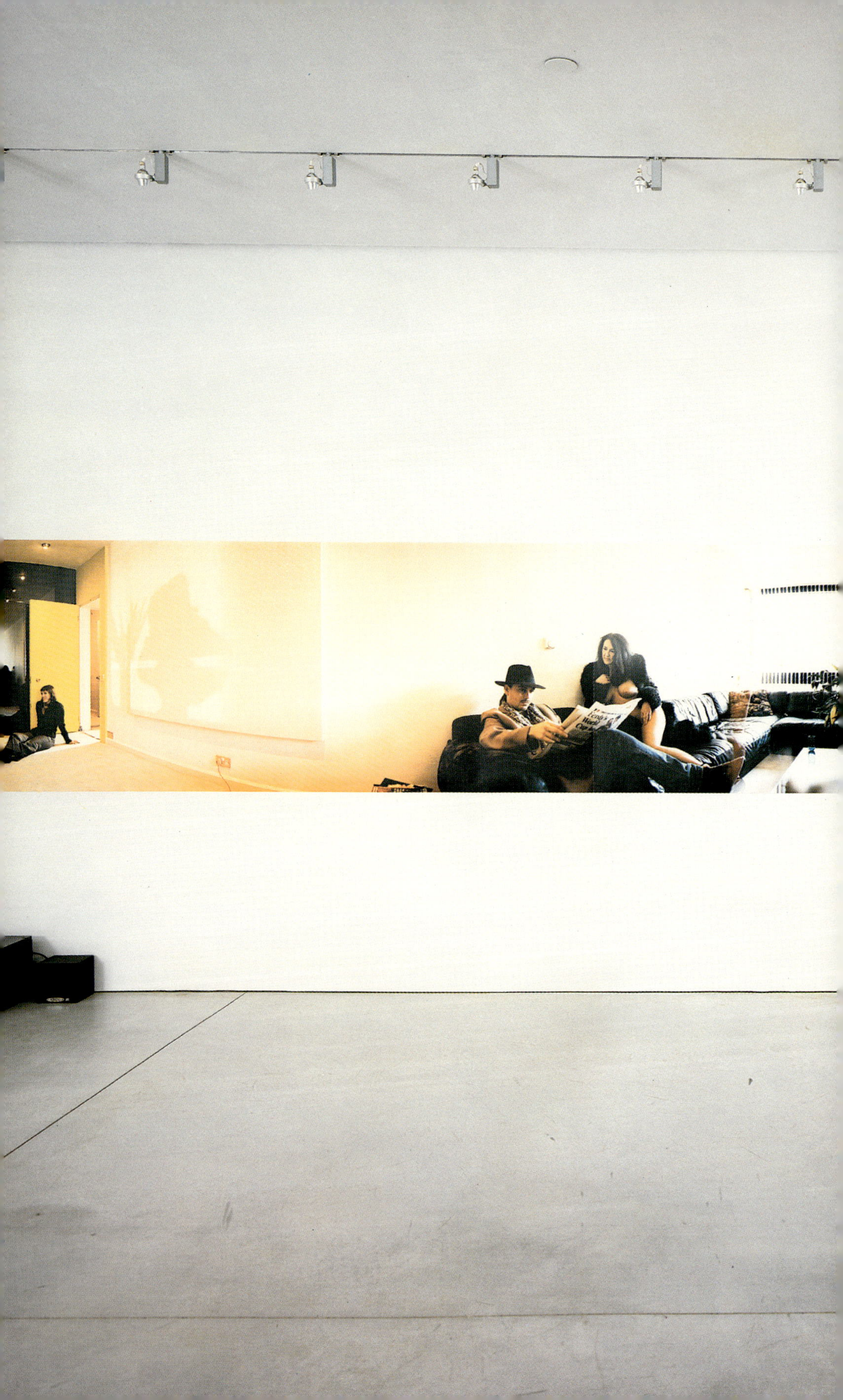

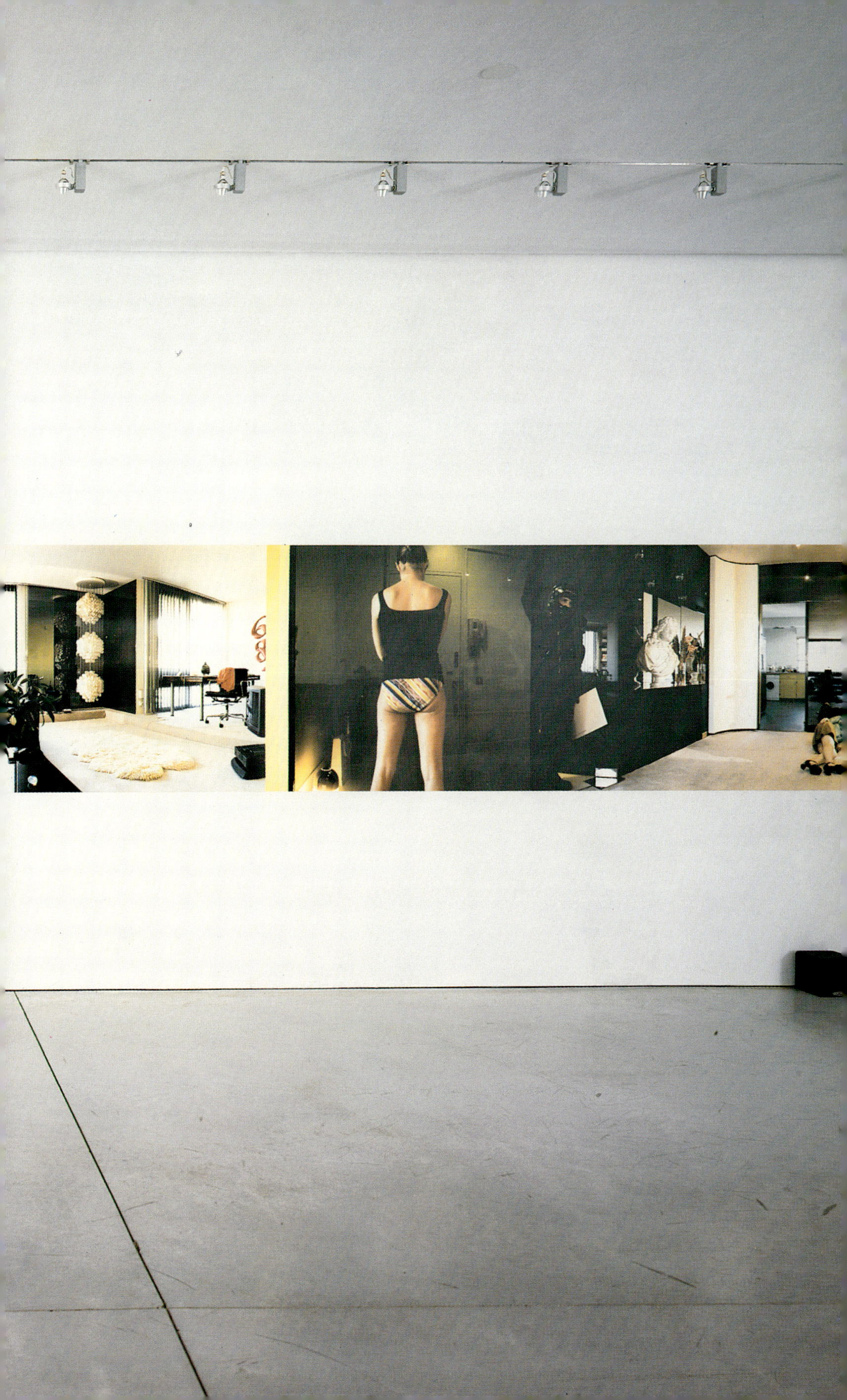

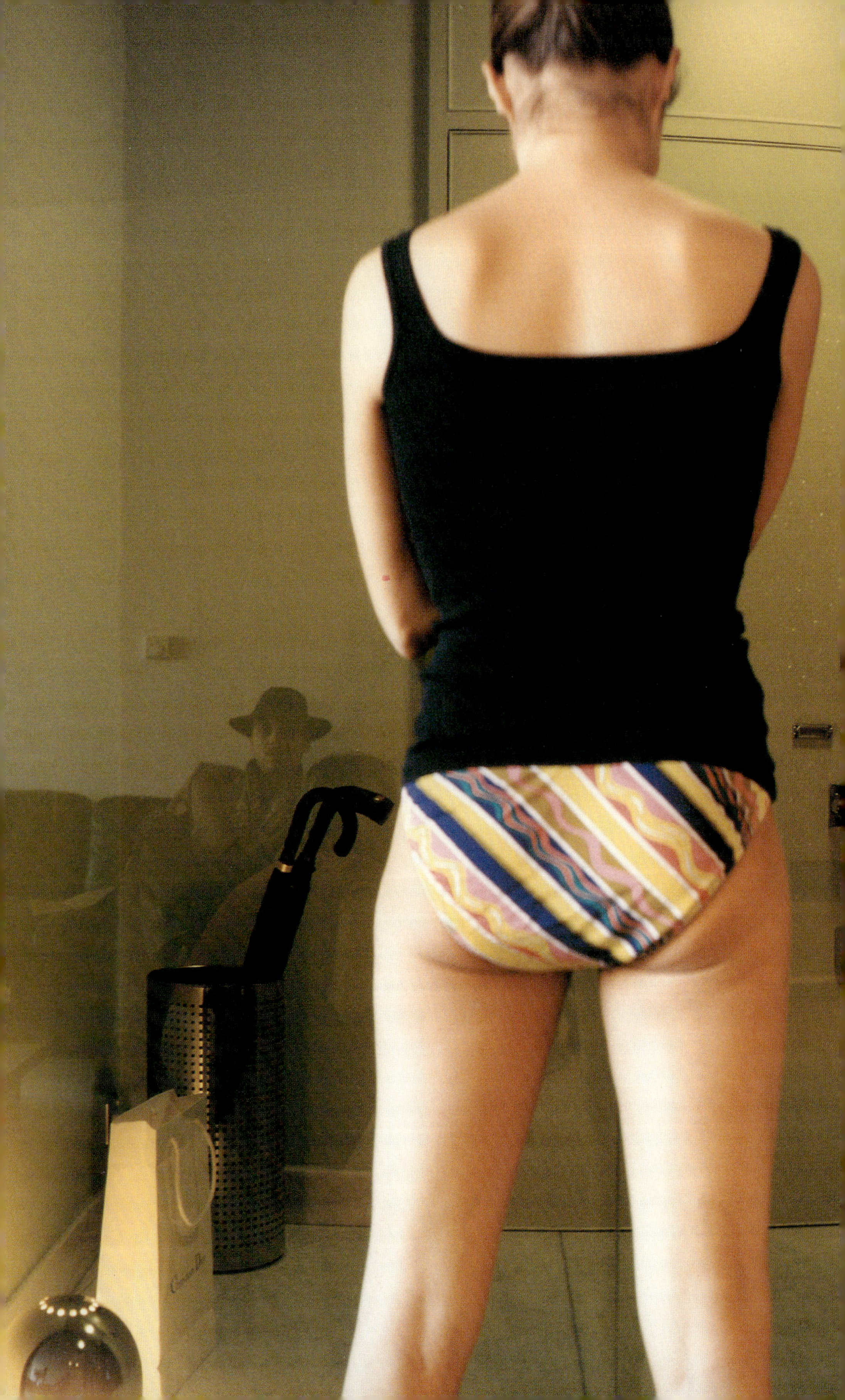

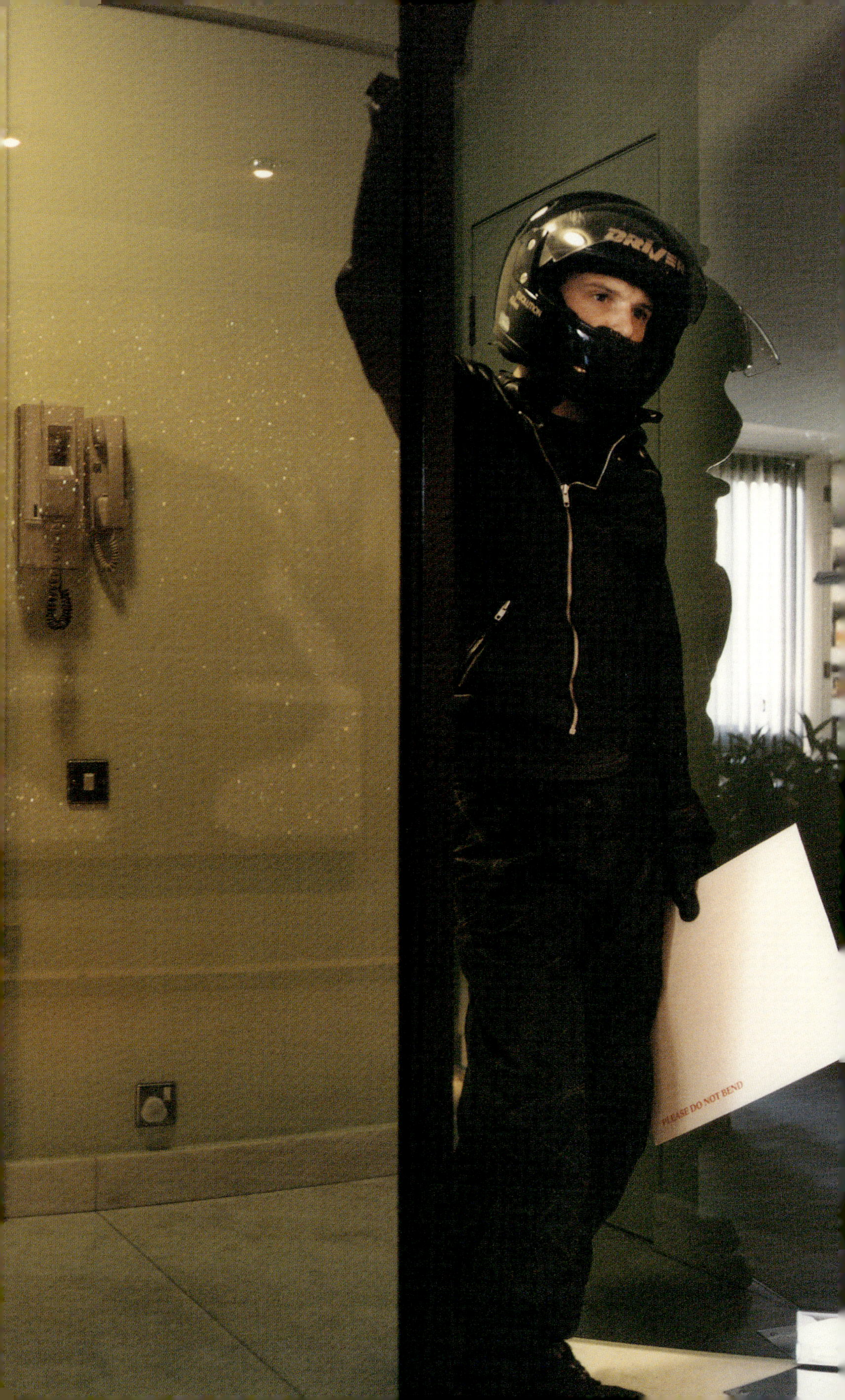
PLEASE DO NOT BEND

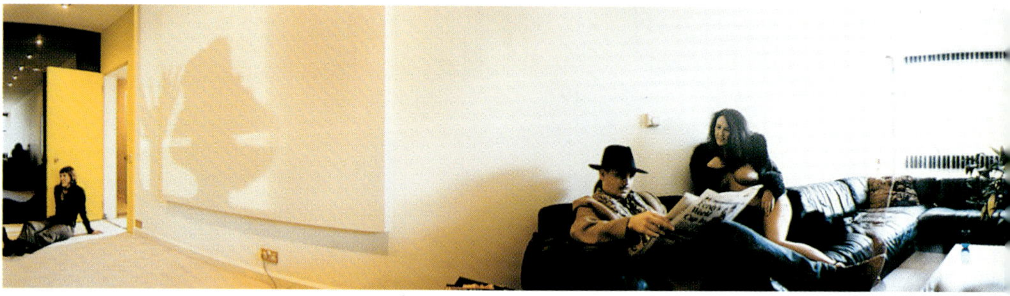

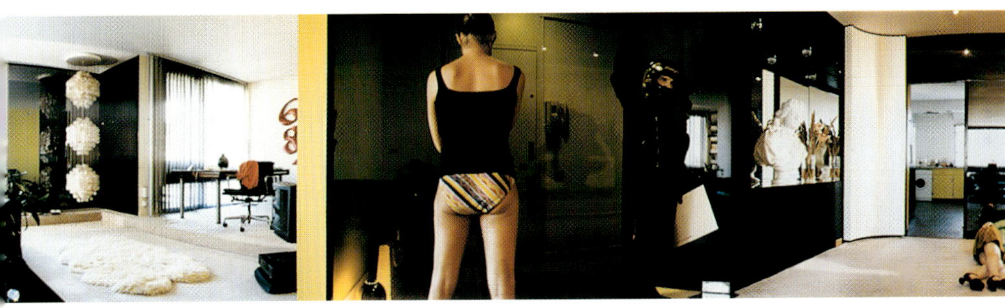

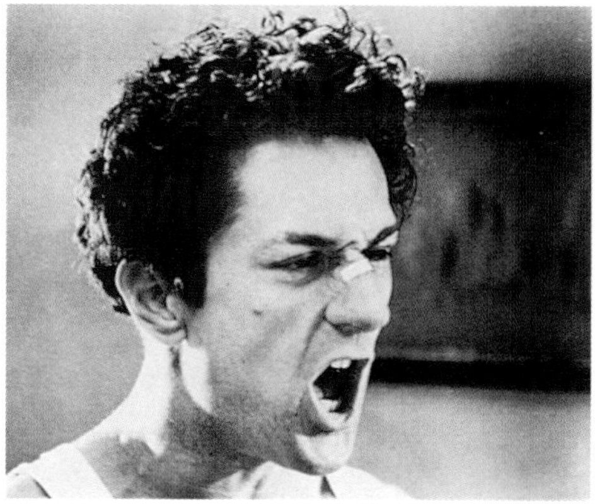

Martin Scorsese
Toro scatenato
Raging Bull
1980

In the same series, Soliloquy I, Soliloquy IV *and* Soliloquy V *[→ p. 294]**, not only have a different relationship with the places of transit, from the sofa to the bedroom or the street, but also suggest iconographic traces that range from Jacques David's painting,* The Death of Marat, *to the films of Federico Fellini or Jean-Luc Godard, from* 8 1/2 *to* Breathless. *Do you recognize the secret affinities with these cultural references, or is there a logic of linguistic mutation?*

My intention is to try to differentiate each *Soliloquy* stylistically, so there isn't one single manner, but different writings through images. The suspended condition of the dream or of anxiety, of the tale as well as the vision, allows me to "suspend" time or the contingencies tied to the detail; I try to find different temporalities, depending on different rhythms and places.

The anguished and solitary tone of the "predellas" in *Soliloquy IV* and *Soliloquy V* is different from the earlier *Five Revolutionary Seconds* photographs. The silence of *Soliloquy V* is reflected in the empty parking lot where the character reappears, while the physiognomy and bodily characteristics of the figures who appear in *Soliloquy IV*, from the dwarves to the twins, heighten the loss of the individual. The lower tale is a dissemination of scattered organs, those that make up the "unconscious" body of the male or female figure.

Assigning today's Marat an elegant swoon of abandon, with female figures that run through a decadent and decorated space, and assigning the Fellinian figure of Saraghina an asexual and metaphysical story, proposes a perversion of traditional images, or at least questions their iconography. This reversal is obvious in Wrecked, *where the Last Supper finds its sacrificial body in the naked female figure and the apostles in a group of friends. What does History signify?*

[→ p. 170]

Five Revolutionary
Seconds XII

1998
stampa fotografica
a colori su vinile e sonoro

colour photograph
on vinyl and sound

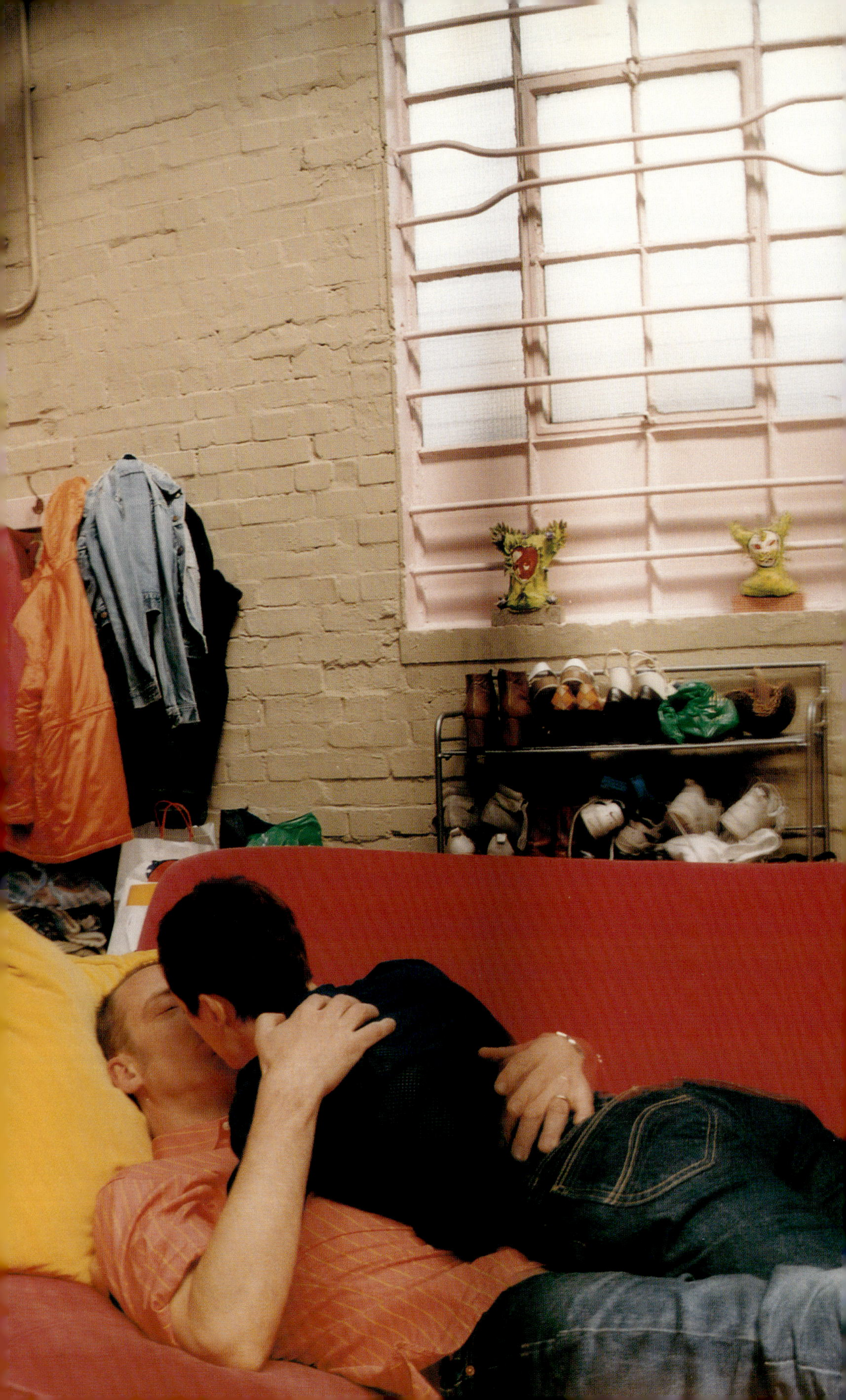

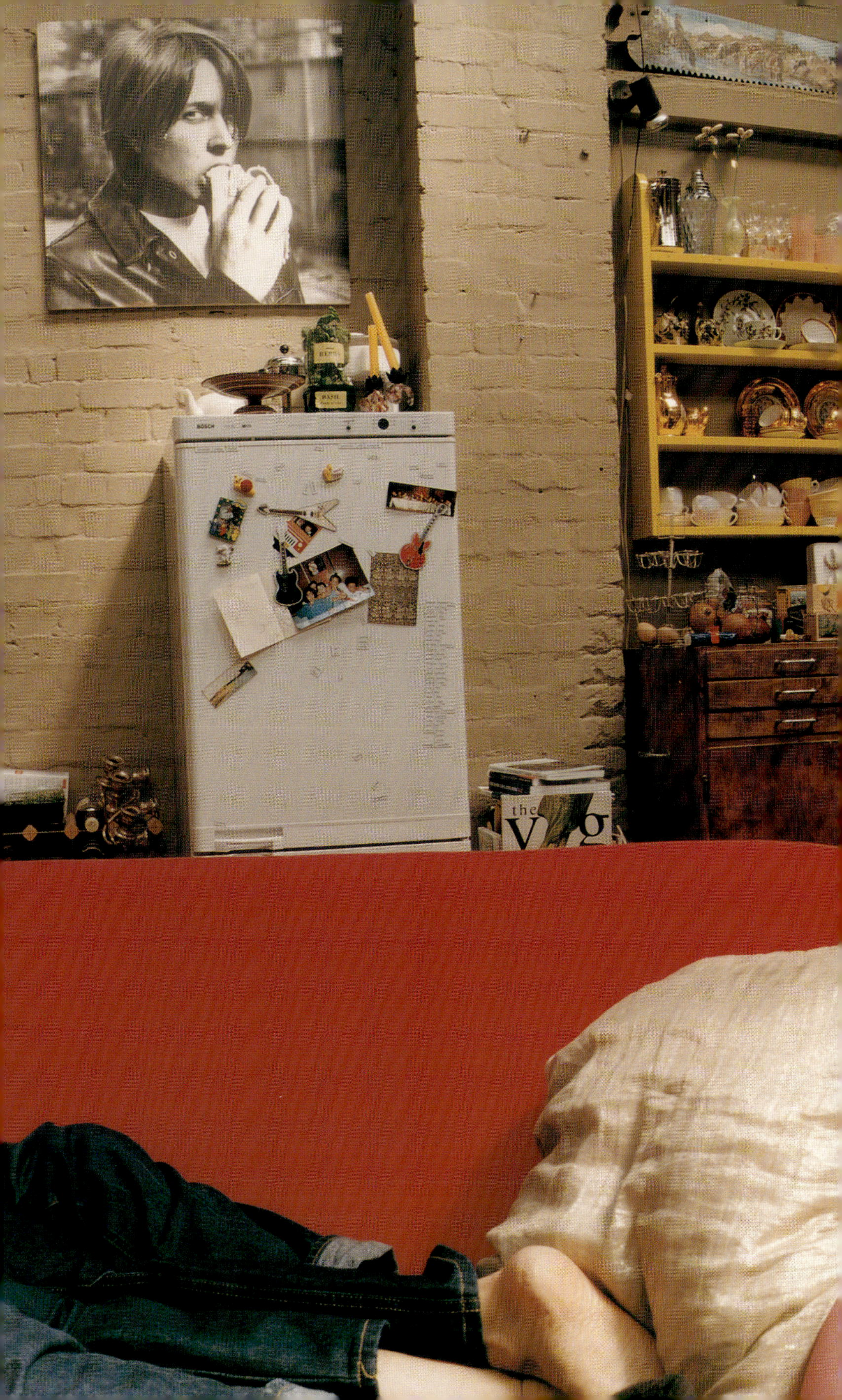
BOSCH
the

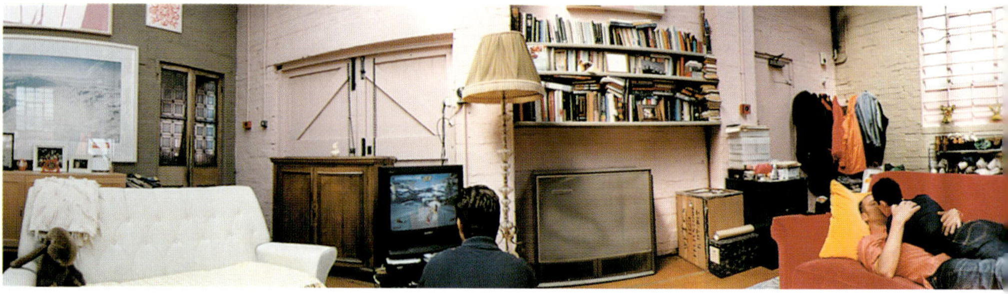

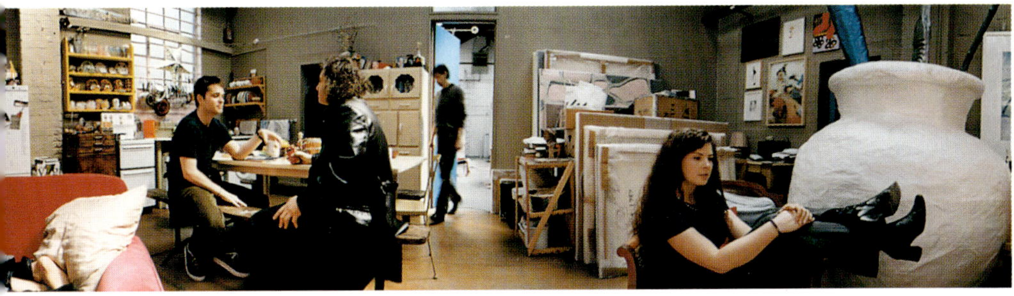

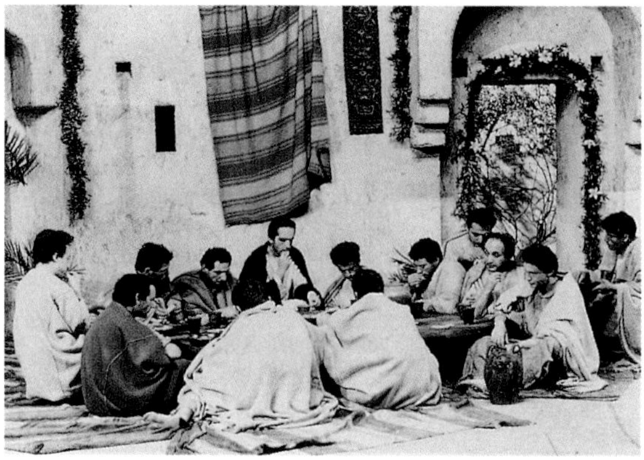

Pier Paolo Pasolini
Il Vangelo secondo Matteo
The Gospel According to St. Matthew
1964

These allusions and quotations are a self-discipline that I impose on my history, as experienced by me in my mind. I don't know if it is an overturning or a subversion, and I don't intend any political connotation. It just belongs to me. Thus I intend to revise certain images, in this case the Last Supper, because I wanted to try out a sense of freedom. I intended to have a woman at the centre of a scene of abandonment, a table of totally relaxed people.

By creating new combinations of history and events, you are implying an overturning of values that tends to permit a return to primitive chaos, where the transformation of one element into another, from male to female, from romantic to pornographic, from historical to contemporary, from normal to different, should be possible. It is a way of creating a new genre of reality that is based on sexual travesties, as well as on corporeal differentiation. In this sense I see analogies between the regeneration of the female figure in Wrecked *and the power of physical and mental transformation that develops in the psycho-sexual dimension of the woman's dream in* Soliloquy IV.

All my depictions tend toward the fantastic. In *Soliloquy IV*, I wanted to create an oneiric vision that didn't participate in reality; three dwarves, a child, the twins make up a situation that is not from our everyday world. By including disparate figures, I tend to avoid a single type of knowledge, or at least one that can be standardized, and I reveal the extreme fragility of its logic and its progress. The absurd co-mingling produces a mixture that is paradoxical and labyrinthine.

Do these articulations of "storytelling" operate by design or are they fundamentally intuitive, in other words do they come from you already rigidly planned or do they stem from your perception of some indefinable and ambiguous memory?

Wanting to create an oneiric and unreal condition, the layout of the sequence is based on an open-ended and thus ambiguous search for a stance. Like the *Five Revolutionary Seconds* phographs, the *Soliloquy* series seek to create something surreal, a possible narration, so that I arrange on the set a series of individuals within one setting. This coagulates their presence and links the individual units; they have their individual characteristics, but the setting unifies them, interweaves them and gives access to the construction of a tale, which appears enigmatic and is therefore subject, as visual representation, to the superimposition of an external personal interpretation.

In *Soliloquy IV* it is as if the person stretched out on the bed, eyes closed, were projecting physically her own inner states of mind. The story in the photographic predella expands the attention to the universe of things and persons that can be related to her dream, and the presence of other characters in an empty space puts into effect a system of autonomous reference, that of an "empty and dead house." Within it, the mixture of physical characters and Luciferian personalities seems to support the physical weight, the elbow of the female figure. The dwarves look outward and are inserted into an almost theatrical scene, as if they were watching her while she sleeps, like actors in a performance who turn their attention toward the "public." It is almost as if the unconscious were addressing its glance toward the conscious, and the metaphysical, constructed on the presence of beings who are different in their stature and their double, were passing visually into the body of carnal excess. It is a way of creating tension and anxiety, through the dialectic between the fixed stare and the hidden glance, that of the sleeping woman, or through the environmental polarities of fullness and abundance and emptiness and essentiality.

If Soliloquy IV *ends up constructing an almost tactile and carnal space, in opposition to an ascetic and mental one,* Soliloquy I *assembles and combines a space in motion, extremely decorative, full of subjective details, the fruit of a non-abstract, but strongly narrative mind. Here one perceives a universe extended in time and space, limitless and without direction, laden with mnemonic hieroglyphs, where history is intertwined with the present. Complex plots and events are interwoven, and completely adhere to the place, like the shirt that covers the body of the male figure slumped on the sofa.*

I wanted this dream to project total aristocratic decadence, something that is absolutely "over the top," distant from its universe. In fact, the scene is taken from the late nineteenth-century house of lord Leighton, the painter. The figure's physical state is also altered, because the arm is elongated and some figures within the scene are altered in scale. At the same time, the decoration of the house manifests something absolutely decadent and outside time. The photographic shot also reflects a typically romantic visual approach.

[→ p. 172]

Soliloquy V *is another thing entirely, where the male figure is in the street, walking, twisted up; its lower vision alludes to the spatial dissolution of an underground parking area, absolutely empty, where there are neither reflections nor textures, whether sensual or decorative, metaphysical or unreal. The air is impalpable and dispersed, almost a panorama of anguish and solitary fear.*

It is a man walking in a contemplative, almost trance-like situation: a figure unto himself, who represents another existential state. Within the *Soliloquy* totality, his appearance serves to emphasize that the dreaming condition is not due only to the state of the sleeping, but also to the active and awake character. In this way the various stages of dreamed existence go from introverted to extroverted visions, from full to empty, from female to male, from mobile to immobile. And yet in their singularity, the *Soliloquy* series form a totality that documents different states, some sweet and sensual, others bitter and impersonal. It is always a conversation between self and self, with a fixed stare into the void or eyes closed. It is an everyday experience that strikes us all, when we are among other people or alone, on the street or in bed.

Looking back over your work, the totality of the Soliloquy series *presents spatial configurations crossed by heterogeneous movements and actions that, occurring in the homogeneous space of a single room, can be reduced among themselves; they construct a virtual movement realized through immobile sections. The same can be said of the* Five Revolutionary Seconds *fotographs, made from images frozen in time, concisely intelligible because they rotate in the same environmental orbit, but the discourse changes with the passage to cinematographic projections.*

The *Soliloquy* pieces and the *Five Revolutionary Seconds* fotographs have a similar operating methodology, strictly connected to the search for a homogeneous tale. I use the same instruments and the same manner of shooting. The working process coincides and is executed within the maximum span of one day. The preparation, however, is more complicated and requires at least six weeks or two months. I have to find the right people, the right location, the organisation and the working process. The cause and effect relationship is identical, because the length of the sequences is always 25 feet; they are so long, it is impossible to see them in their totality, which means that it is necessary to perceive them through their parts, to travel through them, selecting the sections to look at. In this sense, the viewer is encouraged to do a sort of visual and mental editing, where each person comes up with his or her own reading, sense of narration or what is interpreted. Working, I increasingly think I want to offer a "provocation" of meanings, advancing the inequality of what is present, but subordinate to the existential projection of the observer. The display of images is cinematic; it expands space and time and institutes an open field of information that acquires value only within a path and a connection. [→ p. 178]

Wrecked

1996
stampa fotografica
a colori

colour photograph

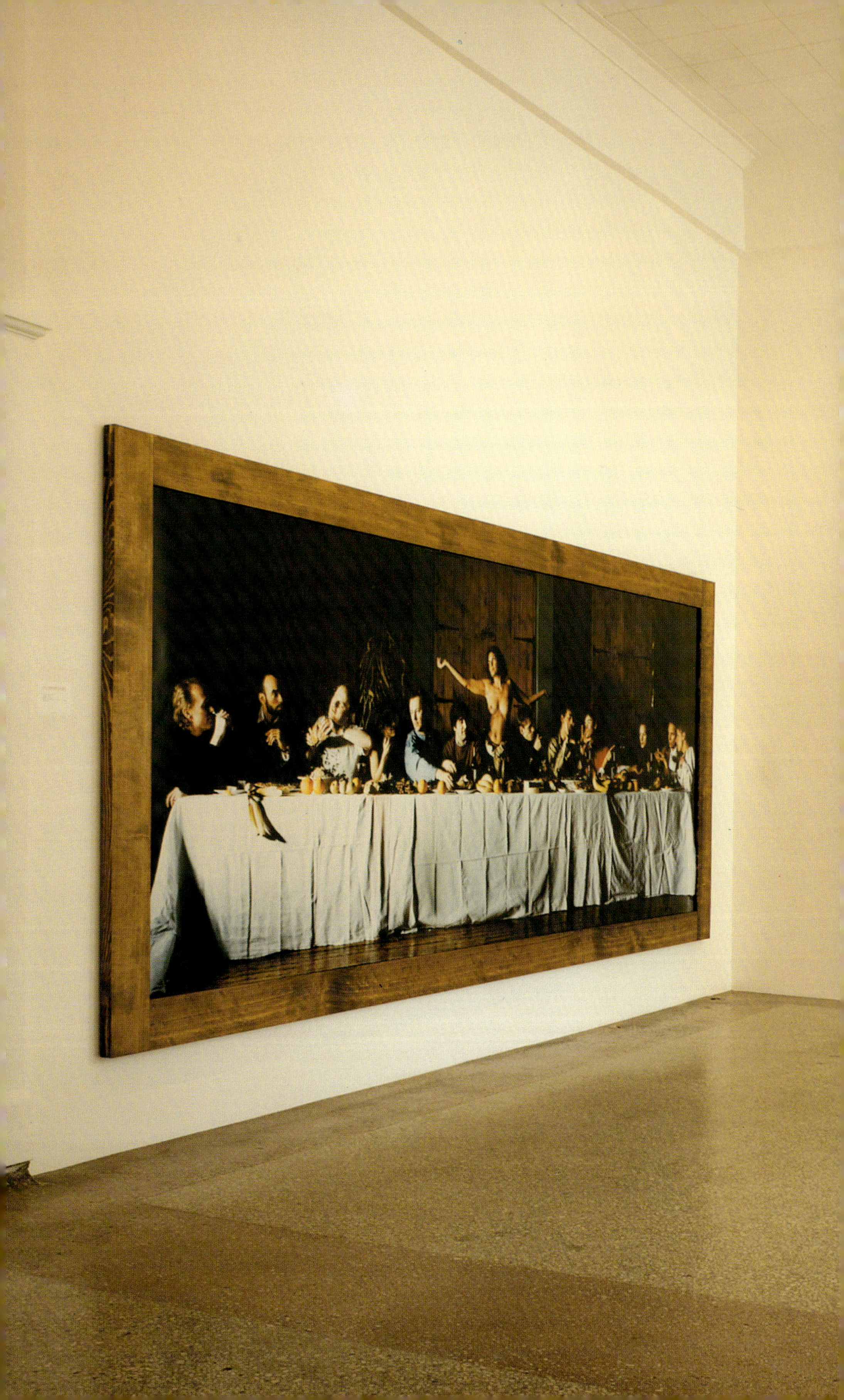

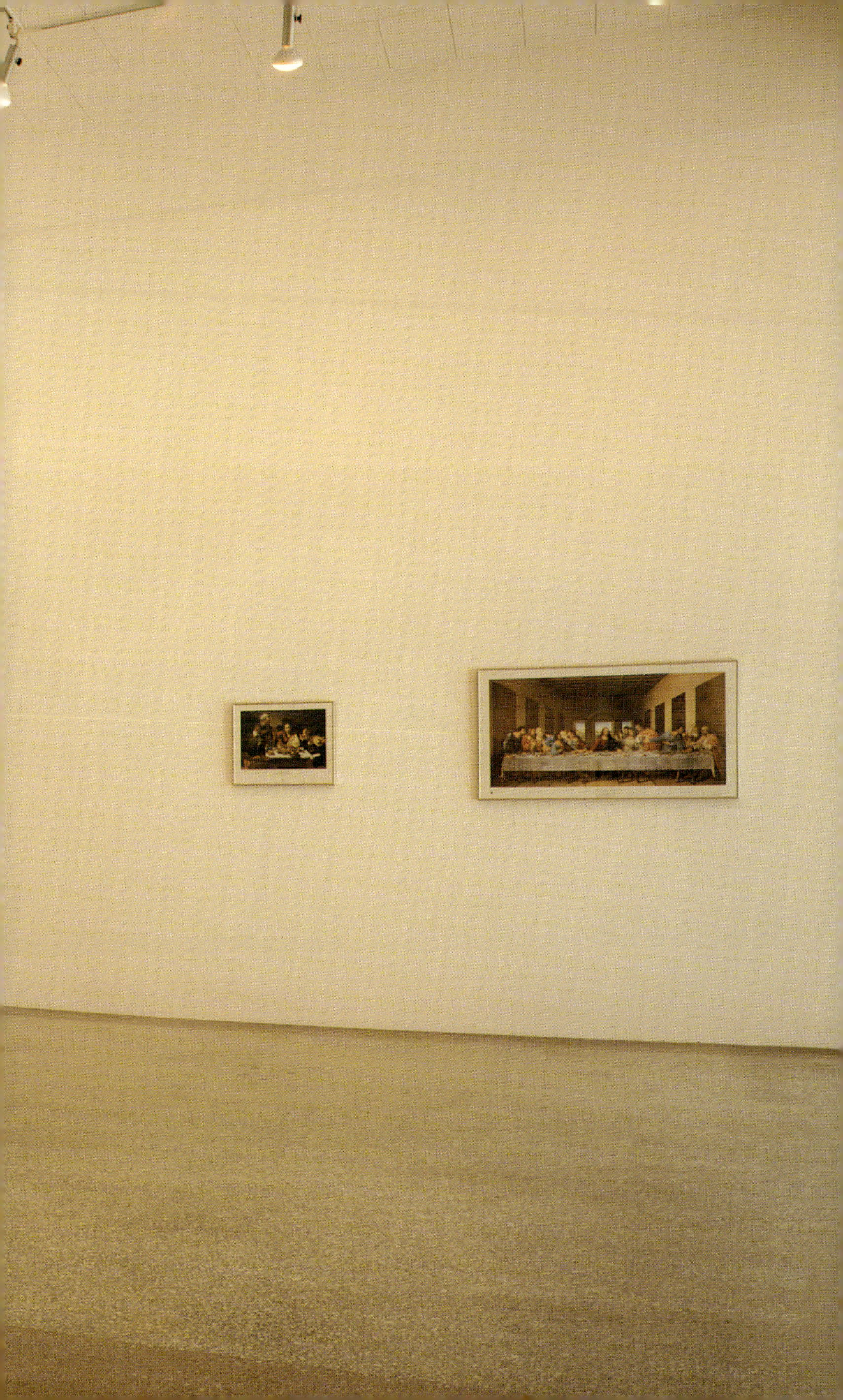

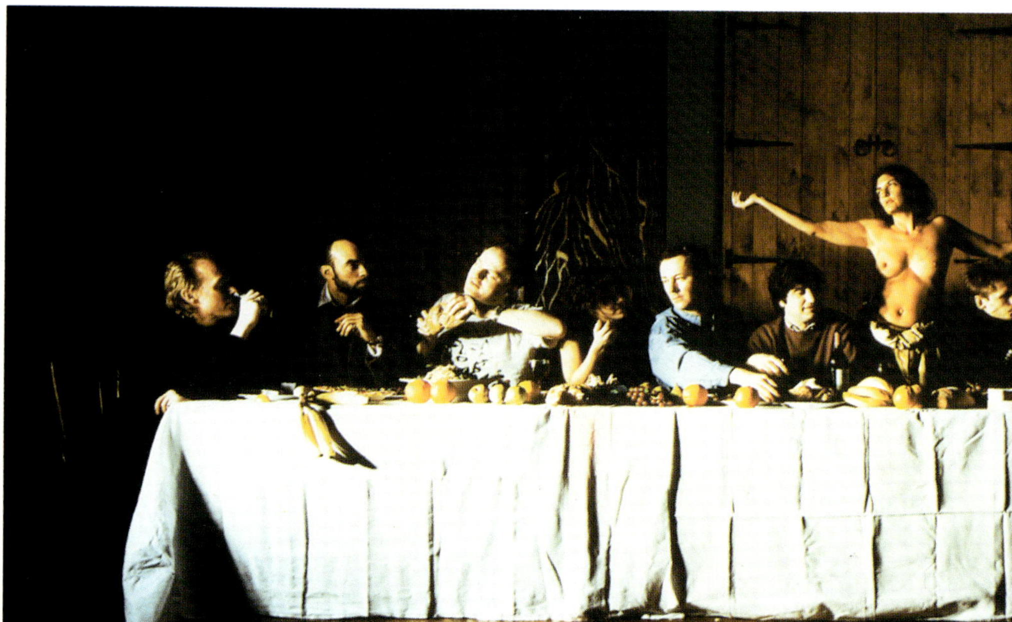

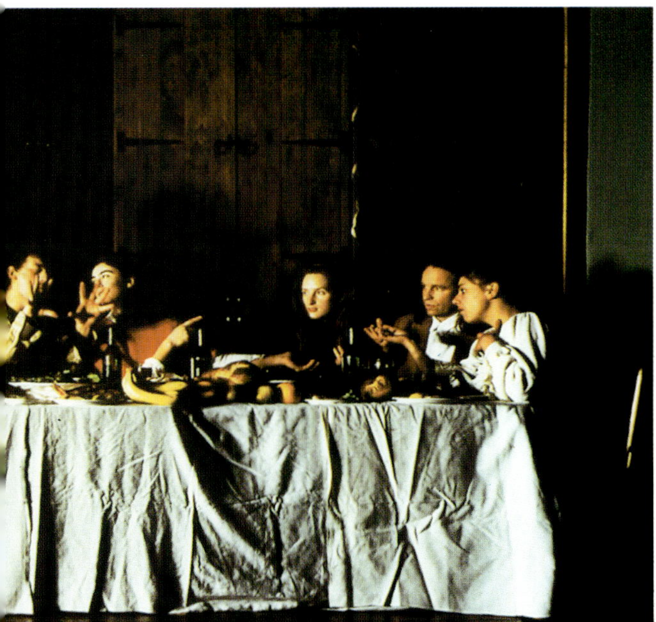

Drawing close, each viewer is induced to negotiate the portion of space considered, to understand why the glance stops on the woman or on a group, on an environmental aspect or on a detail. It is as if one were moving within, to become aware of the environment and its presences. It is like building a dialogue between self and a "hospitable" tale that opens up to the glance.

Experience is a mixed, and each person creates coordinates to define the presences that end up forming the constituent elements of the tale. The process is similar to a card game, where it is the mixure that matters, and therefore we have time and space, as well as gestures and situations. Perception is also based on memory, which is why the mixes differ in relation to different personal experiences. Intuition as a method also gives d-ifferent responses, so that the mind and the eye that interpret also construct representations, both in relation to movement and to the gaps of memory that create hiatuses and intervals, where the figures or environments created by you can act and construct the material of interpretation.

The *Five Revolutionary Seconds* photographs cover a series of different existential stages, with all possible variations, from absolute normality to excess. Thus in *Five Revolutionary Seconds III* (1996) [→ p. 75], a person is wrapped up in herself, a female figure elegantly dressed stands alone, an erotic coupling and a male character who scans the environment. In *Five Revolutionary Seconds V* [→ p. 91], some seated figures intersect in a large loft, a group in discussion is reflected in a mirror, and a woman dressed in red seems to be fleeing from the scene. In the same way, in *Pent-Up* (1996) [→ p. 231], the sequence of projections has different human conditions running in parallel. Their actions allude without fully expressing, so that a woman walks, engrossed, near a railing; an old man, who seems to have been awakened during the night, remains lost in thought; a young a young man talks to himself in front of a mirror; a girl looks intoxicated, both talking to herself and angry; and the last male figure touches the apex of a certain abnormal disturbance.

Given the complexity of these projections, how do you divide up the representation of the individual elements, the difference in natures and actions? Apparently there don't have to be formal differences, but how are the movements and emotional differences guaranteed?

To create *Pent-Up*, I wrote a script, I selected these five people, who would have spoken, indirectly, to each other, but without creating a unique sort of communication, instead leaving the communication open, where the phrases echoed against each other, but weren't clearly responses and hypotheses of dialogue between one frame and another. I wrote the dialogues, then chose the interpreters, three of whom were actors, while another was a dancer. I chose her because I was interested in having a soft gait, a different sort of movement and passage, through a square in London. In the end, the formal aspects and the framing were extremely controlled, like temporal cadences. Both day and night appear, interior and exterior, light and darkness.

[→ p. 184]

Cry Laughing

1997
stampe fotografiche
a colori su alluminio

colour photographs
on aluminium

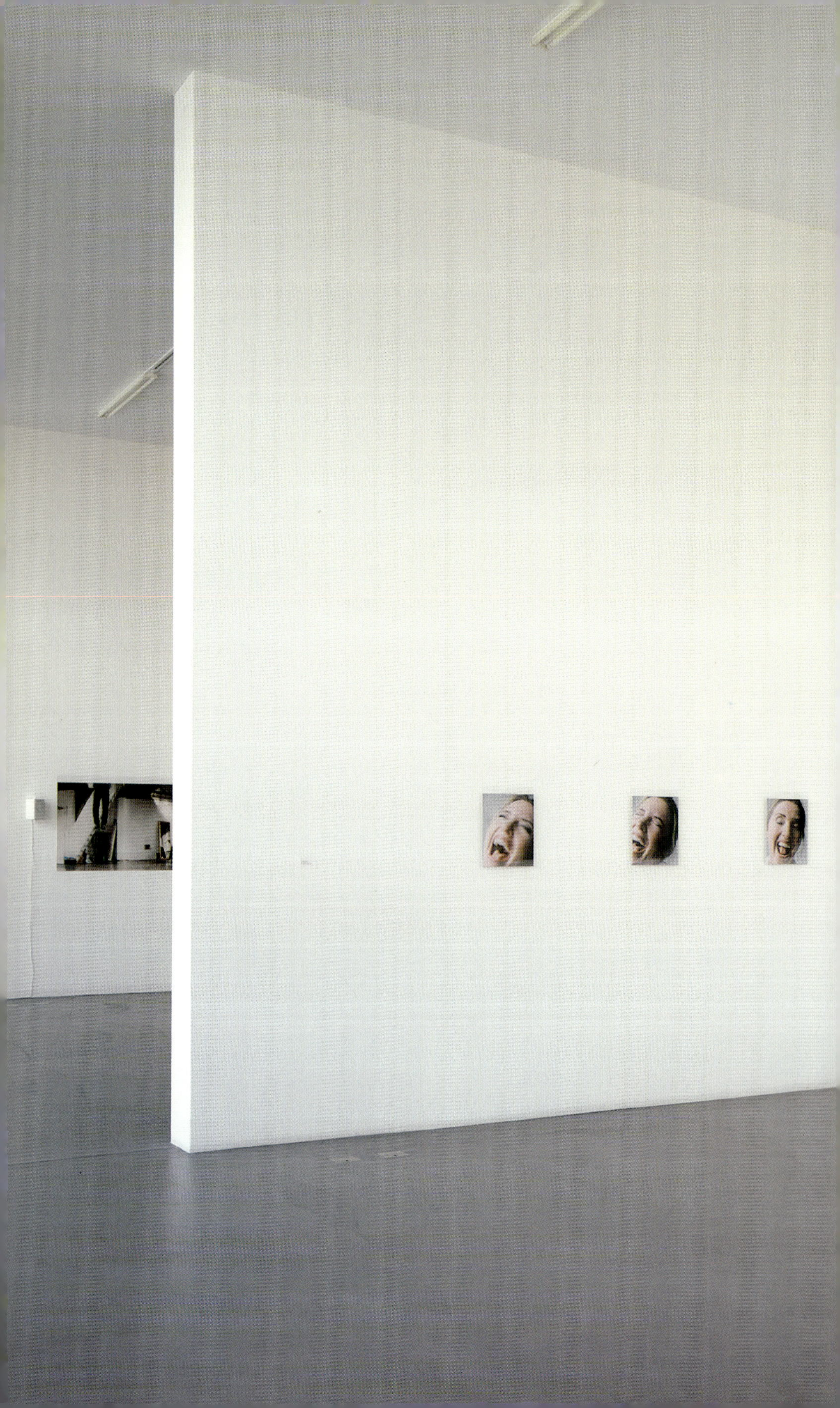

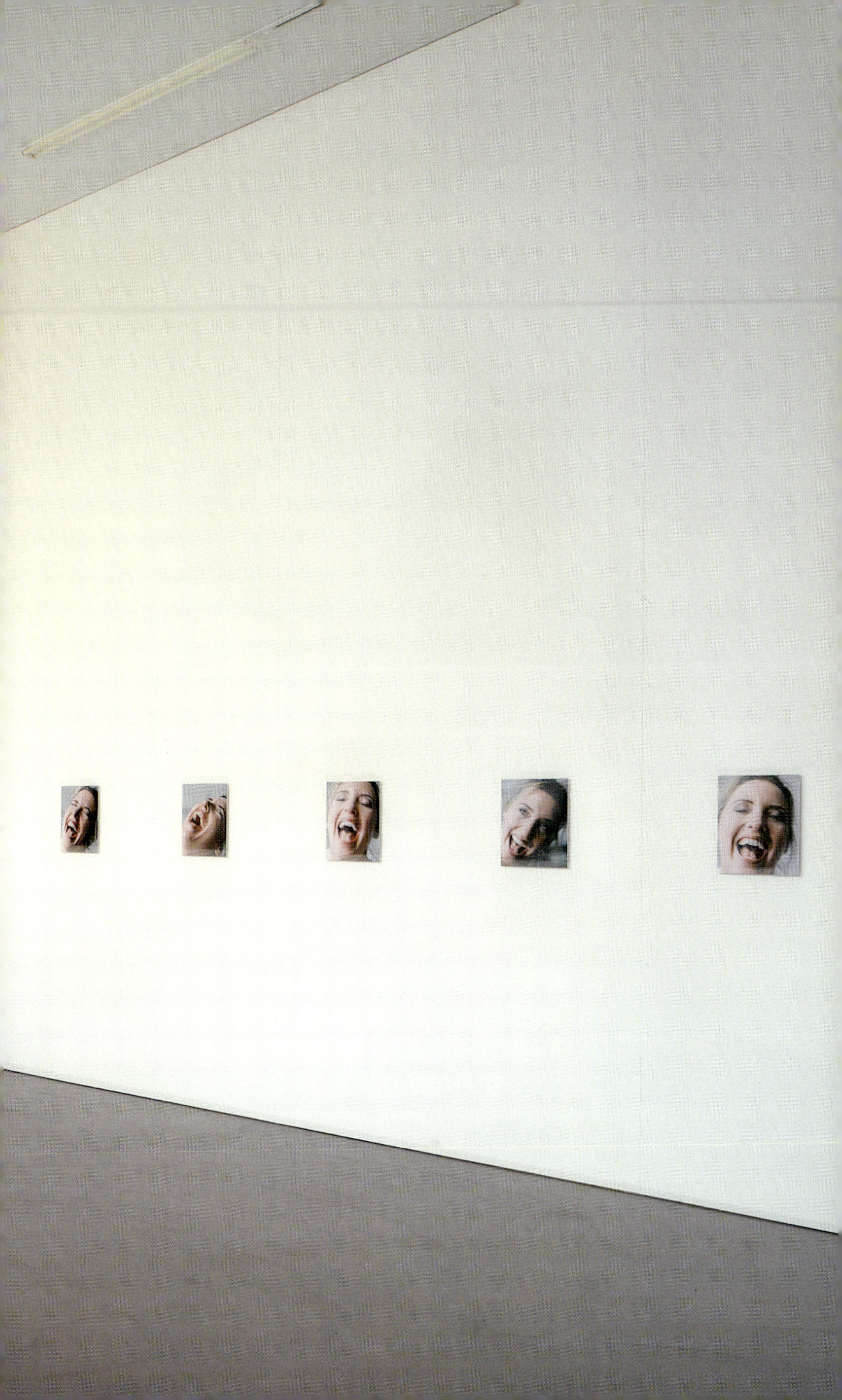

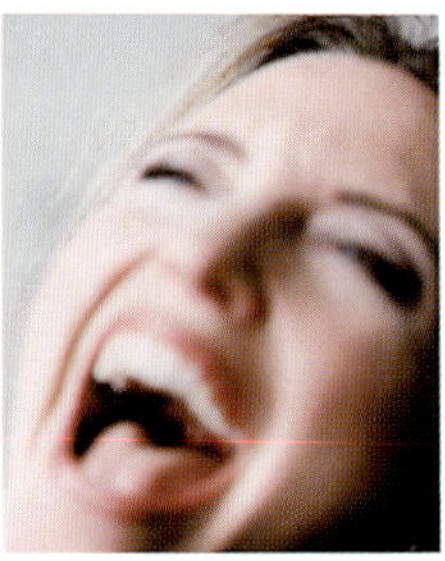

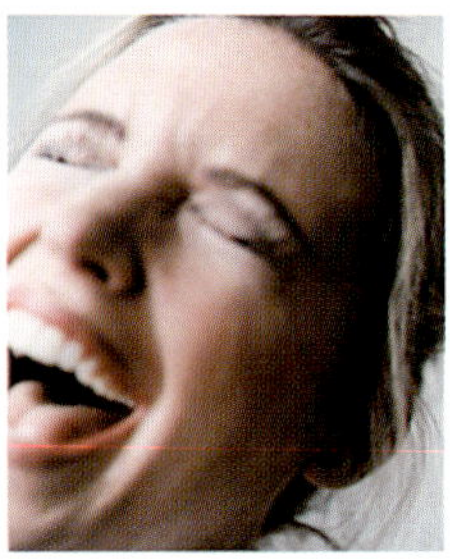

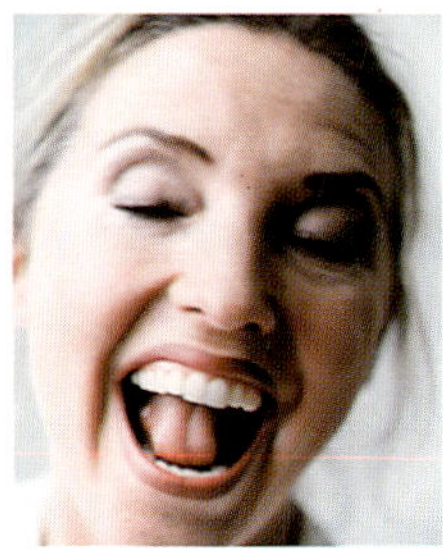

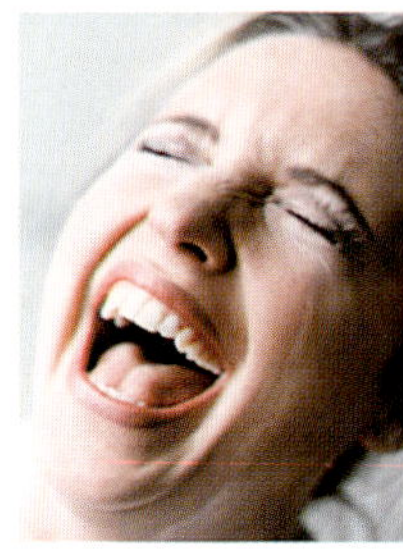

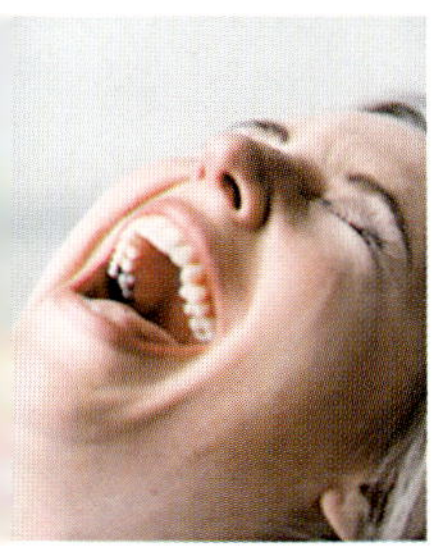
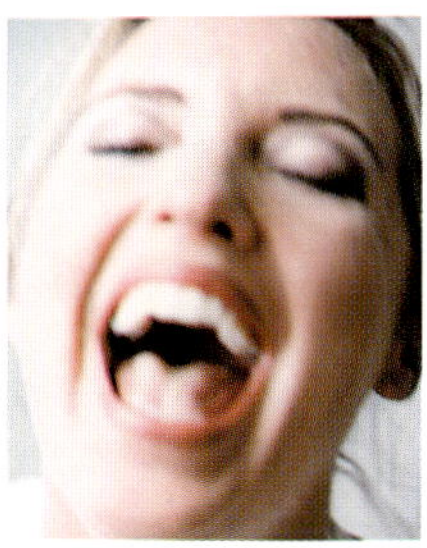
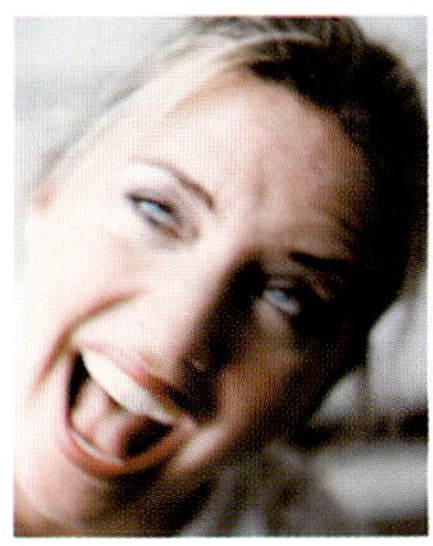
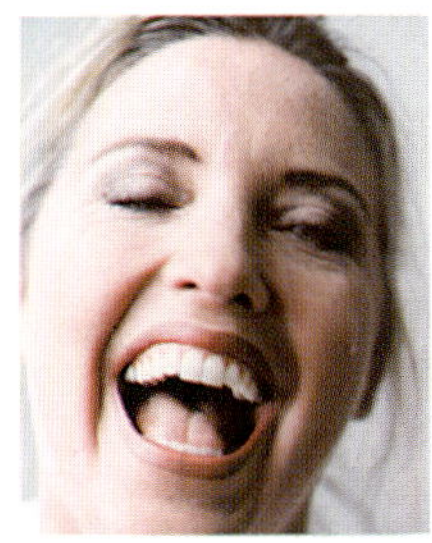

Everything is in dialogue, and the actors seem to be addressing one another from the beginning, where one says "Are you sure?", to which the man at the right seems to "respond," agitated and nervous, "Quite sure" – an interweaving of internal conversations that find fragile but direct connections. The drunk woman at the bar, waiting for a friend, says: "So why won't you look at me?" and an indirect response follows from the boy in the white bedroom: "You can't ask those kinds of things." It is a dialogue between desires and soliloquies.

Pent-Up *is a cinematic predella that recounts – through five laser disc projections of 16 millimetre film – certain aspects of human life, both those that are familiar and intimate and those that are of a collective and social nature. It describes a human being who is seated, one who is standing, another who is upset, one who is drunk and another who is tormented. It has convivial dimension that can be compared to* Wrecked, *which shows the intimacy of a dinner among friends, as well as the opulent solemnity of a ritual banquet, with the sacrifice of a "glorious body" at the centre, but in this case a female body, instead of the male sacrifice of Christianity. And since the garments express values or freedoms and reflect the active domain, the naked and sensual figure, as well as the position of the person who is standing, express a resurrection. The intimacy of the Last Supper refers to the Eucharist, where flesh is the food, like sex, which is consumed in many sequences or predellas, from the* Five Revolutionary Seconds *to the* Soliloquy *photographs.*

Elsewhere, in Soliloquy II [→ p. 282] *and* Five Revolutionary Seconds I [→ p. 53]*, a couple making love demonstrate passionate attention to the facts of the human story, while the presence of animals and objects, dogs or a piano, seems to suggest a symbolism that implies a shift of meaning: the human, surrounded by cosmic confusion, or the enigmatic thing that contains an inner sound, metaphor for a dream or the soul. Both are protagonists of a positive and negative sign, they behave according to ever-surprising modalities, often inexplicable in human terms. They express a terrestrial and a celestial force, as well as a salvational potential, which comes from the inner, totally unknown dimension. Both are forces in action, which, however, must be verified by the human being, and this is why, in* Five Revolutionary Seconds I *and* Soliloquy II*, the human is seated and playing the piano or "surrounded" by dogs.*

Wrecked relives a historical condition, that of the Last Supper, but it doesn't overlap with it. Memory of the banquet is abandoned, and there is pleasure rather than expiation. My idea was that the people should enjoy themselves, they had eaten and drunk and were slightly intoxicated. The central figure, the woman, was someone I had met at a dinner and I had liked her Caravaggio-like look. I chose her because of her allusion to history, but iconographic fidelity doesn't interest me as much as the fact that a figure has on a plate a book of matches and cigarettes, while Judas crosses his fingers, a symbolic reference to betrayal.

An awareness of the cyclical nature of time and circular space informs the Five Revolutionary Seconds *photographs, which extending out before the glance, seem like a horizontal planet seen by some telescope that can scrutinize its surfaces and events. It is a tour through a world of a unique environment where the ego faces its different identities, both as actor and as viewer. However, amid the narration there is also the sound, which offers another incarnation to the stories.*

The individual frames or the circular sequence follow almost instantaneously, within five seconds, the time required by the camera to make a three hundred and sixty degree image. The total image is structured in portions or in fragments, and through the sound I wanted to make another reference to space and time. In addition to being a filmic reference, the sound is another separate portion. All the sounds are taped during the period of the photographic shooting. Thus one can run through them, through the voices and the noises, certain characters and events. In the final result, the figures are immobile, isolated, and the introduction of the sound creates a narrative and cinematographic dimension.

The passage from image to sound is reflected in a condition of movement that is similar to the relationship between the naked and the dressed figure. The sound in your works grants the image its social identity, as in Knackered *(1996)* [→ p. 247]*, which was transformed for television into* Misfit *(1996)* [→ p. 324]*, where the naked female figure is qualified by the being who is "clothed" by the song of the last castrato, performed in 1890. In this sense nakedness is clad in sound and the role is ritualized, in a "sacerdocy" of the "castrated" woman.*

Sometimes the sound, as in many of the *Five Revolutionary Seconds* photographs, is the reflection of noises taped at the moment of their creation. In other works, such as *Knackered*, the music creates a very specific piece. I wanted a work that was vulnerable but confrontational, strong and provocative. I chose a very bright room, with a very harsh light, where there was nowhere to hide. Then there is the naked female figure, whose flesh shines and whose glance pierces, staring out toward the viewer. She stands erect, but in a sense she is confronting her own vulnerability, and her voice is that of the last castrato. It is an incredibly strange voice, one that cannot be her own. Thus there is a strong sexual ambiguity, which also corresponds to the type of woman who, even with her long hair, also has an androgynous quality. There is a vulnerability that is transformed into a strong and provocative condition.

[→ p. 192]

16 mm

1993
film 16 mm e sonoro:
mitragliatrice

16 mm film
with sound:
machine gun fire

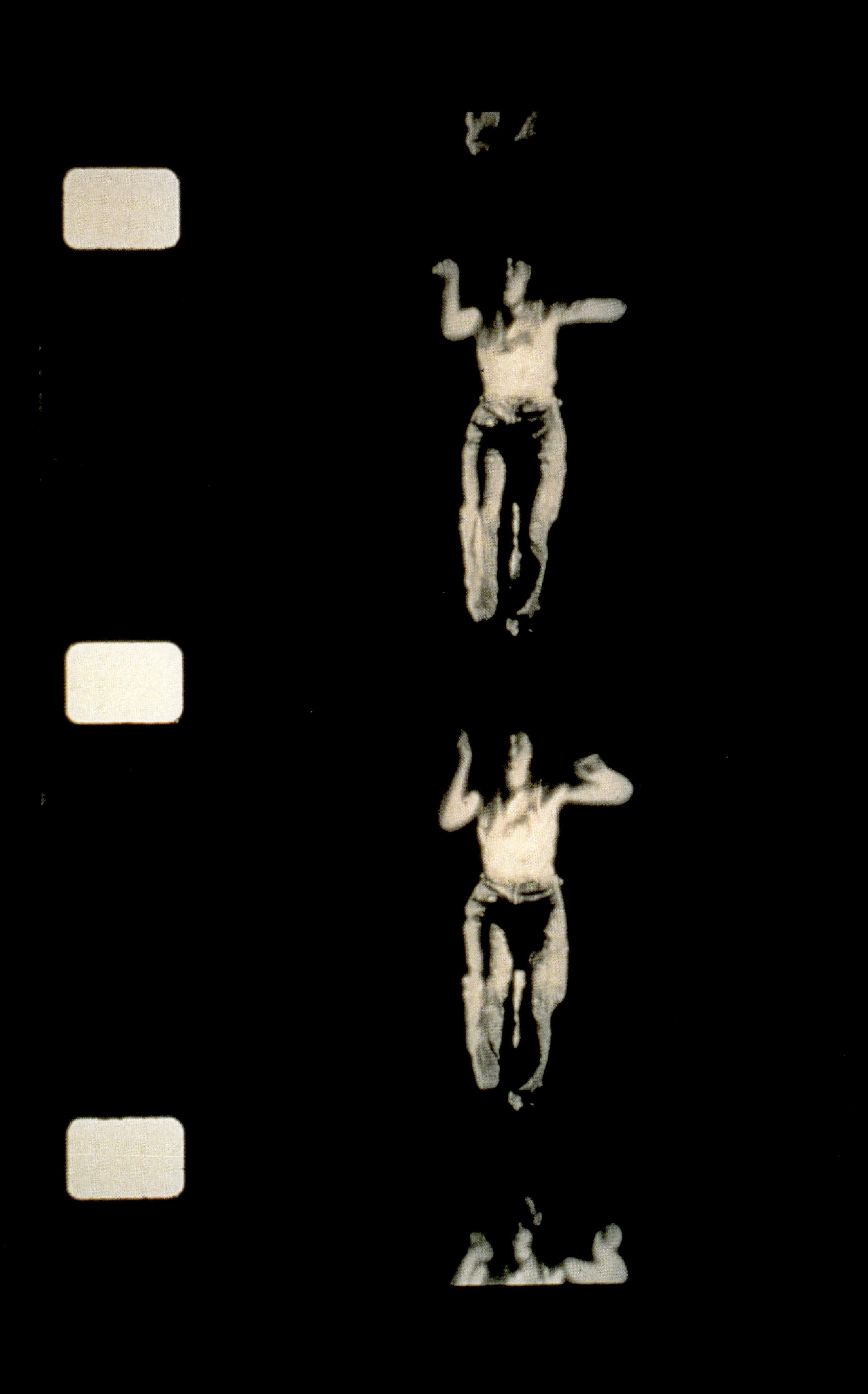

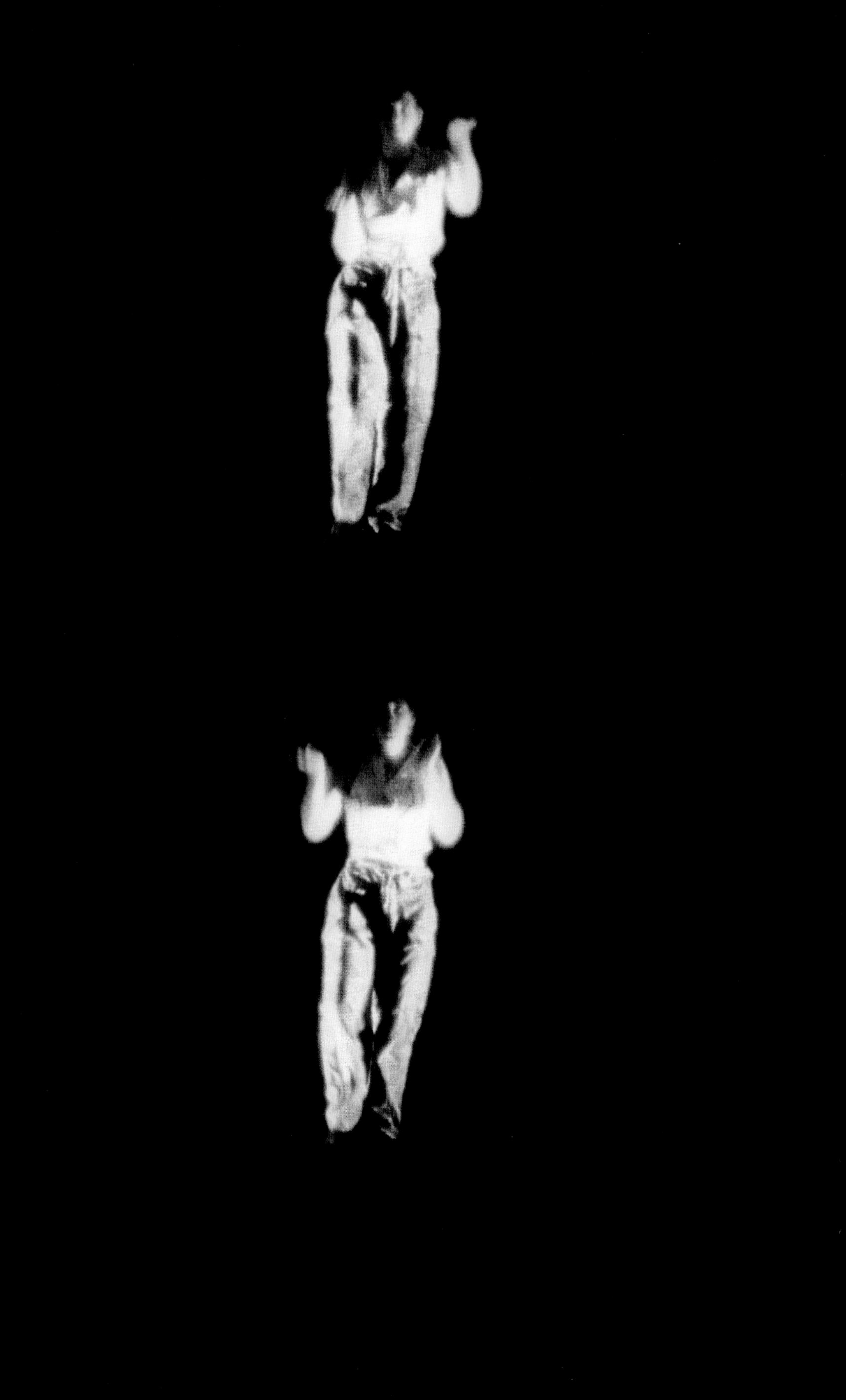

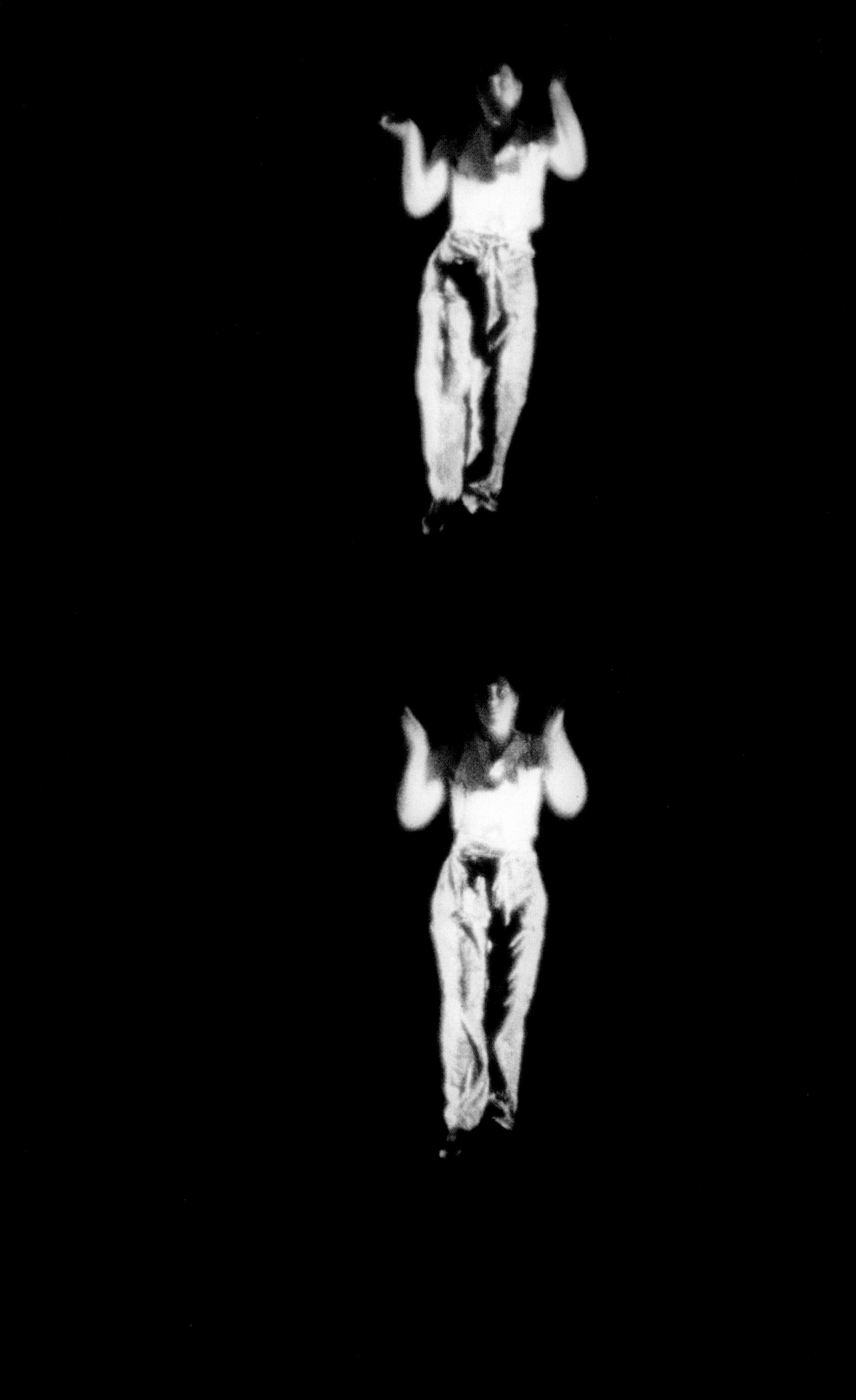

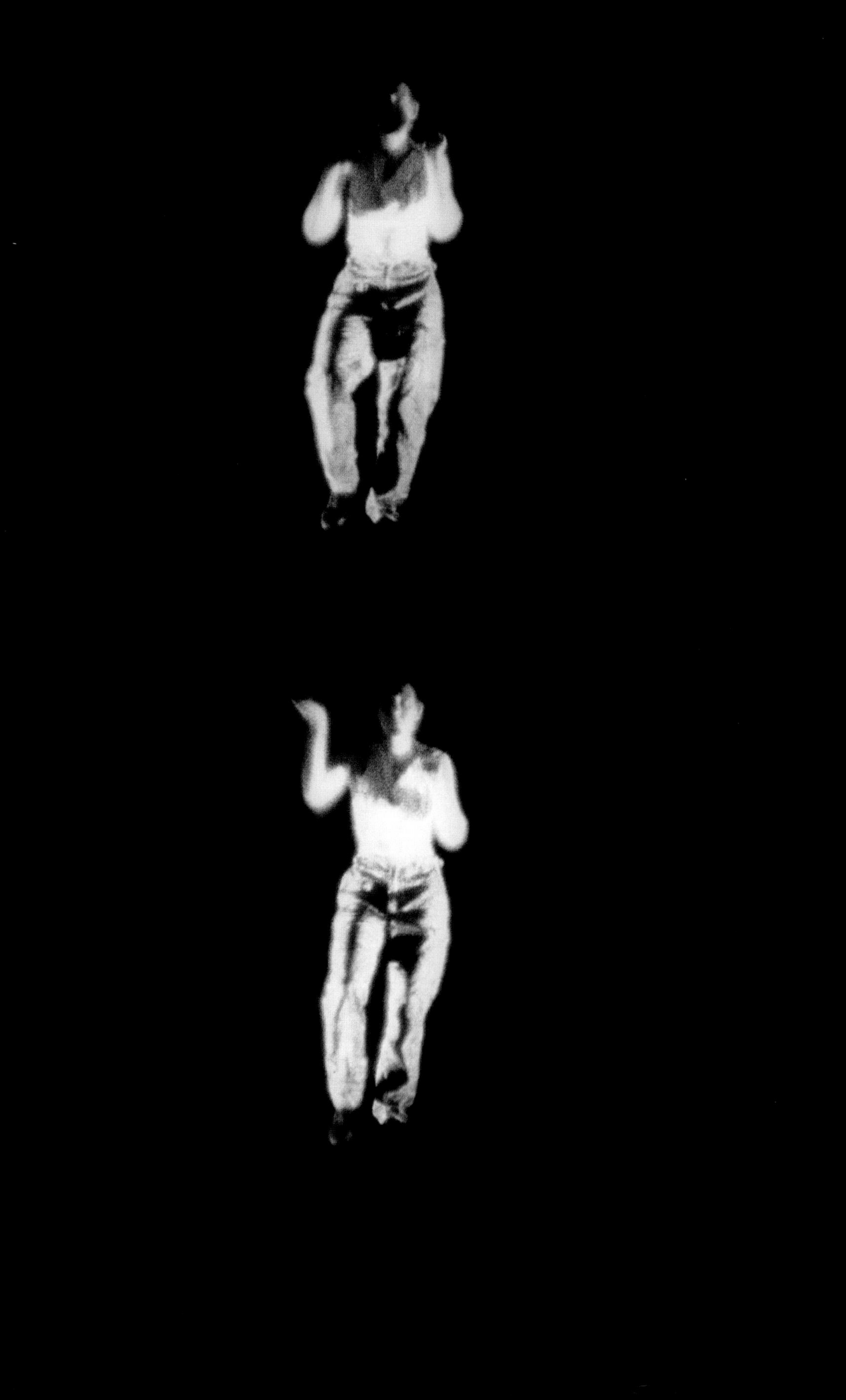

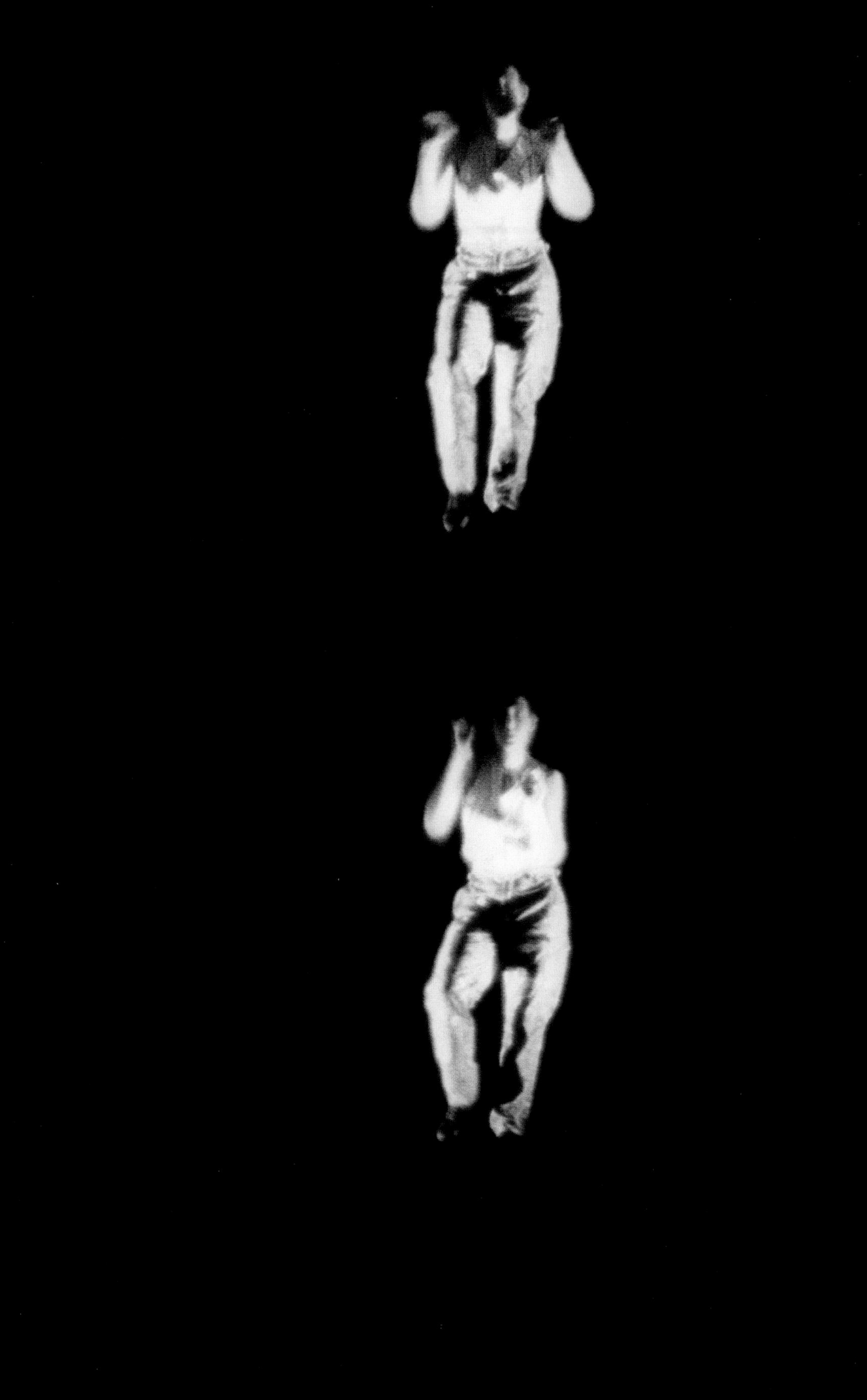

Therefore aren't you interested in the political interpretation of the "female as castrato", that is, a modification of the male?

I'm not interested in the political connotation. I think that my work can be "political", but the idea was conveyed by a person robbed of her words or voice, and so I adopted the voice of the castrato. It was a way of having her lose her vulnerability. I didn't have any aggressive intention, but rather I see it as an allusion to the story of the castrati, called upon to replace women in female roles. Putting the female nude together with the voice of the castrato, I reconstruct an ancient and contemporary circularity. The nude is a loss of protection, but it is also a declaration of one who manages to survive without defenses. Between *Knackered* and *Misfit*, public television came into play. It was the same idea, but I used a media personality, a famous singer, Kylie Minogue, and thus reached a broader audience.

The nude, while male, appeared earlier, in Brontosaurus *(1995)* *[→ p. 203]**. Here too we see a shapeless glory, that of a dancing body, along with light and shadow, where the eroticism is ironic and light, almost a slight unveiling of the dissolution of the male sexual form.*

I need to digress about *Brontosaurus*. First I filmed a man who was dancing naked in his bedroom, to the rhythm of very fast techno-jungle music. Then I took away the music and projected the film in slow-motion. While I was filming, his movements became almost alien, they made no sense, he went through all these motions and they ended up seeming clumsy. In slow-motion they became very beautiful, but totally ungainly. Then I changed the music and introduced a Samuel Barber's *Adagio for Strings*, a melancholy excerpt. The person in the film is a friend of mine, and yet I don't think of the work as autobiographical. I always try to do something universal. In this case it was a galvanizing piece that was uplifting. Thus it became an eulogy to living, even if the person seems to be doing a dance of death, because it is so fragile, delicate and vulnerable.

Naked reality is always vulnerable, it re-evaluates the nude, even the pierced body of Christ. In Noli me Tangere *you continue your historical tracking shot through classical iconography. After the Caravaggio-like nude of* Wrecked *and the sensual curves of the Venus of* Soliloquy III, *you move on to the stripping bare, with a veil, of the ideal model of the glorious body, in* Noli me Tangere. *Here too the flesh and blood body matters, its body-builder perfection debated as a fiction and simulacrum.* *[→ p. 202]*

Killing Time

1994
video proiezione
con colonna sonora:
Richard Strauss, *Elettra*

video projection
with soundtrack:
Richard Strauss, *Electra*

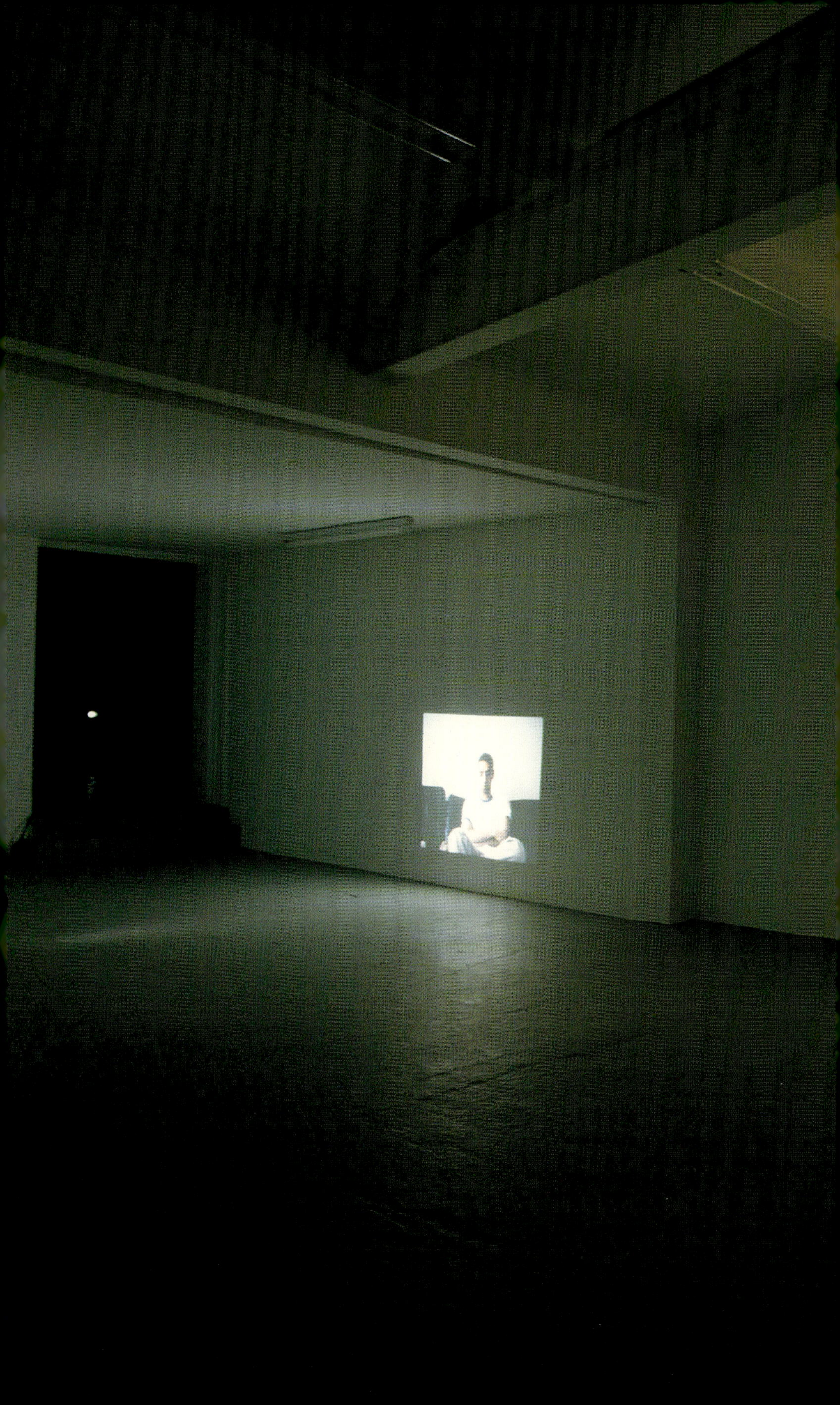

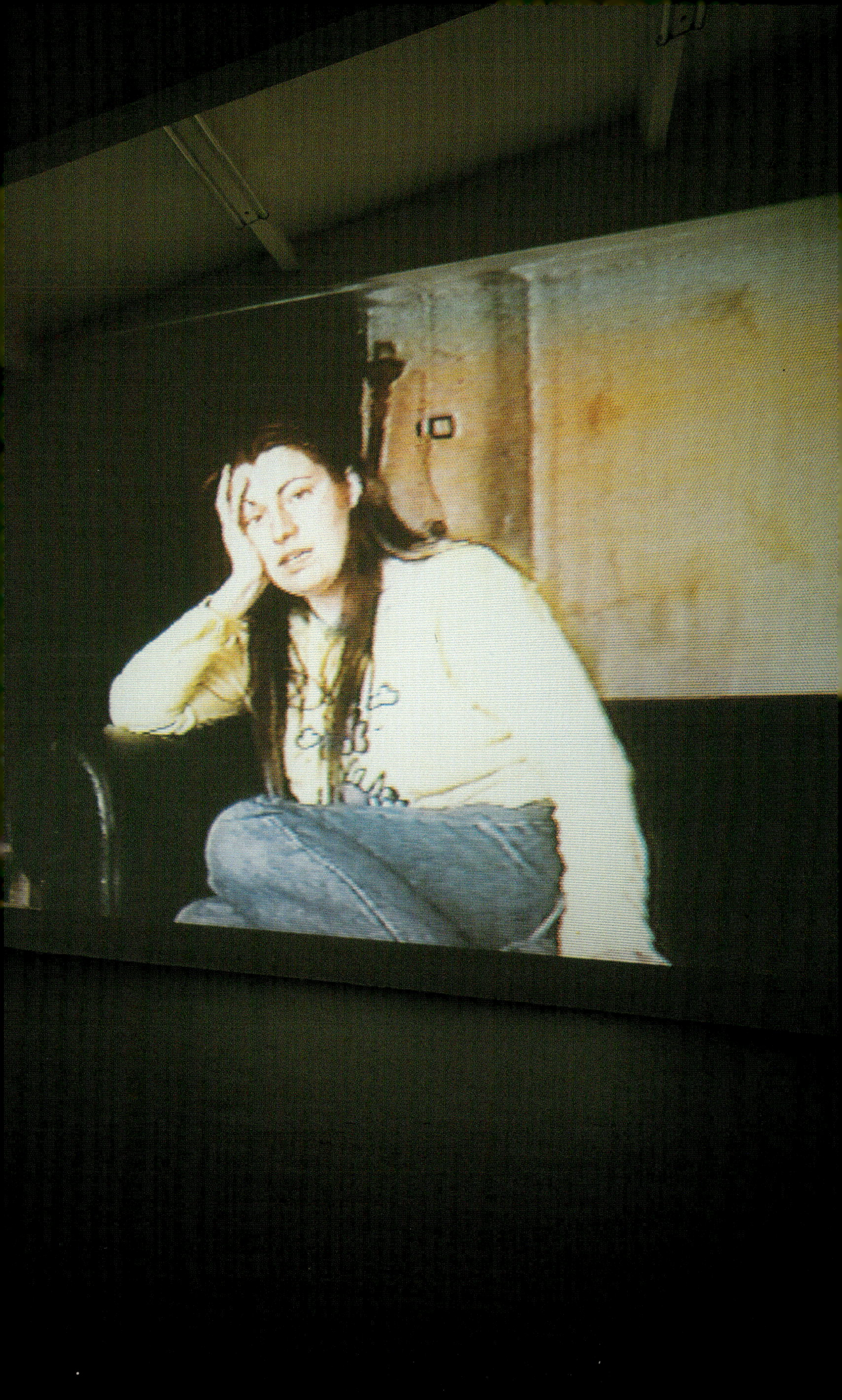

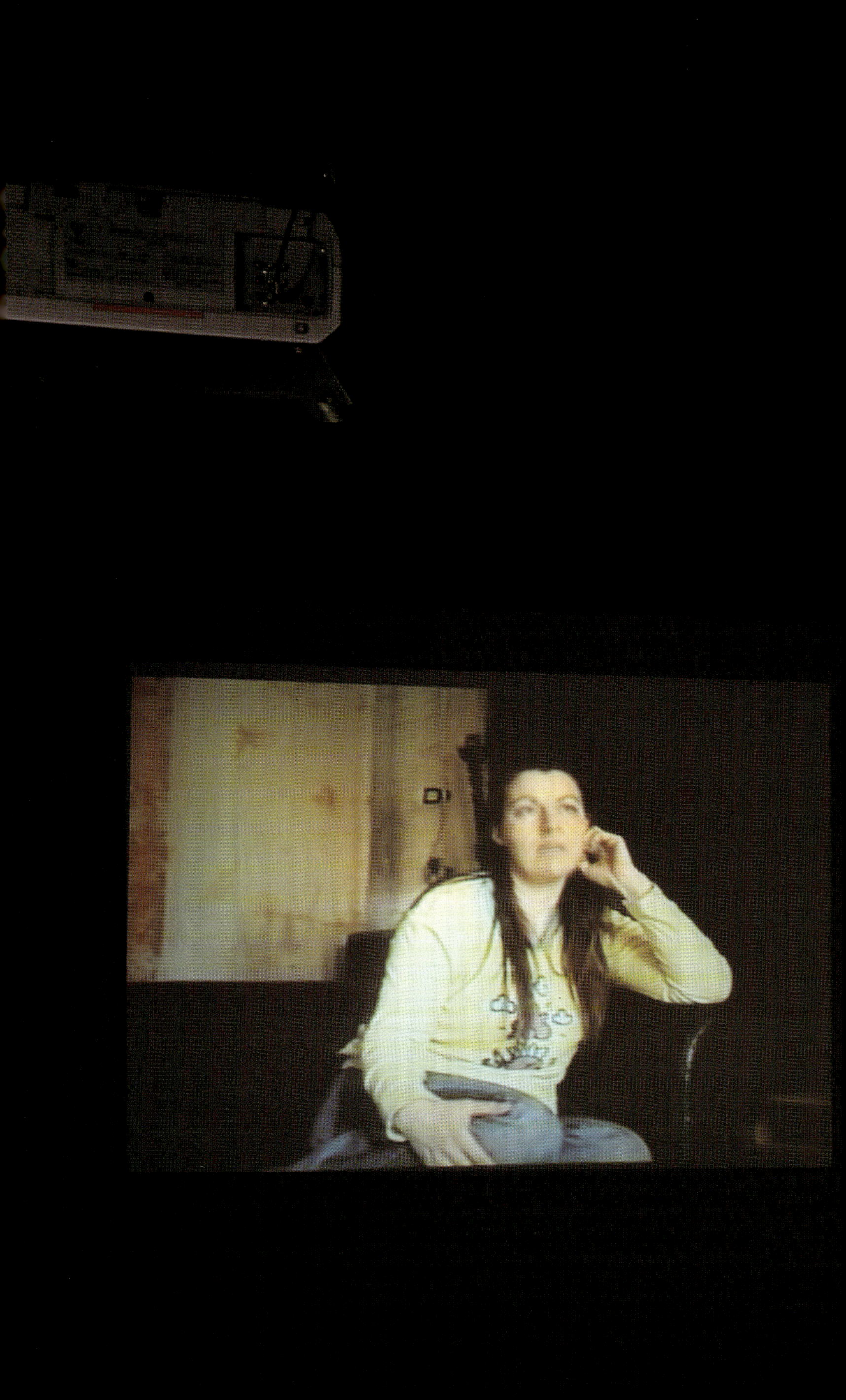

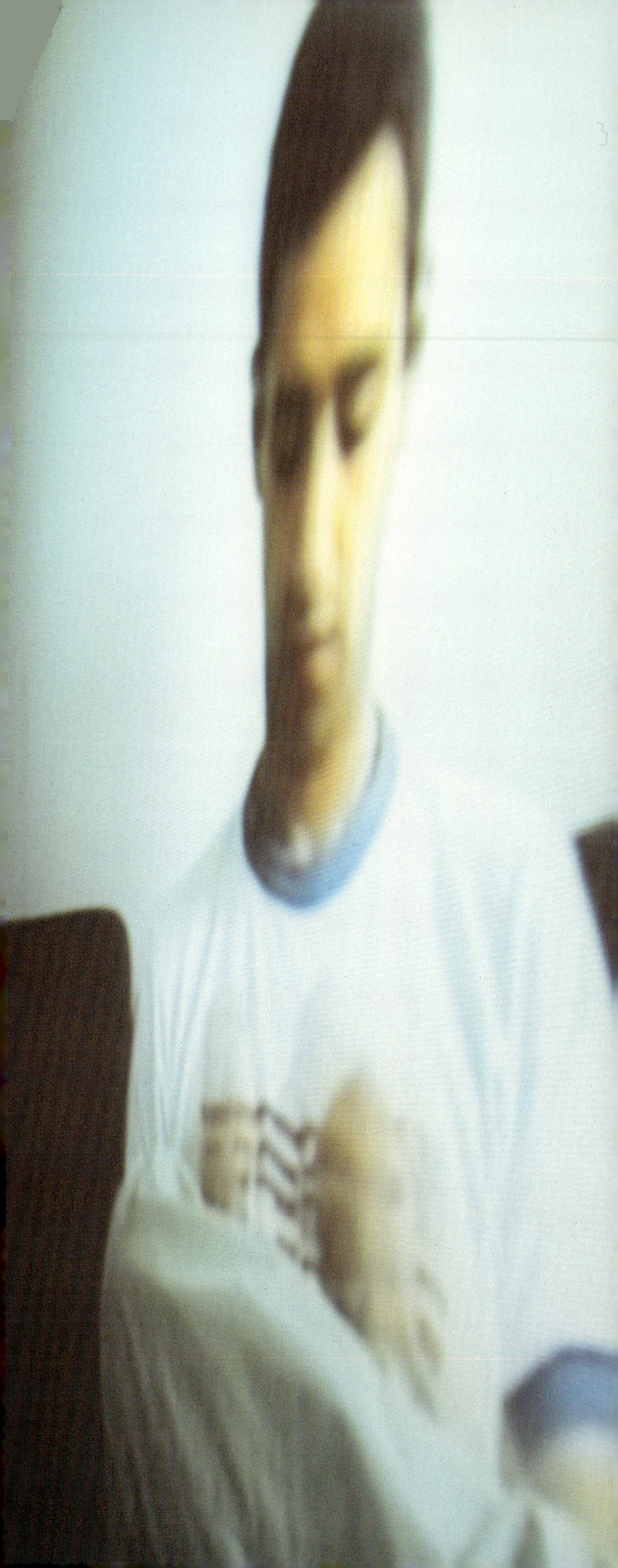

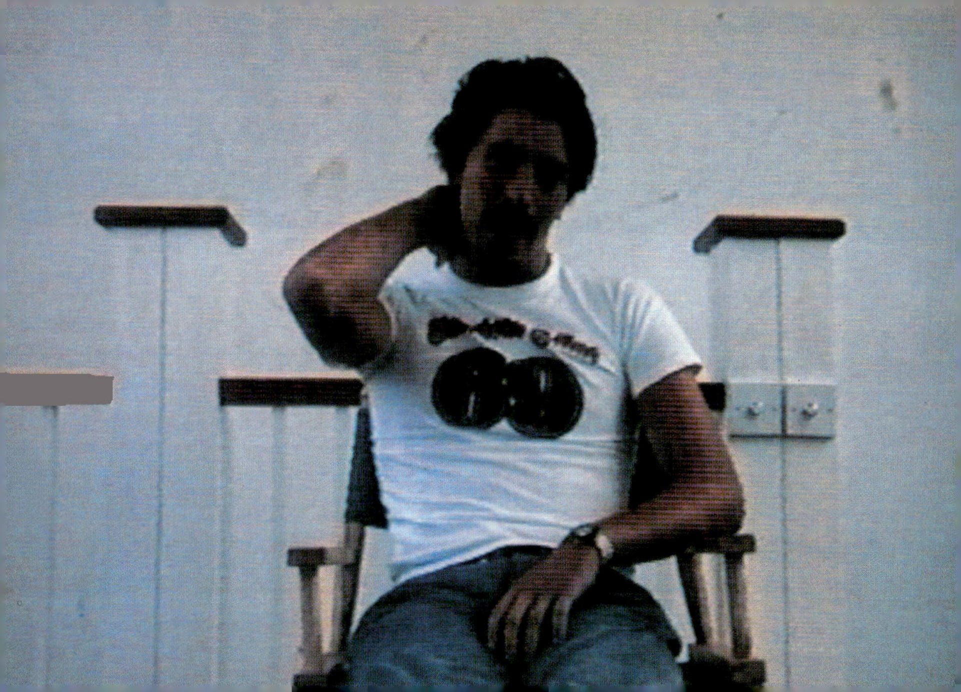

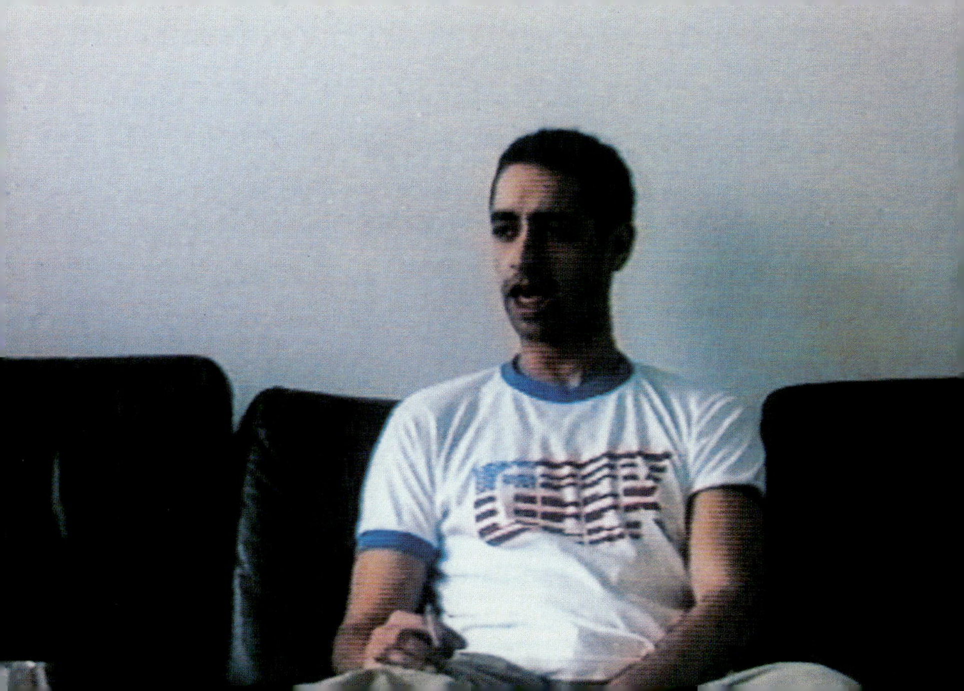

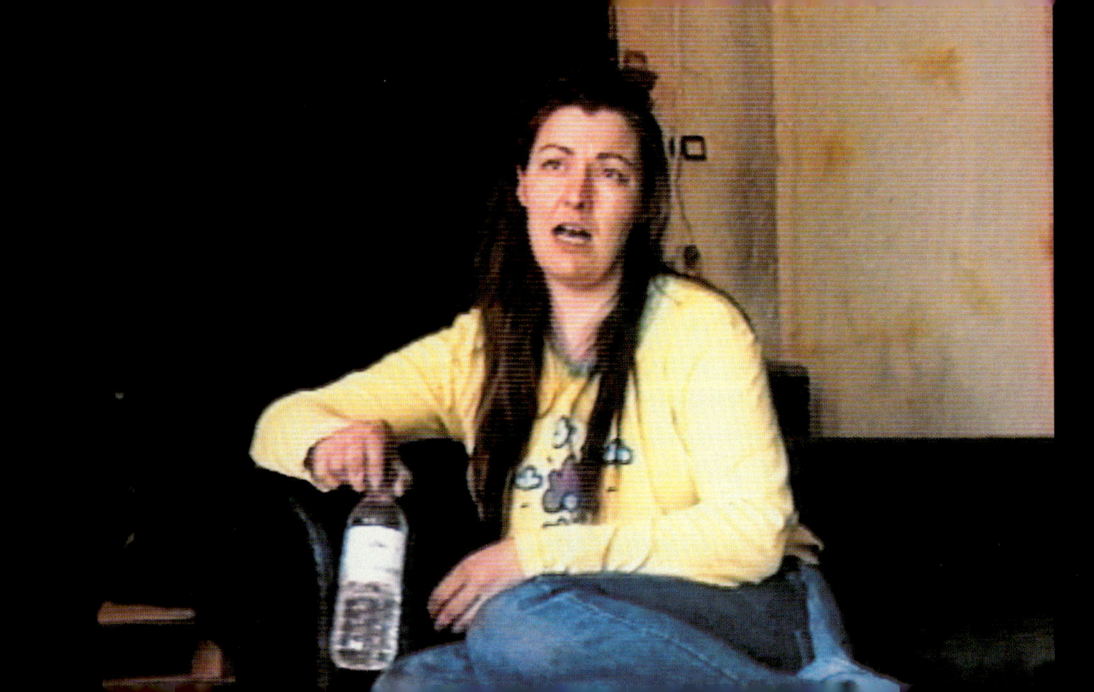

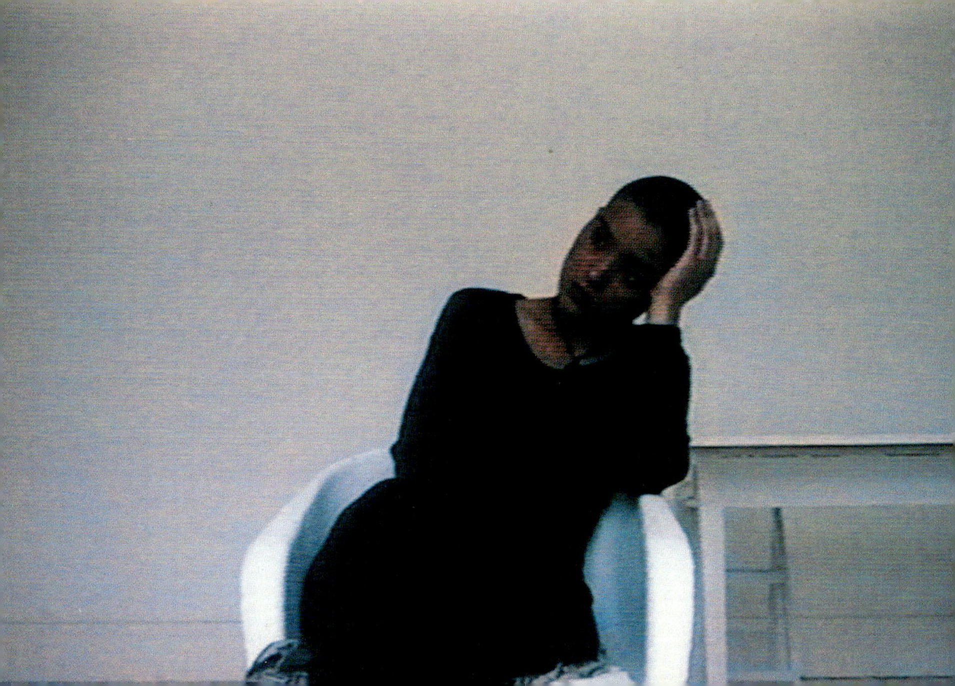

Transforming it into a work of art, you cause it to move in a mimetic dimension, that of an imitation, which, once verified, through the physical effort of standing on one's hands, is revealed to be phantasmatic and transitory. Is art, the transformation into sculpture, another revelation of the mimesis that the human being can assume, although in the end it is forced to collapse?

I filmed a human being with a perfect athlete's or acrobat's body, while he stood on his hands, for as long as possible. I thought he would stay in this position for at least ten minutes, but that was an impossible length of time, and the most he could endure was five minutes. At the end of this time, his physical being was in crisis, his muscles trembling, his body covered in sweat, his arms trying to bend, until he fell. Once taped, I reversed the image so that he is supporting the ceiling, like Atlas. Walking into a dark space, the immediate perception is of a perfect body that is supporting the weight of the building. The idea of reversal continues to keep alive the perception of something unusual and mistaken, a clumsy and out of place condition, although it was initially real.

The beautiful nudity of the classical representation is dissolved, almost as if the body were removed from the ideal representation. Its iconographic celebration enters into crisis, its model of sublimation is removed from the enchantment of perfection. It is as if, through film, you were registering the descent of the solitary and isolated body of the Soliloquy *photographs to the agitated and impetuous, human and vibrant ambience of their predellas. It is a passage and a dislocation that can occur only through the transformation from perfect to imperfect, from conscious to unconscious, from shell to substance.* Noli me Tangere *carries out a communion between taut and soft flesh, between the triumphant and the sacrificial body, between statue and cast-off skin.*

Once again, I'm interested in the idea of vulnerability that is discovered through experience. The presence of the body is strong and serene, it reaches monumental dimensions, to the point where it can support the ceiling of a building. He is a giant, something extraordinary. Il looks wrong. The effect is of the weakness of strength. [→ p. 210]

Brontosaurus

1995
video proiezione
con colonna sonora:
Samuel Barber,
Adagio per archi

video projection
with soundtrack:
Samuel Barber,
Adagio for Strings

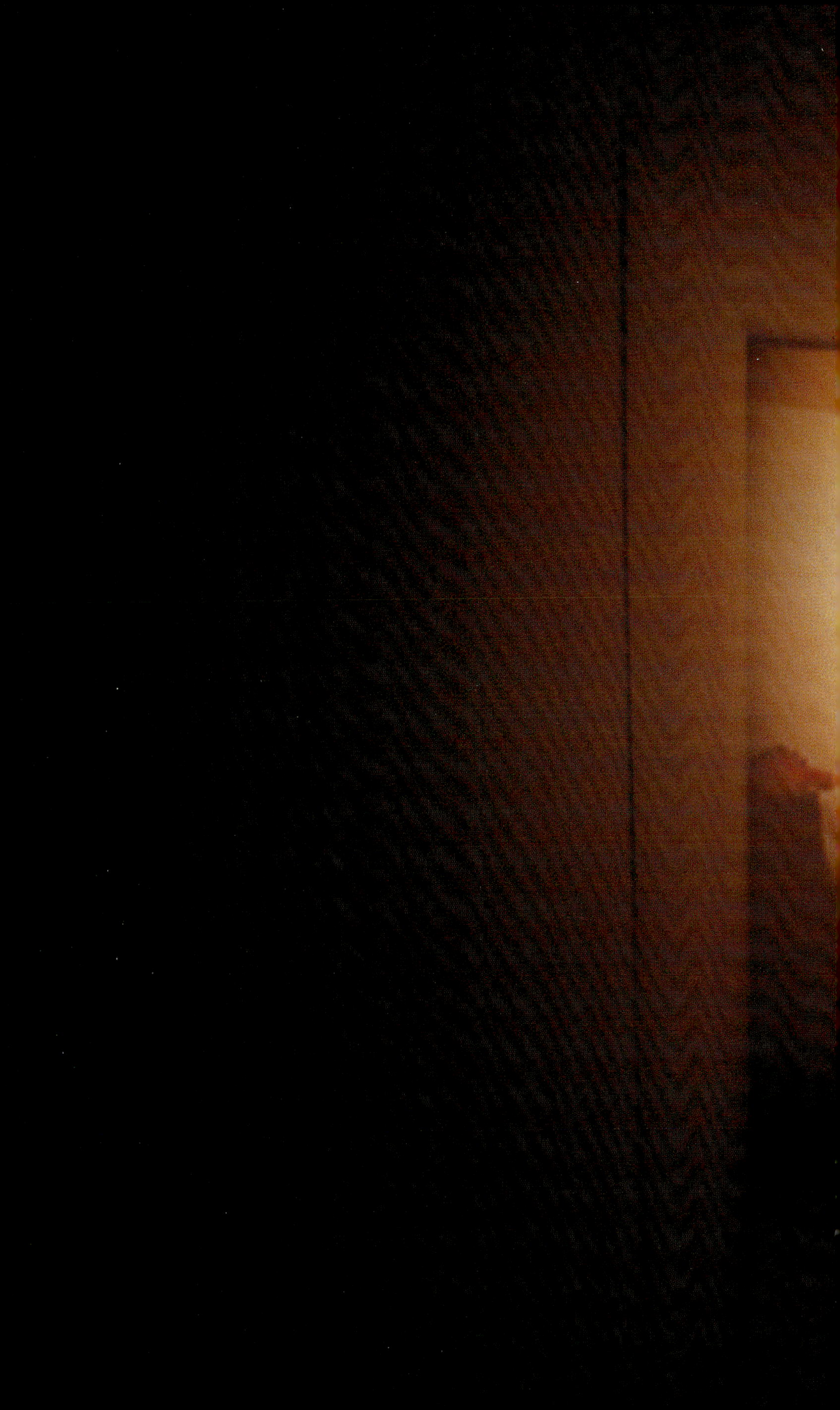

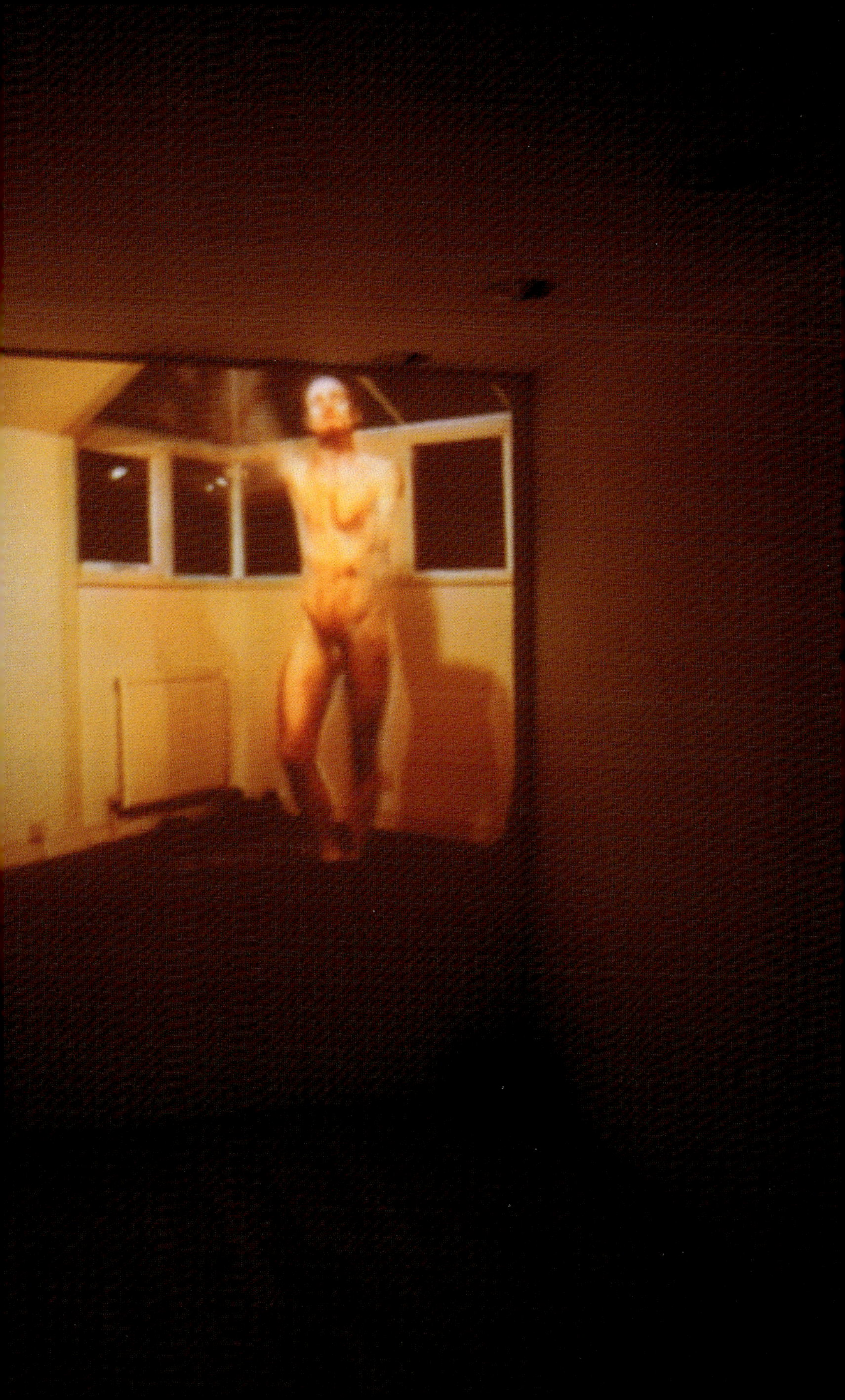

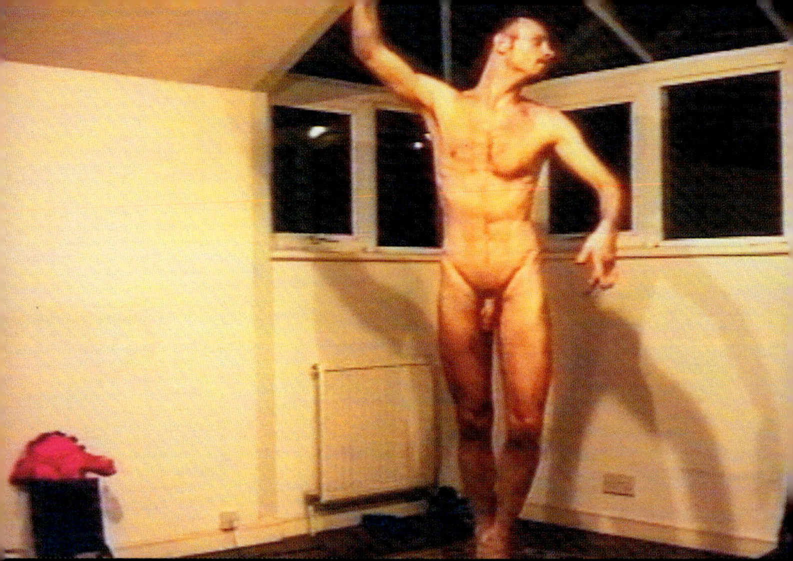

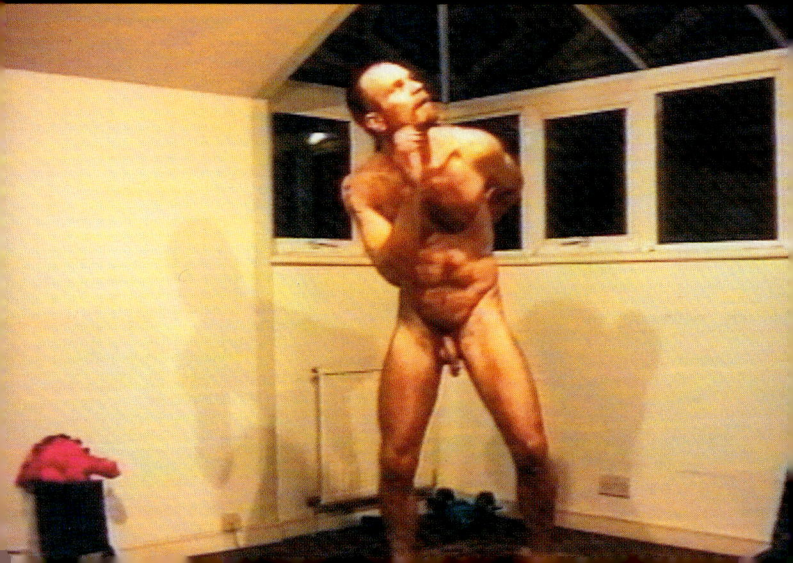

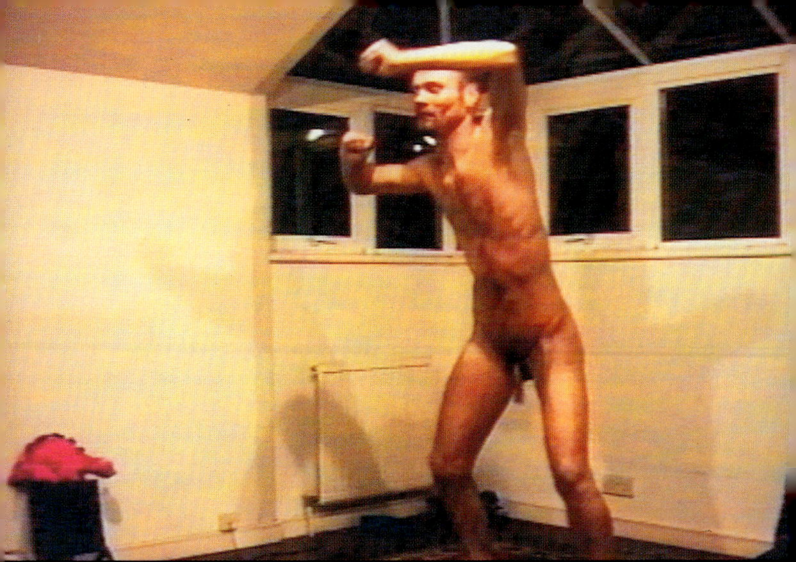

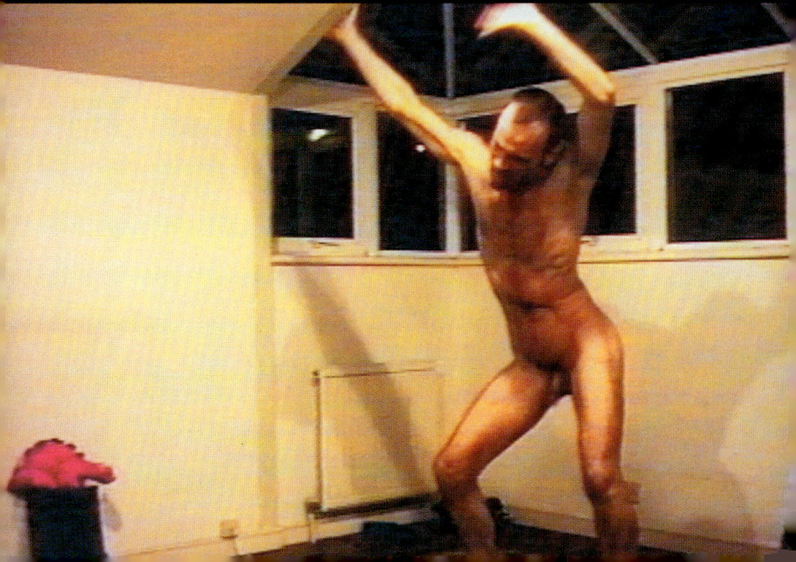

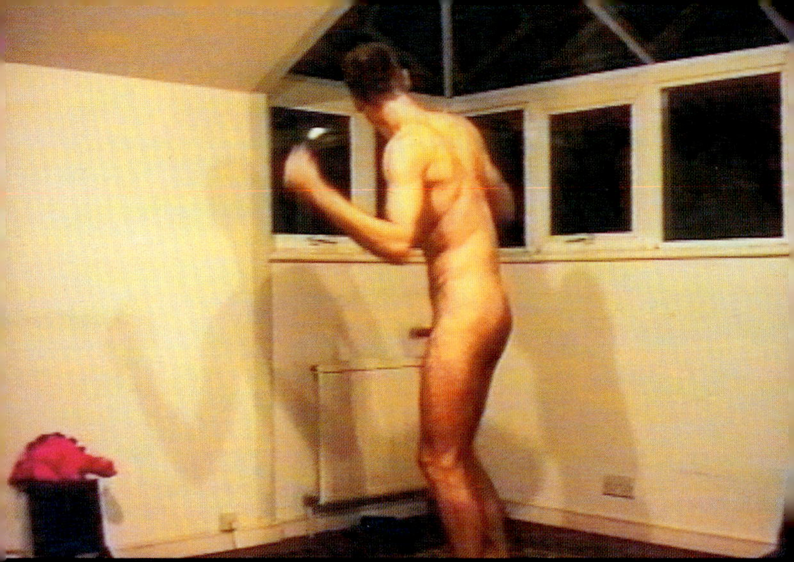

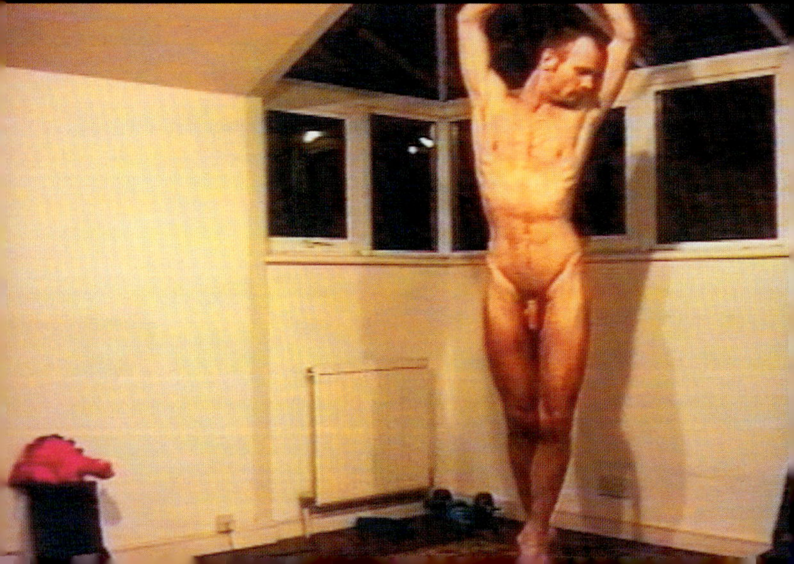

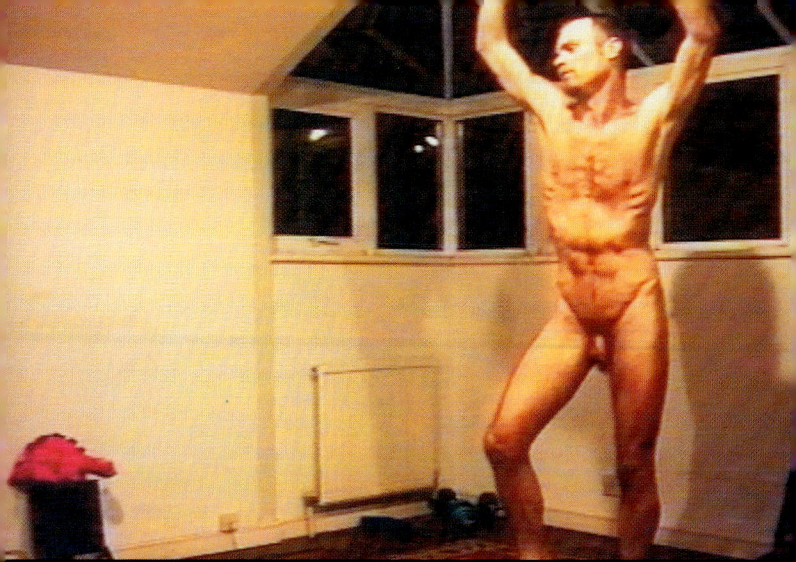

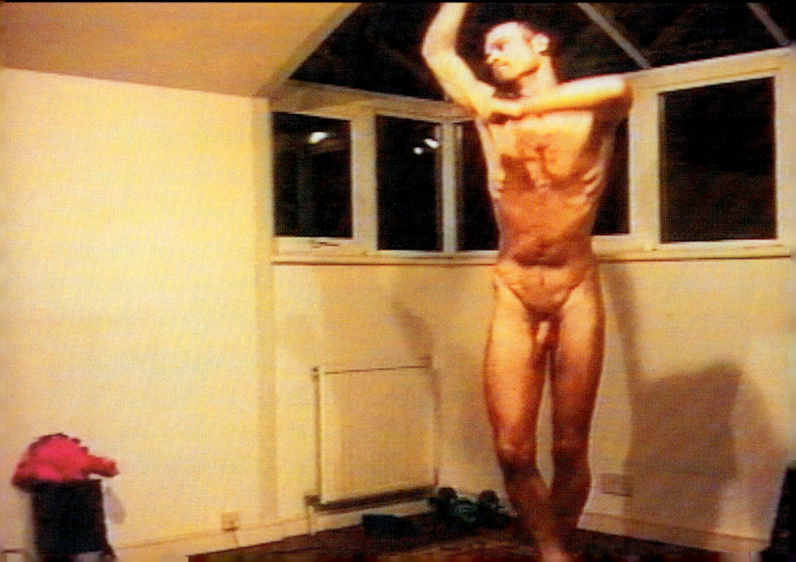

Will it be accompanied by sound?

The sound needs to be almost a battle of breaths and pantings, until the collapse. Thus a sort of double condition of life, that of strength and power that can be transformed dramatically into weakness. I believe that, in this period of my life, I am very aware of the vulnerability of the body. Both *Noli me Tangere* and the *Soliloquy* series can refer to the feeling of being immortal, until the moment when you must come to terms with your own mortality. I began these pieces a year ago, immediately after my illness.

This opening onto personal terrain leads me to ask you about your past, your childhood and your early experiences that, in my opinion, are the matrix of adult life. Is the passage between life and death also established in the passage from life back to childhood?

As a child I grew up in an unusual environment. I lived with my real father until I was eight or nine years old, then my parents separated and my mother remarried someone who didn't communicate very easily. In this situation, I grew up quickly, also in order to defend and take care of my brother and sister. This is why I think I am very isolated from what surrounds me. To give you one example, my stepfather, who practiced yoga, didn't address one word to me for two years, and then, all of a sudden he asked me, "how are you?"

I don't want to make facile psychological analyses, but this anticipation of another's logic, or at least the interpretation of another's signs, in silence, seems to give rise to an absolutely nonexistent image, but one that is real and can therefore be interpreted, a scenario from Five Revolutionary Seconds. *It is a limitless series of images or signs produced by a silent figure. If I attempt to visualize the situation, it seems to enter the same metaphysical immobility of your work.*

Your interpretation can become complicated by the fact that, in addition to the lack of communication, when I was fifteen years old, my mother decided to abandon the family. For my siblings and me it was a terrible period, because in the end we discovered that she was living not that far from us. Then my father also disappeared for twelve years, and has only now come back into my life. The need to survive stimulated me to fantasize, to conjure up for myself situations of great well being, something different and luxurious. At the same time I continued to live in a surreal condition, strange people frequented my house, and everything seemed unreal to me. I often dreamed of leaving and escaping. This is why I see, on my part, a strong interest in unreal conditions, as well as a sort of fascination with splendor and decadence. At the same time I put many characters of *Five Revolutionary Seconds* in a situation of unease, through nudity or social status, and then sometimes placing them into a situation of luxury. I have an interest, both personal and social, in ungluing the setting. [→ p. 218]

Method in Madness

1994
proiezione laser disc
con colonna sonora:
Beastie Boys,
Ricky's Theme;
girato in 16 mm

laser disc projection,
with soundtrack:
Beastie Boys,
Ricky's Theme;
shot on 16 mm film

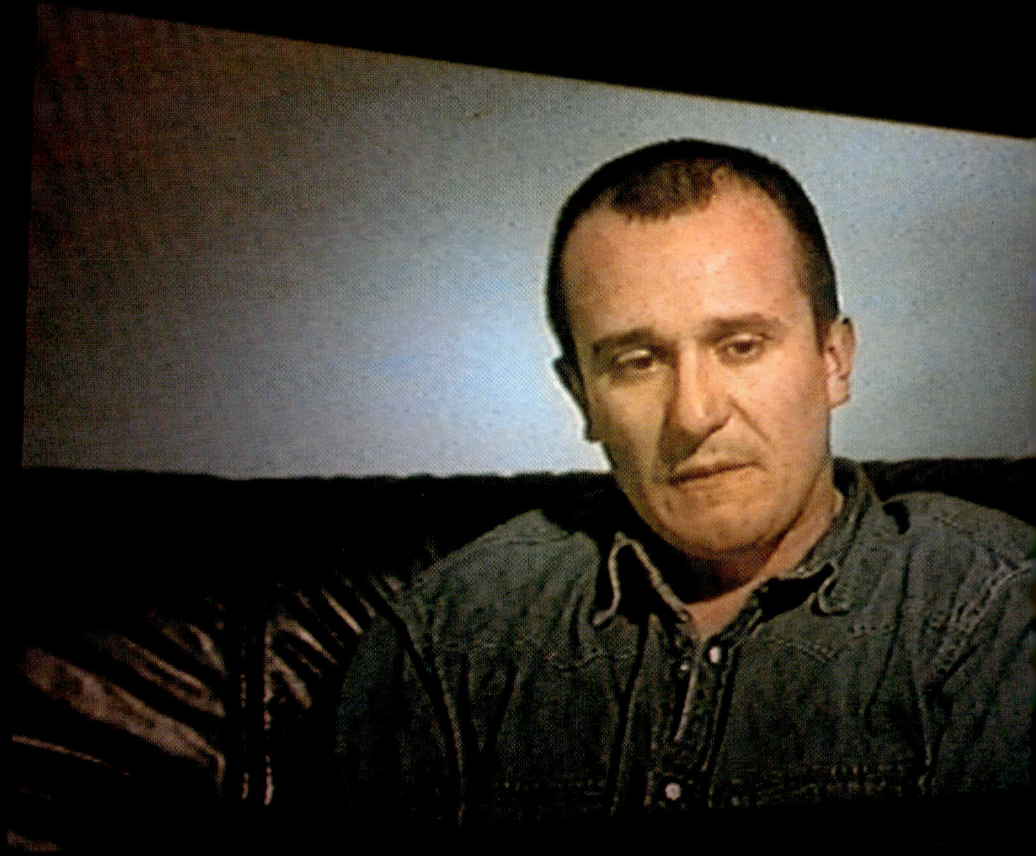

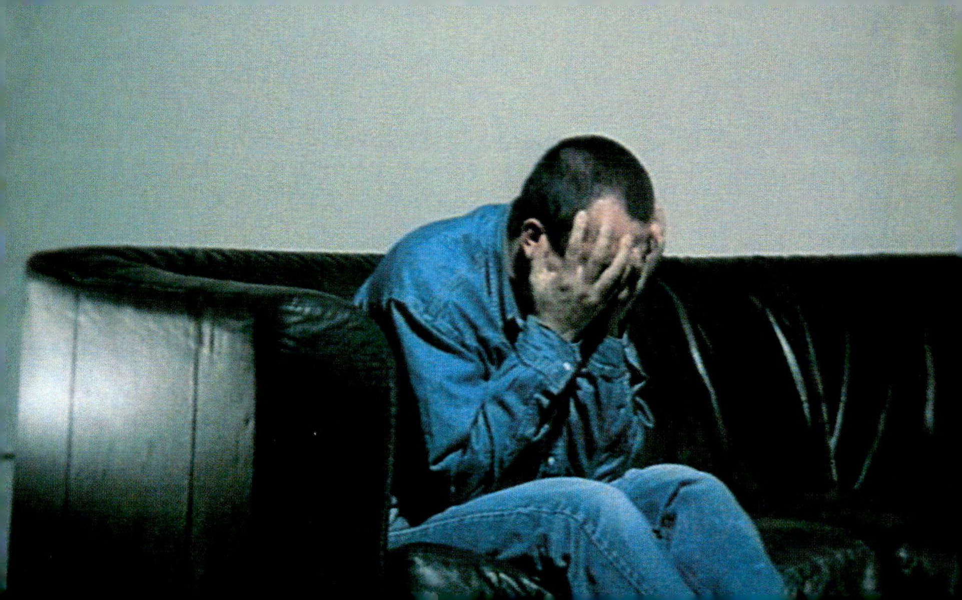

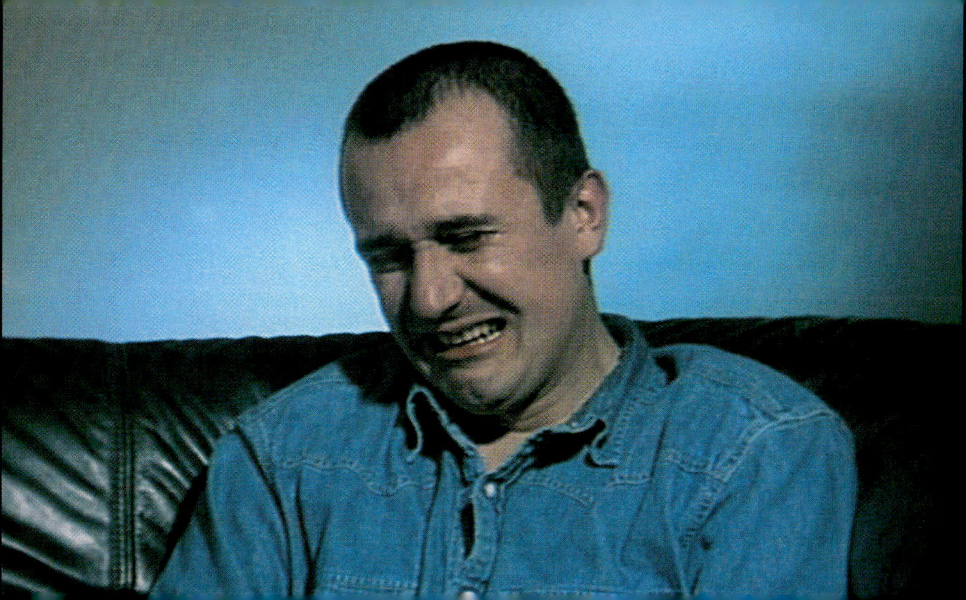

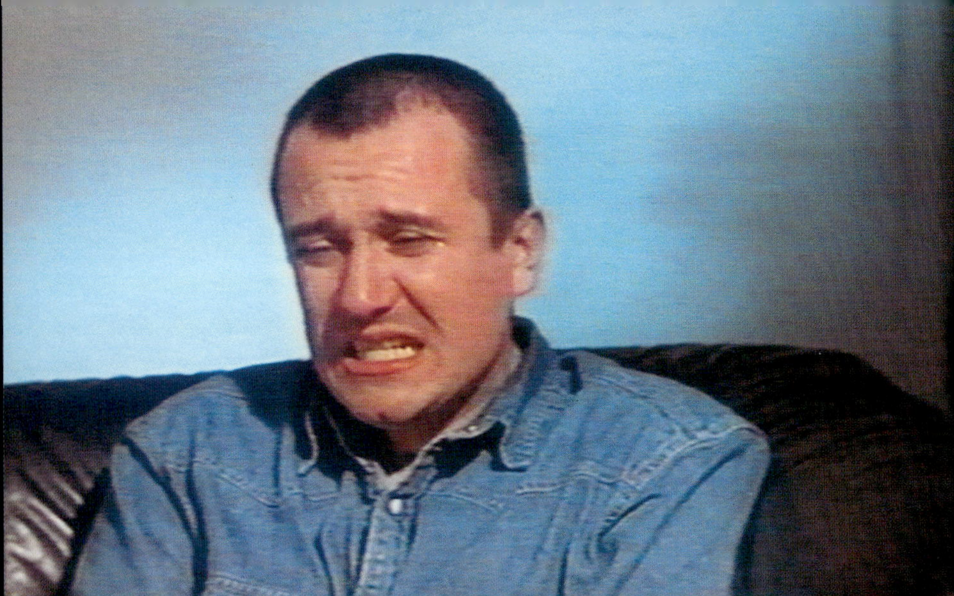

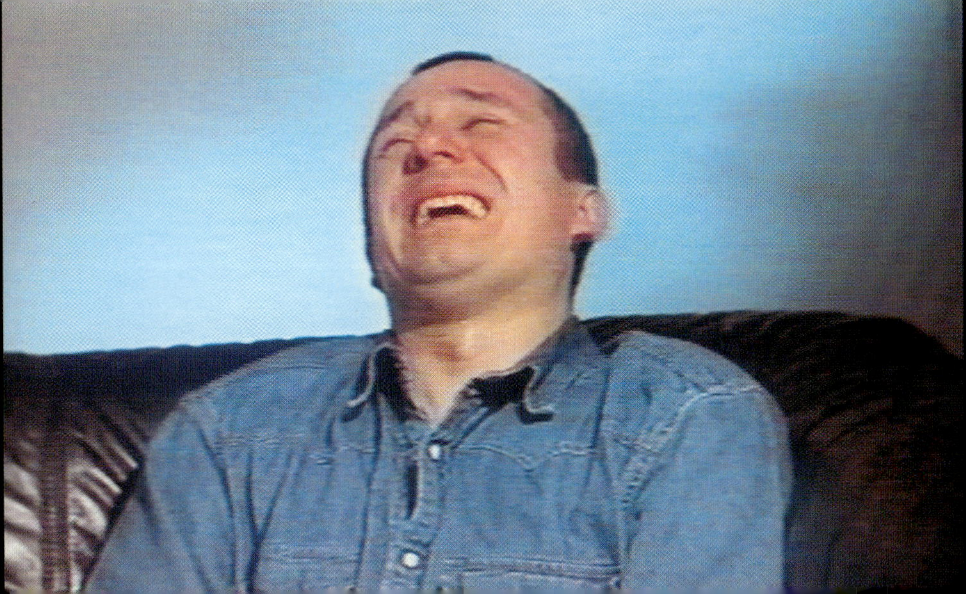

In terms of reading and listening to music, what do you remember?

My stepfather brought along a good library with him, and he was also passionate about classical music; I recall periods when Wagner's music would be playing, day and night, to the point where we couldn't sleep. With regard to books, I was drawn to the horror genre, as well as to Shakespeare. Then I went to work at the Royal Opera House, which had a great influence on my life. The first film I ever saw was a horror film, John Carpenter's *The Thing*. I also watched many videos on the VCR, always horror films.

How did you get to Killing Time *(1994)* *[→ p. 193]* *and* Method in Madness *(1994)* *[→ p. 211]**?*

In *Killing Time* I put together shots, in various formats, of four people, seated, who mime an opera libretto. Obviously their thoughts are elsewhere, while they are miming the words. The difference in scale ranges from the main protagonist to a small, almost immobile character. *Method in Madness* consists of a single projection and shows a "method actor" who arrives at the height of his emotional recitation. It is the manifestation of an encounter between one way of being an actor intimately living the role as well as having people understand that it is a reading. It is an attempt to stage a nervous breakdown, as well as to show the boundary between reality and unreality, life and theater. The projection progresses theatrically, from slow agitation to shouting and weeping. Within the span of ten minutes, one perceives a beginning, a middle and an end. The projection is continuous, so it produces a sense of embarrassment from looking at someone who is completely losing his mind, then is forced to get hold of himself, begins to feel uneasy, and then once again resumes losing control. The music that accompanies the performance – elevator and supermarket "musak" – contrasts strongly with the scene.

It seems that your films tend to document a carrying out of ritualized violence or emotions. It is a sort of sacrifice at the expense of have-nots and useless individuals but then is transformed into a party, a completely different ritual from what seems to be unfolding on the stage. I'm referring particularly to Hysteria *(1997)* *[→ p. 271]*.

Hysteria is silent and lasts ten minutes, but it is different from *Method in Madness*. I wanted it to be impossible to distinguish between laughter and crying. Thus there is no audio, in order to leave some doubt about whether the person is laughing or crying. Two completely different emotional states together that can be confused and become the same thing. The slow motion, which amalgamates the whole and blurs differences, also adds to this confusion.

[→ p. 230]

Travesty of a Mockery

1995
video proiezione su due schermi e sonoro: canali radiofonici

two screen video projection with sound: various radio channels

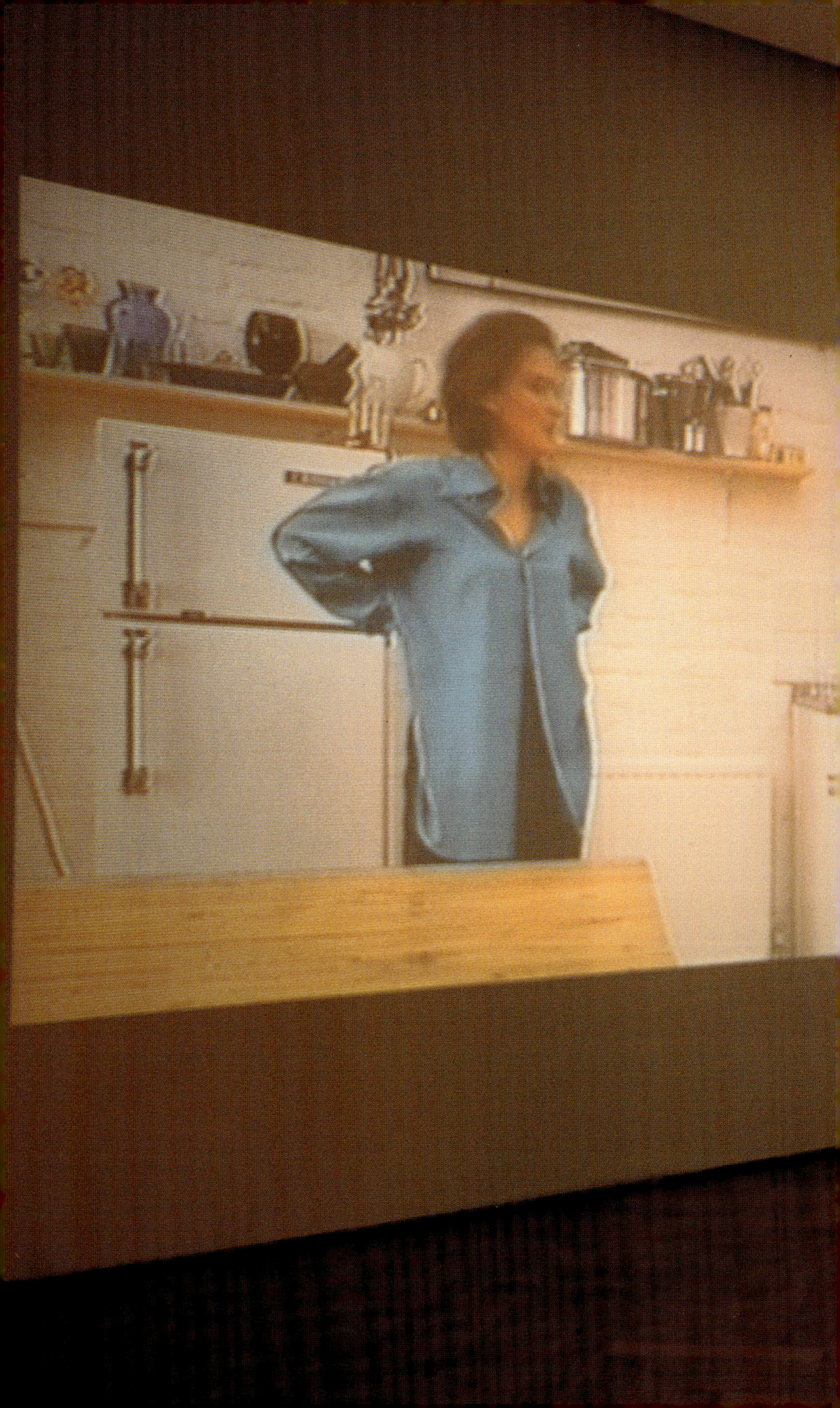

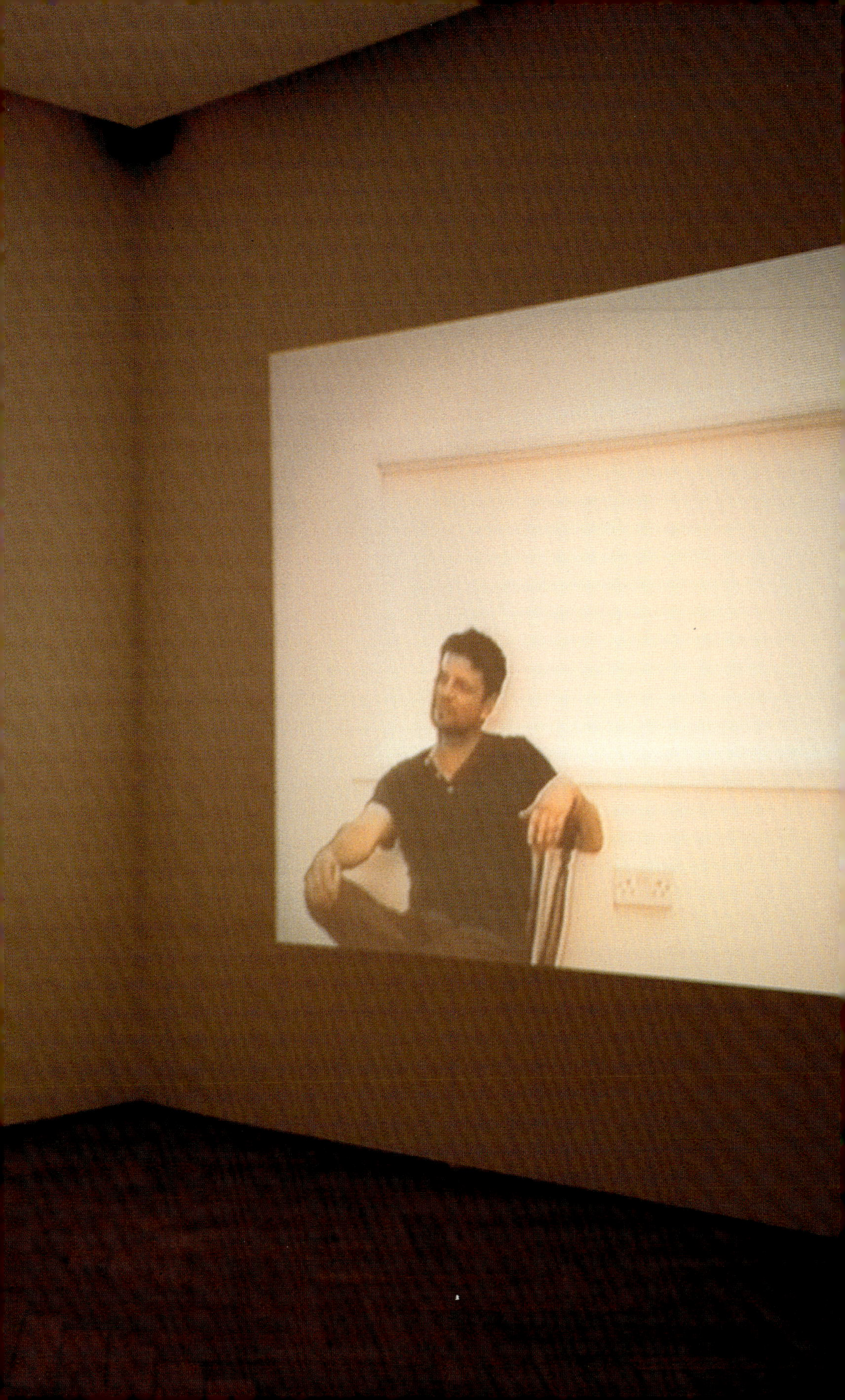

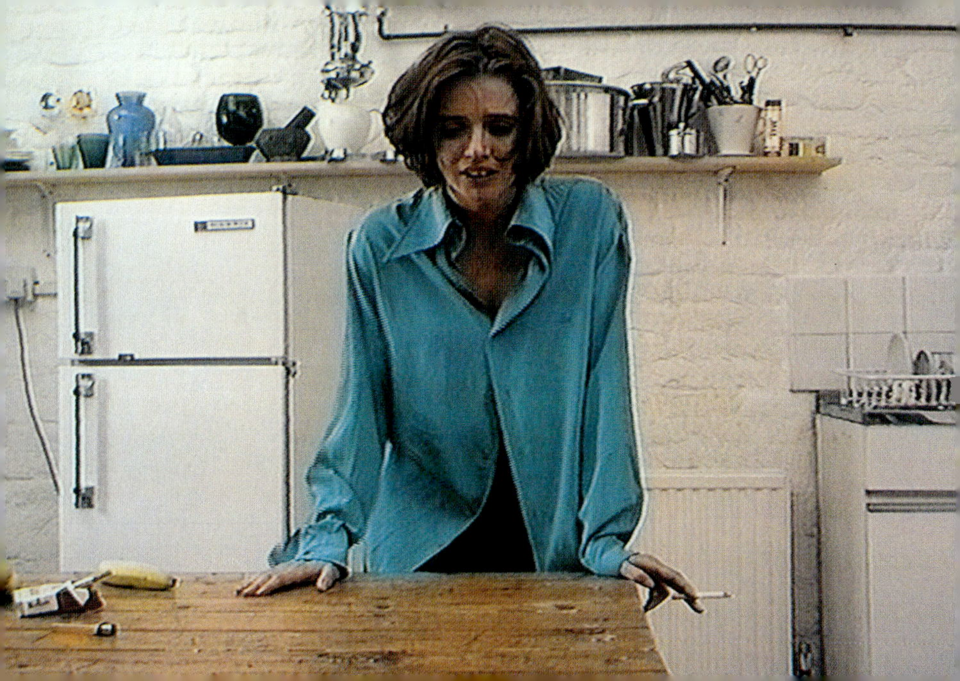

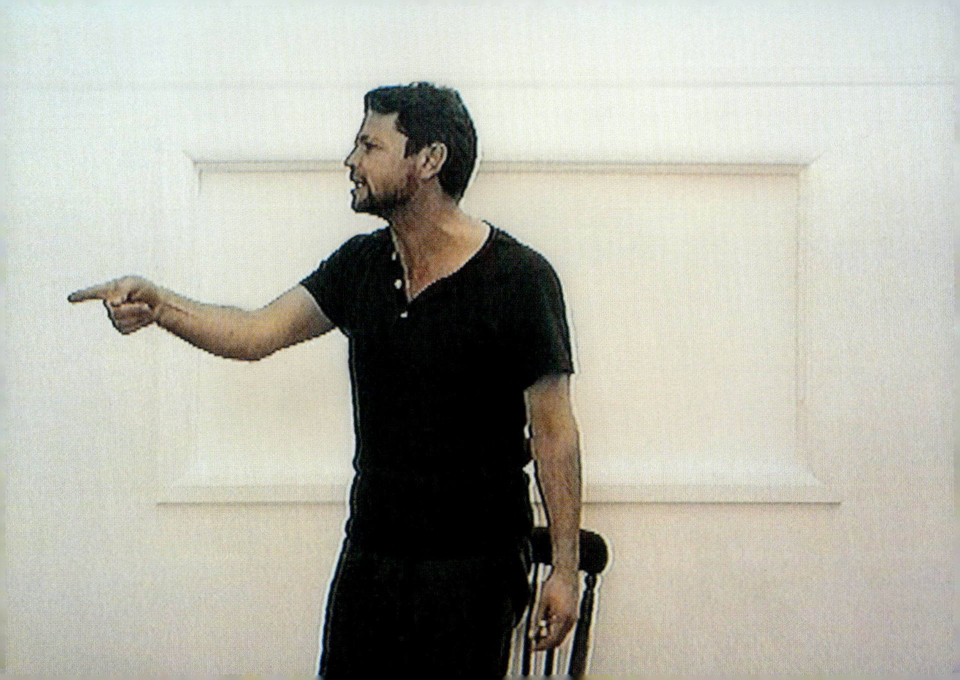

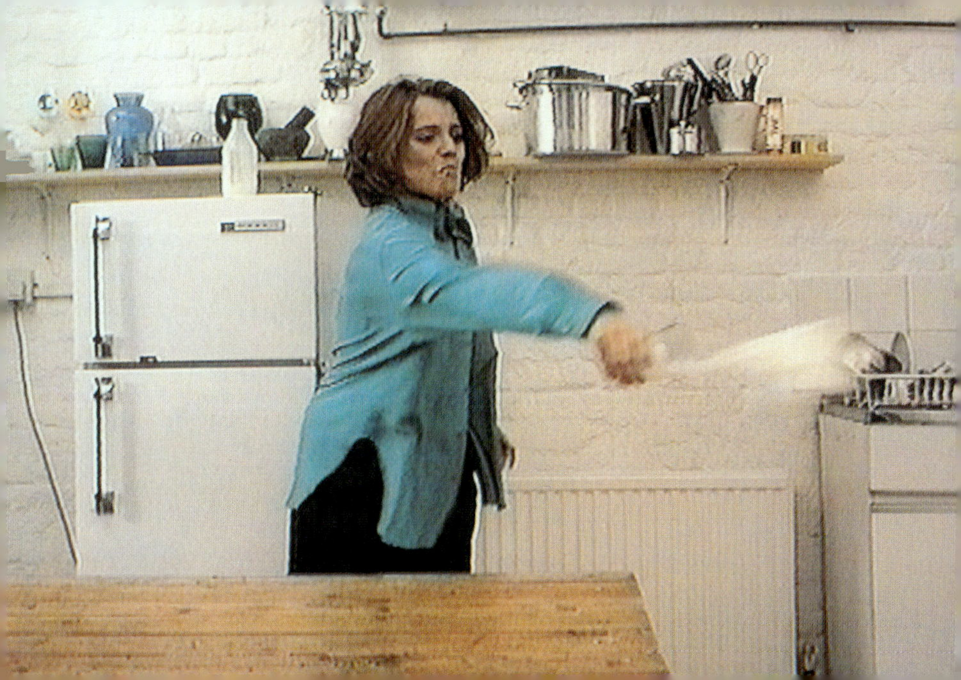

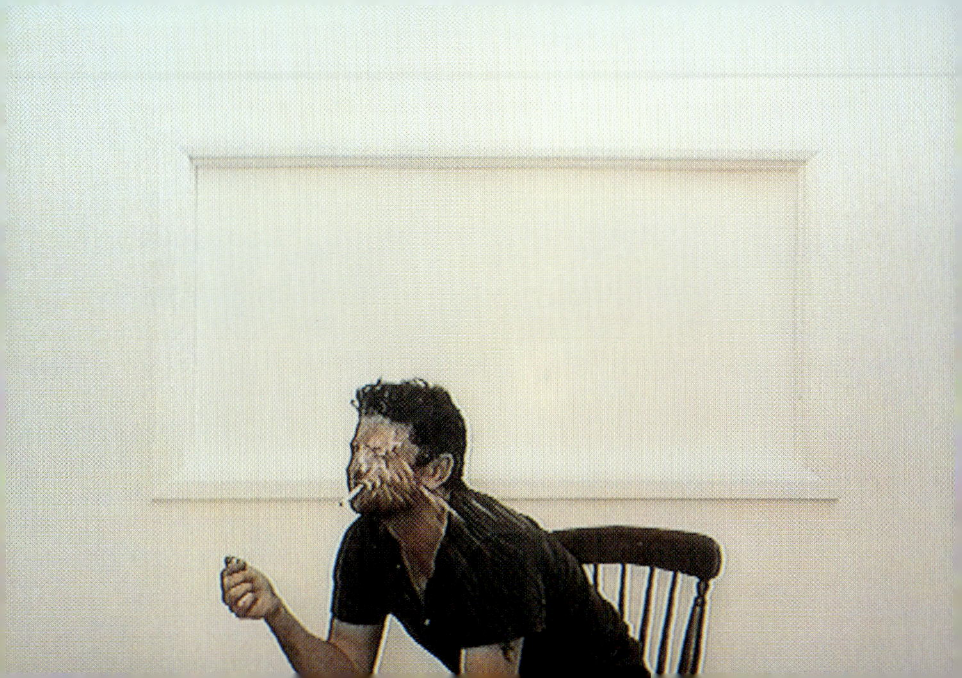

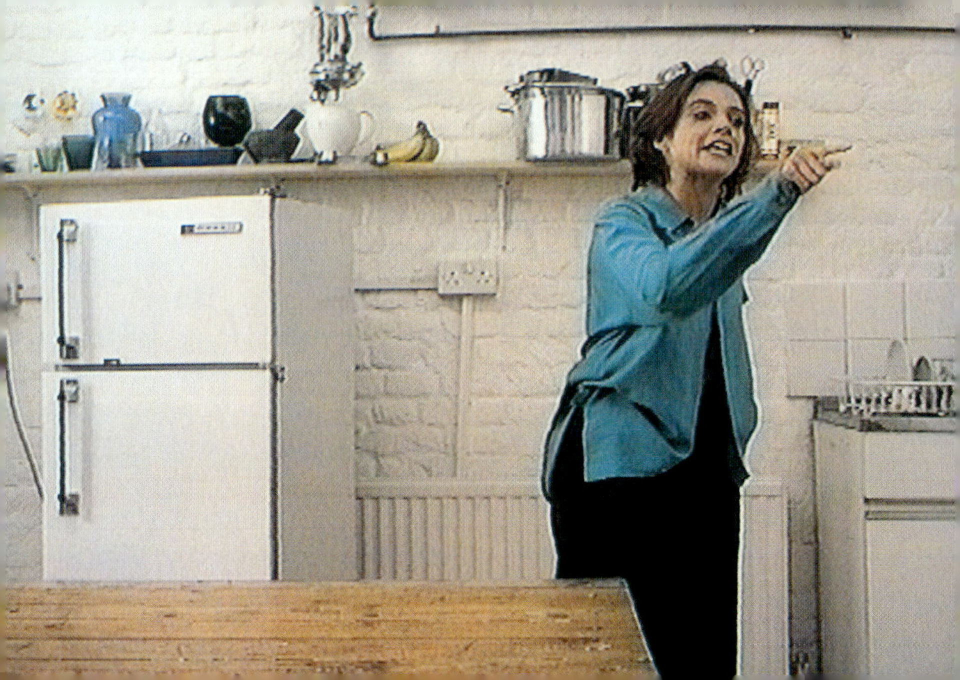

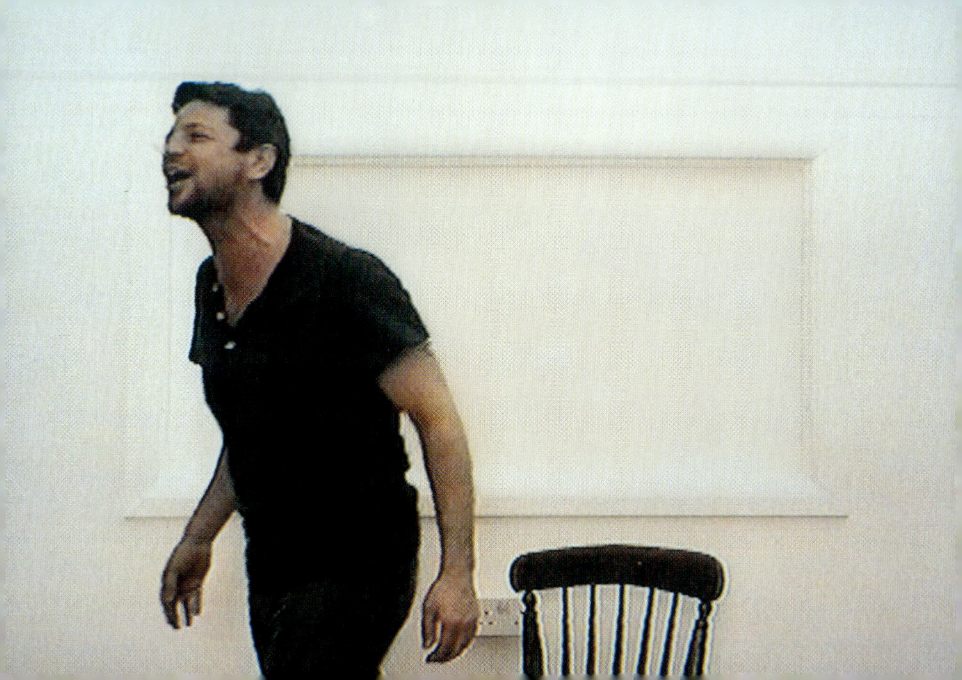

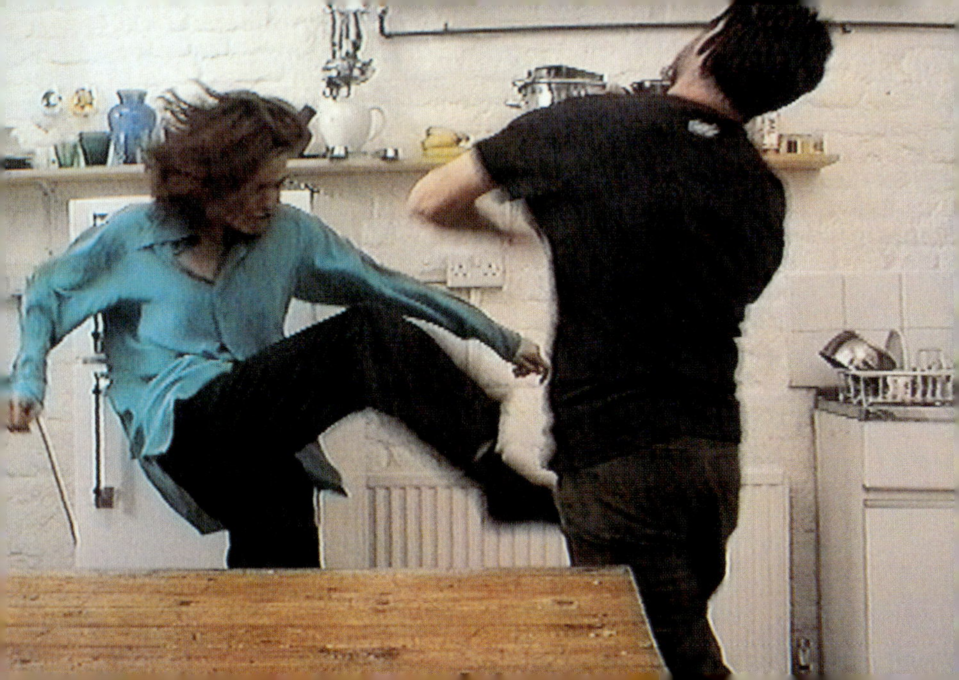

The same attitude is found in *Travesty of a Mockery* (1995) [→ p. 219], where it is impossible to understand the nature of the discussion. One perceives only a very physical expedient. Two people on two separate screens argue and throw objects. A physical, behavioural friction is made even more dramatic by the placement of the two screens in a corner. She is an actress, Amanda Ooms, a friend, and the other character is an amateur actor, also a friend of mine. In the argument, she clearly has greater control over the situation, while he reacts. She acts, he reacts. Considering the length, it is difficult to find the underlying reason for this long discussion. One understands only that these two people are in a state of emotional excitation, in an extremely passionate state. As a viewer, you can participate or keep your distance, be involved or remain indifferent. Since it reaches the point of physical collision and the hurling of a glass of milk and a pot, as well as the exchange of low blows, the scene is highly dramatic, so much so that at a certain point, one character enters the space of the other.

Is it truly a clash or just a normal relationship, where people rage against each other in particular moments of their relationship? The opposition is one of violence, but it can also be one of surprise, as in Sustaining the Crisis *(1997)* [→ p. 266].

There is a clear contrast between the people, both in terms of sex and character, but they are also presented together, when they participate in the same space. Then the situation once again becomes explosive and they return to their separate territories. It is a way of integrating extremes and excesses. *Sustaining the Crisis* is composed of two projections on two facing walls, almost reciprocally looking out at each other; two figures, a female who casually turns her naked torso toward the camera, and a male figure who expresses amazement at this apparition.

All your work seems to revolve around the search for opposite sensations, which are mirrored frequently in everyday circumstances. The dual dimension seizes upon a more comprehensive truth, and the dialogue is overturned into its antithesis, running irresistibly toward its opposite. Thus from Travesty of a Mockery *to the* Soliloquy *works, the dialogue between the parties always implies the rupture of the unit, a journey between contrasting experiences. Speaking signifies consolidating as well as dissolving the contact between people.* Atlantic *(1997)* [→ p. 257]*, suggests a conversation between people who, while in close proximity, seem in opposition, in search of a presence together and a co-belonging that appears newly fictitious. The mutual belonging is only part of a scene that keeps both people together, although they have nothing at all in common.* [→ p. 246]

Pent-Up

1996
proiezione laser disc
su cinque schermi
e sonoro; girato in 16 mm

five screen laser disc
projection with sound;
shot on 16 mm

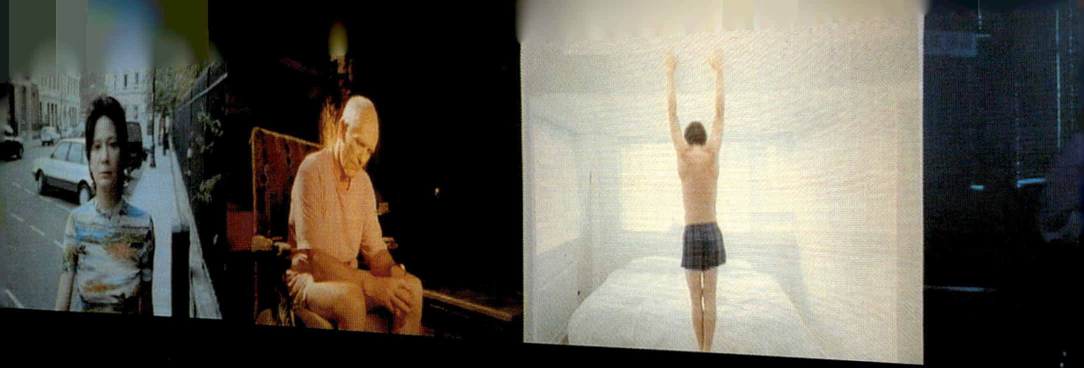

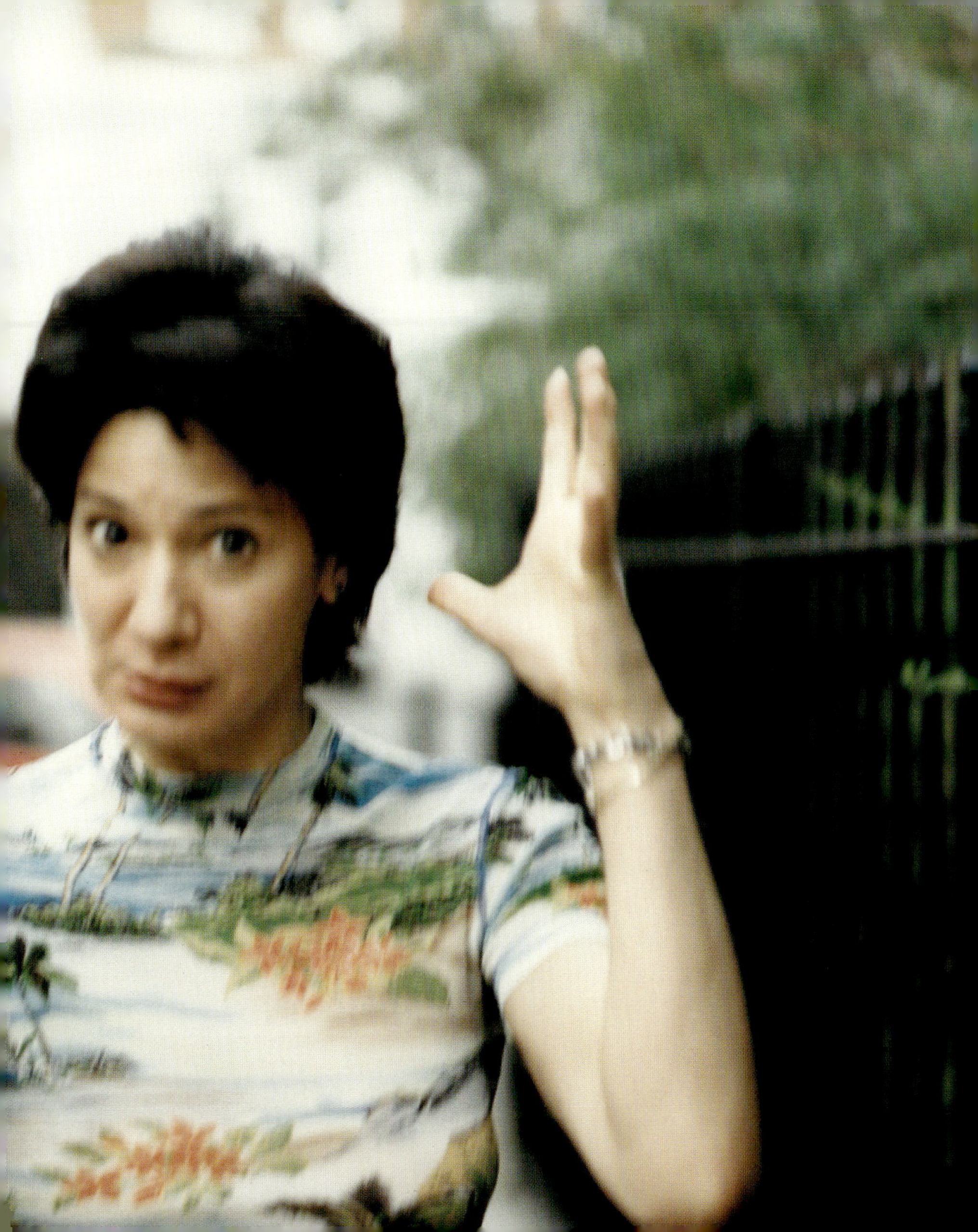

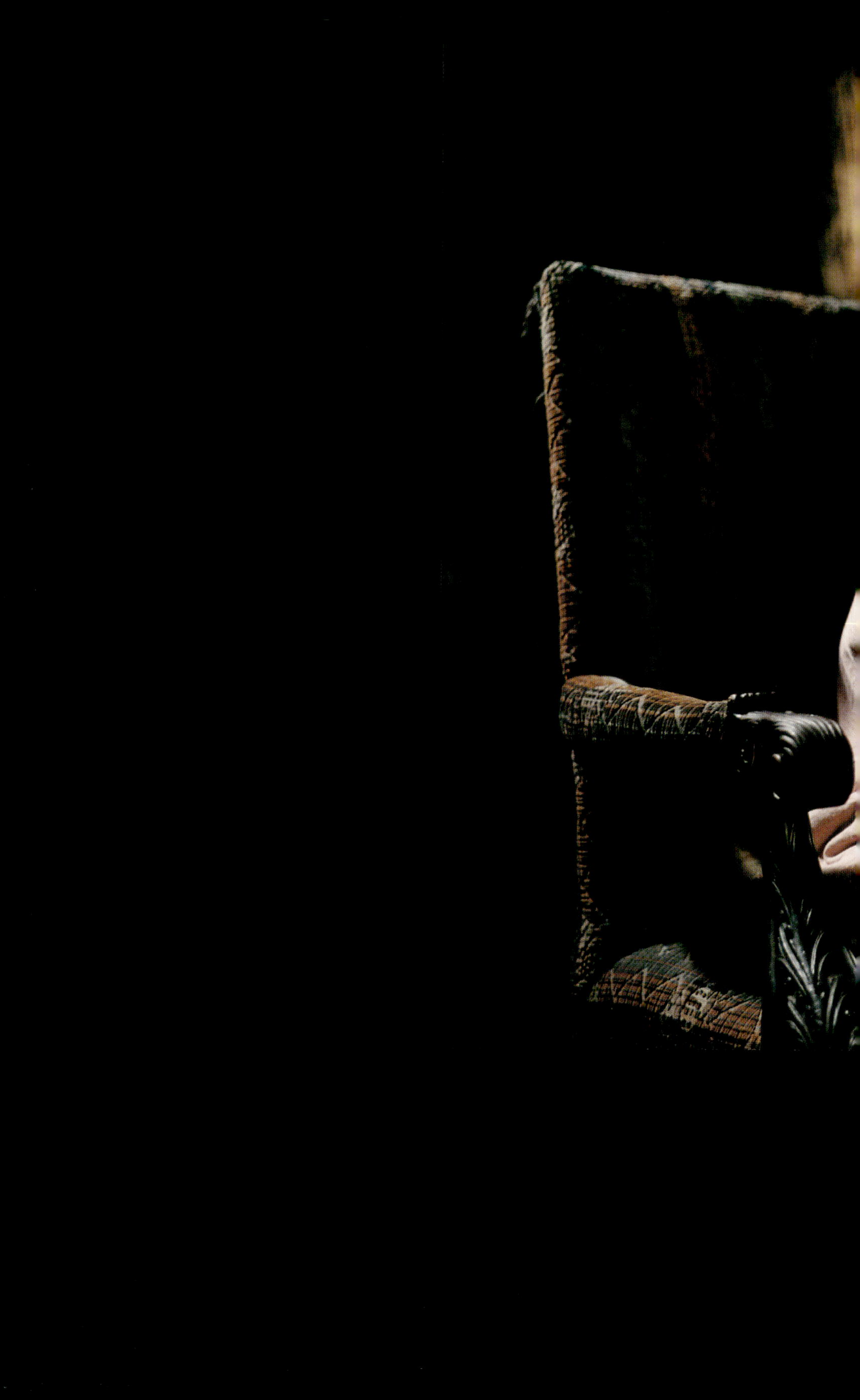

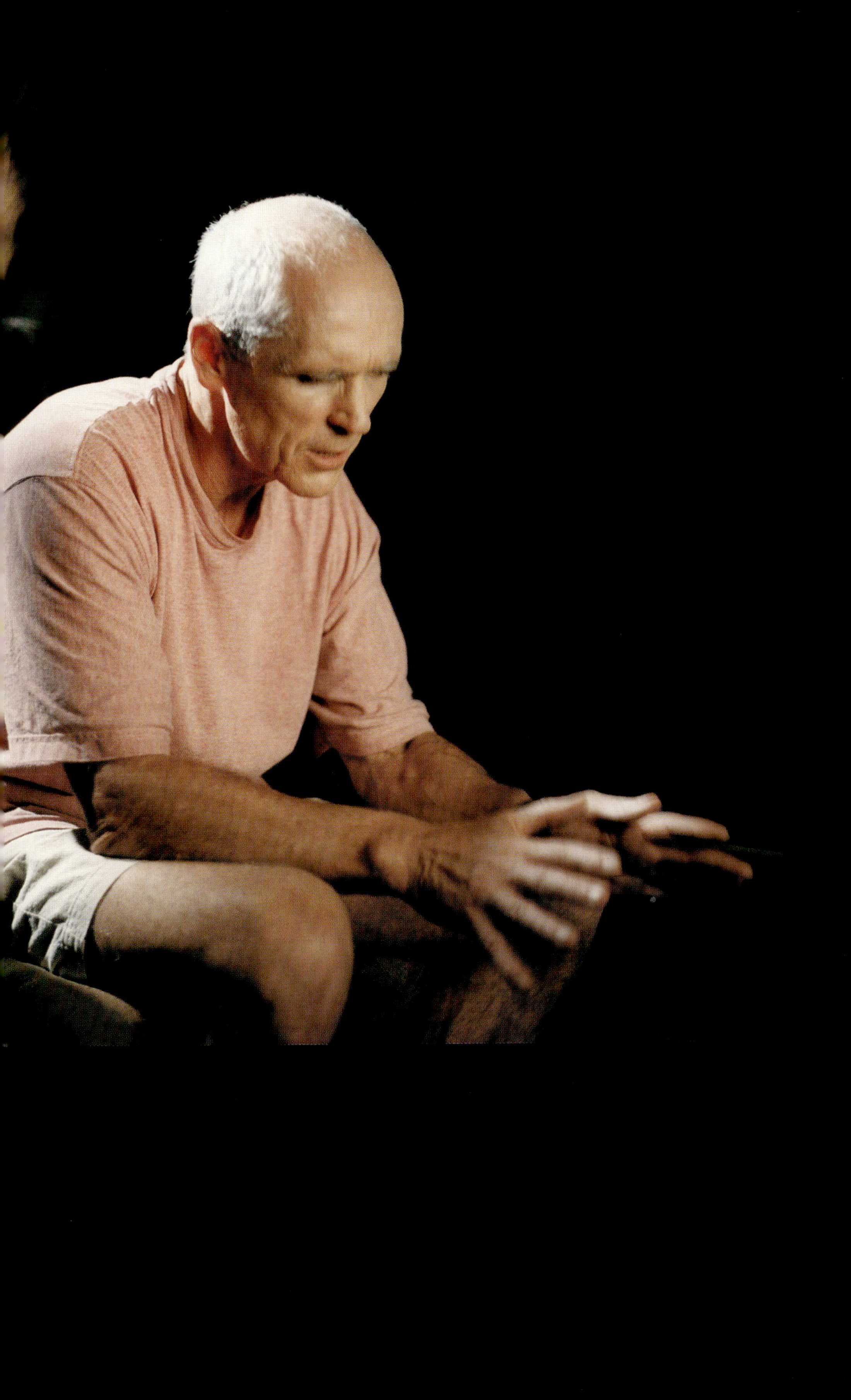

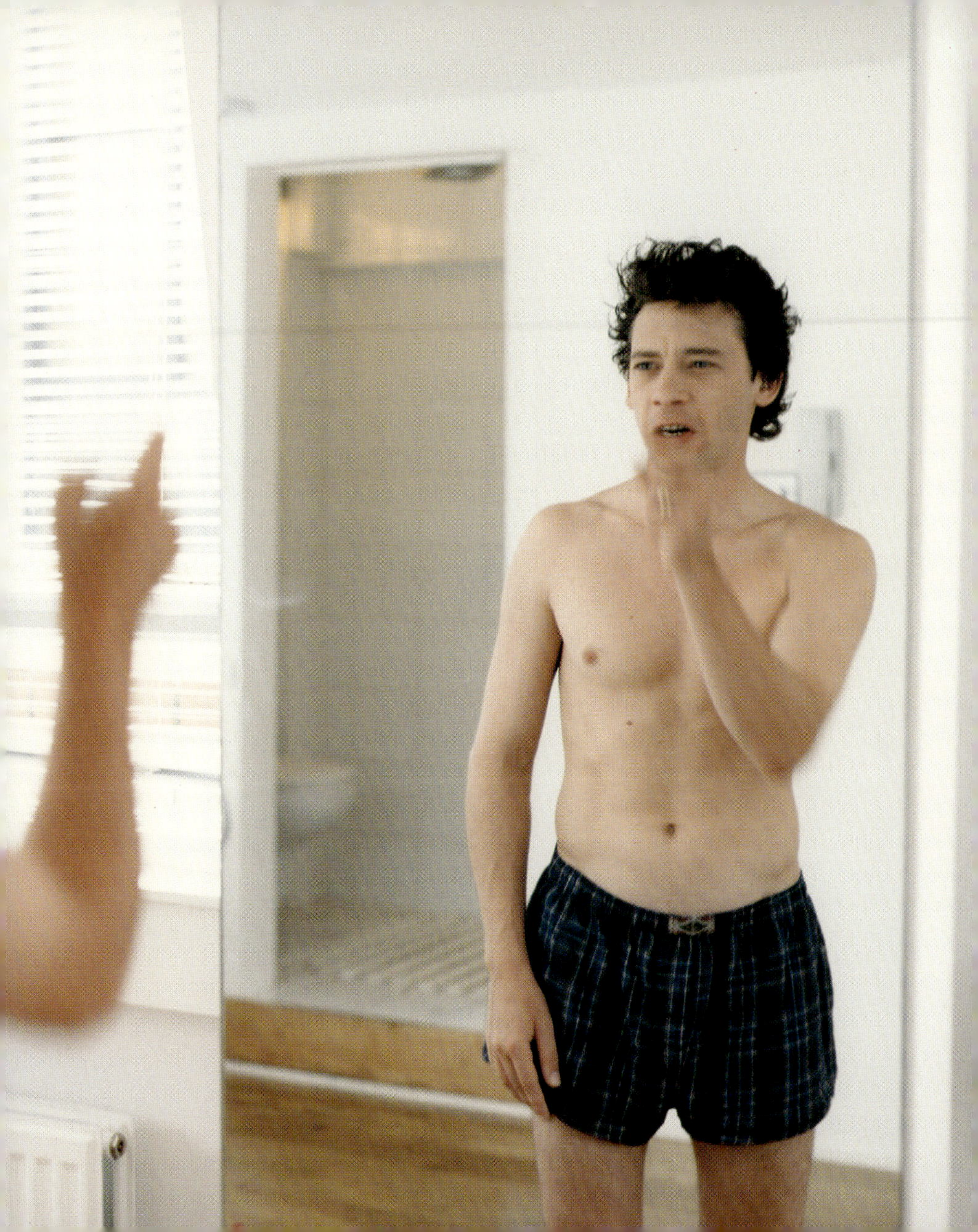

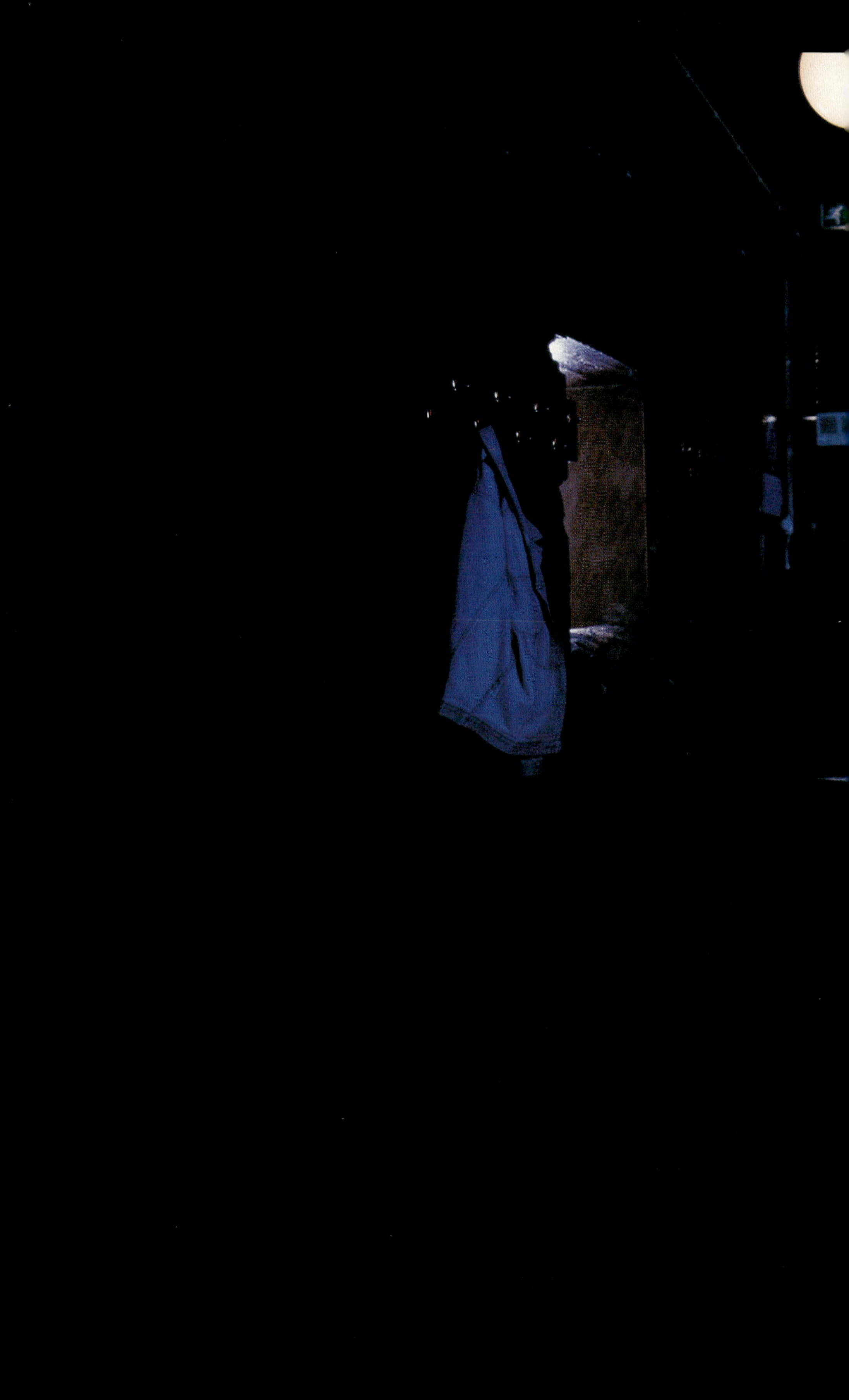

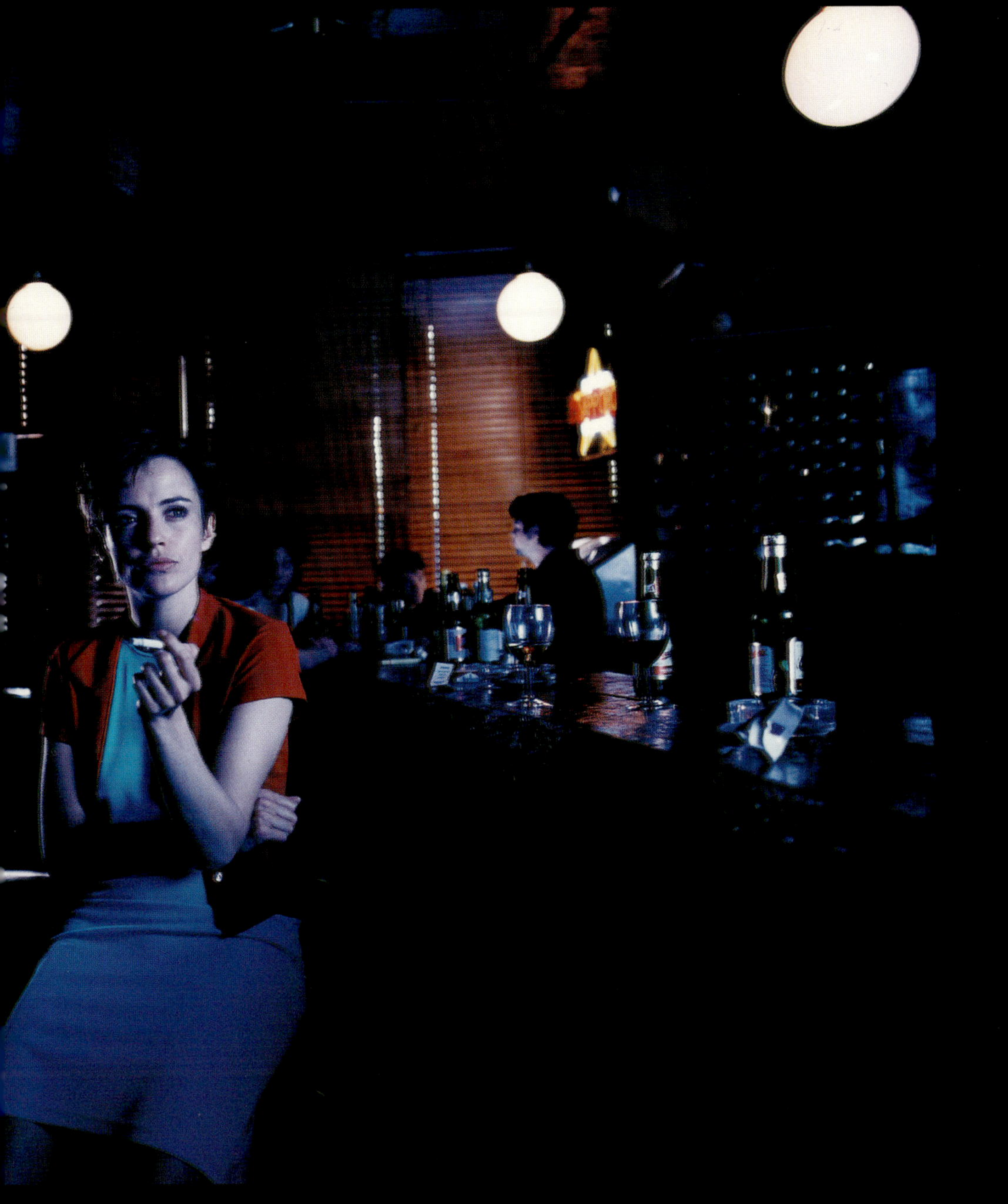

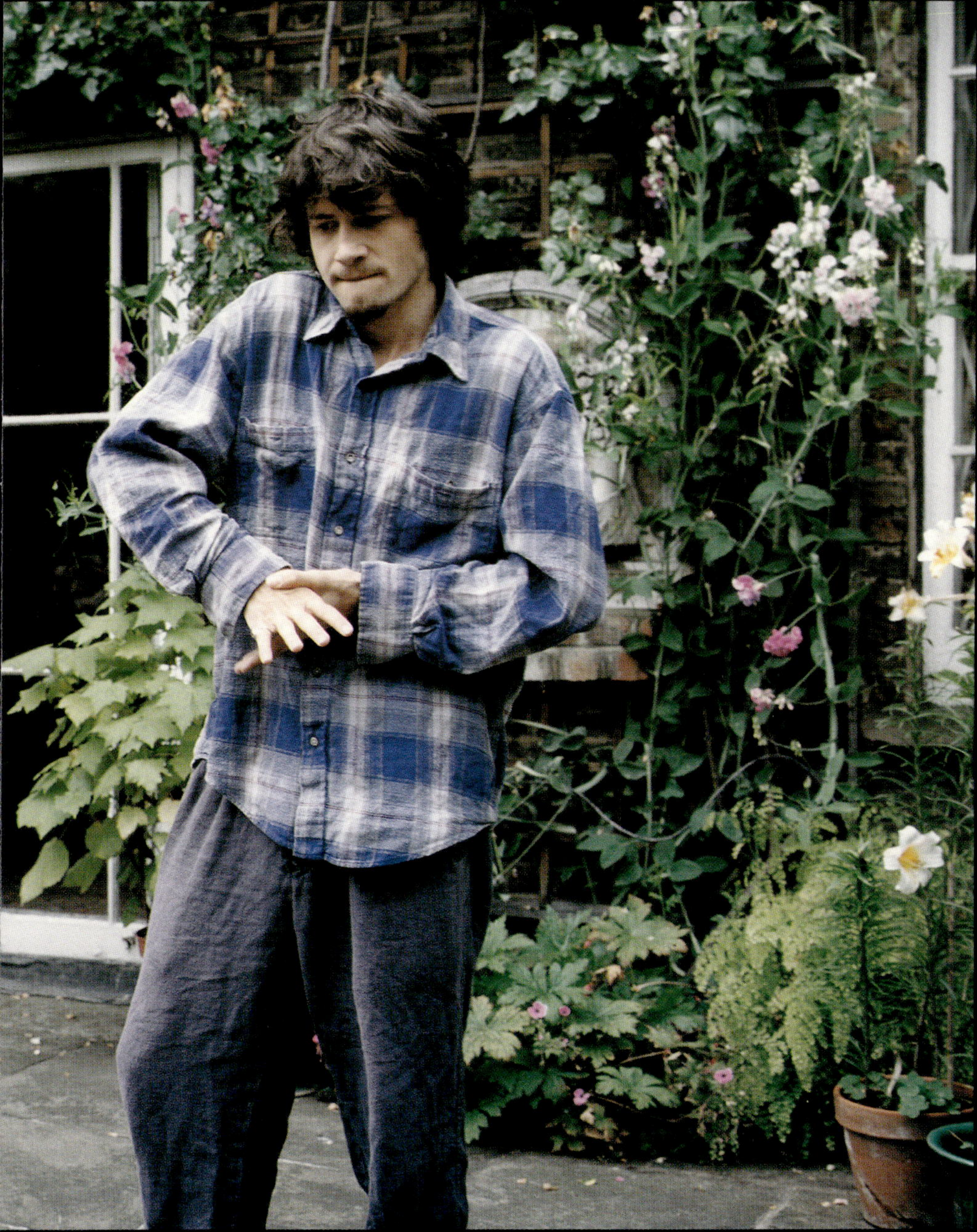

The shooting of *Atlantic* occurred at the "Atlantic Bar and Grill," and I was interested in creating a distance between two people, while keeping them in the same space. It is a triple projection: on one side, the face of the female figure; in the centre, a view of the restaurant with tables, including the one where the couple is seated; on the right the hands of the male figure. I wanted the effect to be that of another person, seated at the same restaurant, three tables away, who sees a couple, tries desperately to understand their conversation, intuits the situation and understands a phrase here and there. It is the construction of a story from without, projecting the experience of the couple.

Since the woman is crying and the man is not seen except through the play of hands, do you think that one's sympathy immediately goes to the woman, or is that my own projection?

I wanted to create a neutral scene, and every time I side with one, then the other upsets the balance. It is not possible to truly take sides, even if you stay in the middle. It is difficult to go further in, in the sense of sympathizing, but instead you have to be aware of having entered a personal, very private situation. You become a voyeur, but I prefer to not get involved, and, in fact, there is no required position. Certainly you can project yourself into the scene, but it is really not possible, it's a distant event.

Was it shot from a stationary camera?

In *Killing Time* and in *Travesty of a Mockery*, the camera was completely stationary, a sort of static witness, in the sense that the events appeared and didn't have to be interpreted. Sound differentiates them, and in *Travesty of a Mockery* I used music as an emotional and experiential evocation. It is the sound track that directs the "projections." The taped sound track is a radio, switching from channel to channel, ranging from classical music to heavy metal, to rock, to acid house music, interwoven with transmissions of spoken dialogue. I didn't want to convey any significance to what the couple were discussing, so that it was impossible to decide what was right and what was wrong. Finally, I gave the two actors limitations for their movements, but the discussion had to be improvised and lasted about twenty minutes, moving from moments of unease to rage, from silence to offense, from sorrow to tears. [→ p. 256]

Knackered

1996
video proiezione
con colonna sonora:
lirica interpretata
da un castrato;
girato in 16 mm

video projection with
soundtrack: the last
castrato recording;
shot on 16 mm film

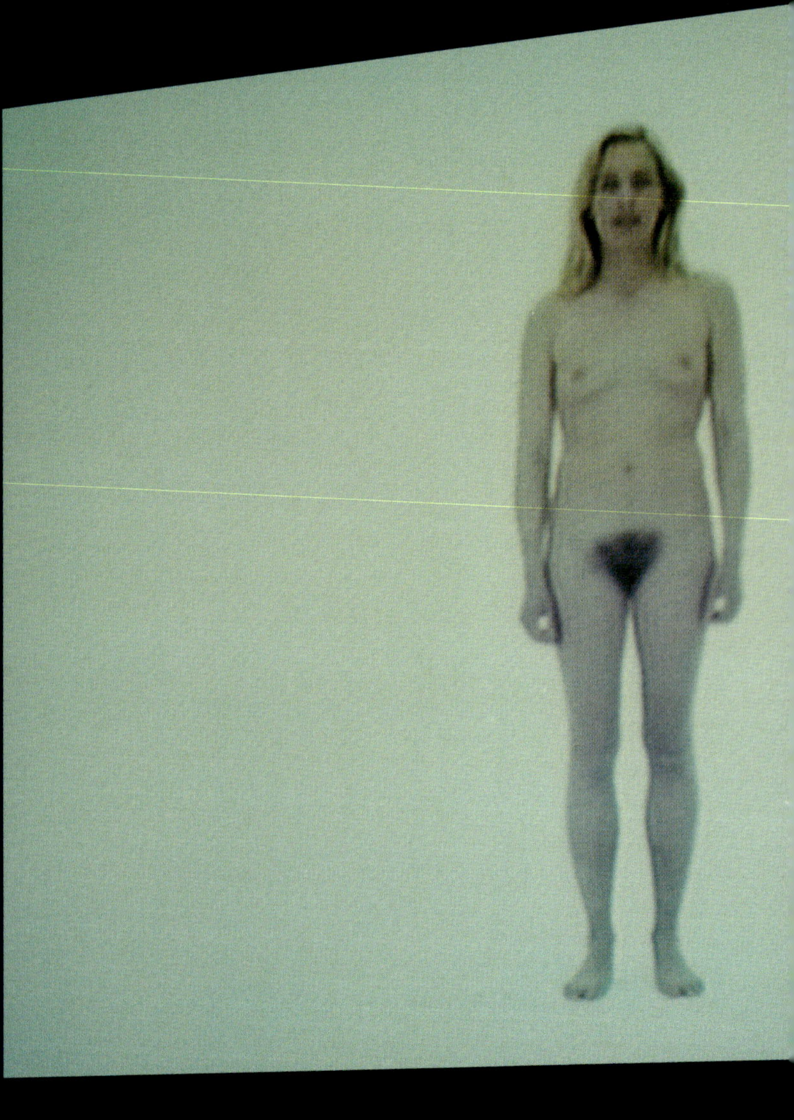

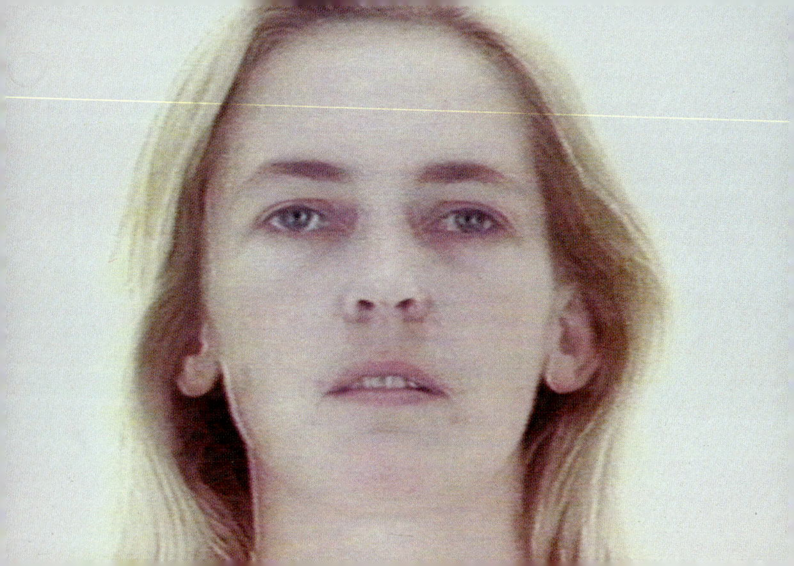

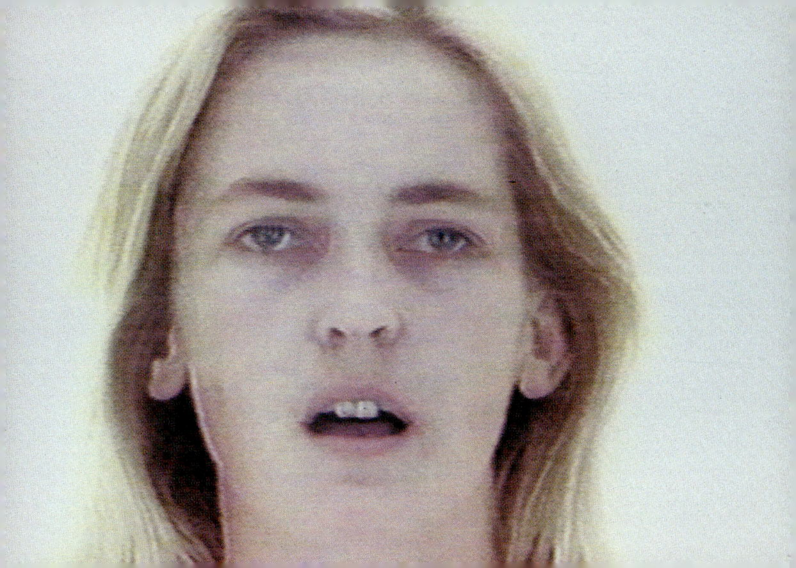

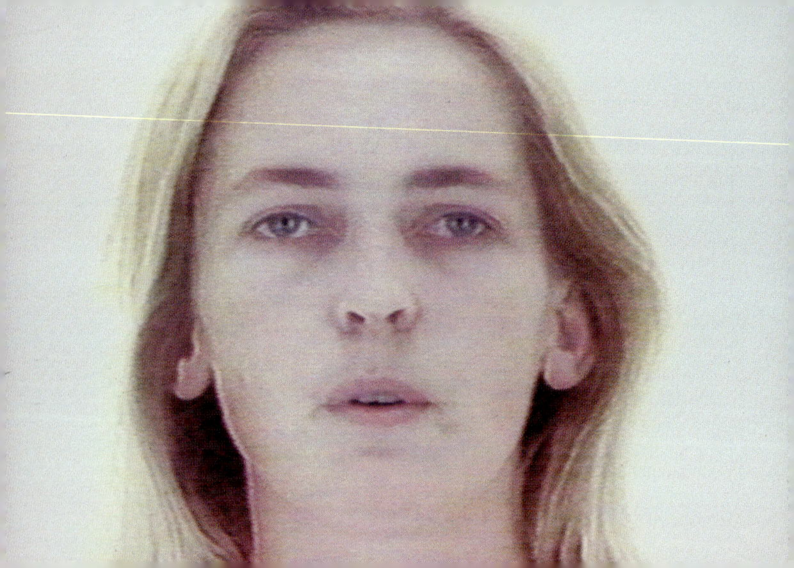

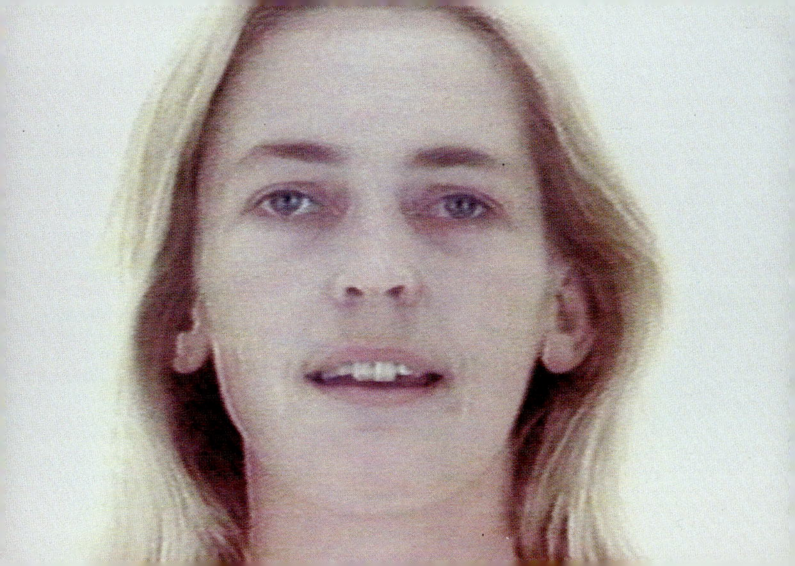

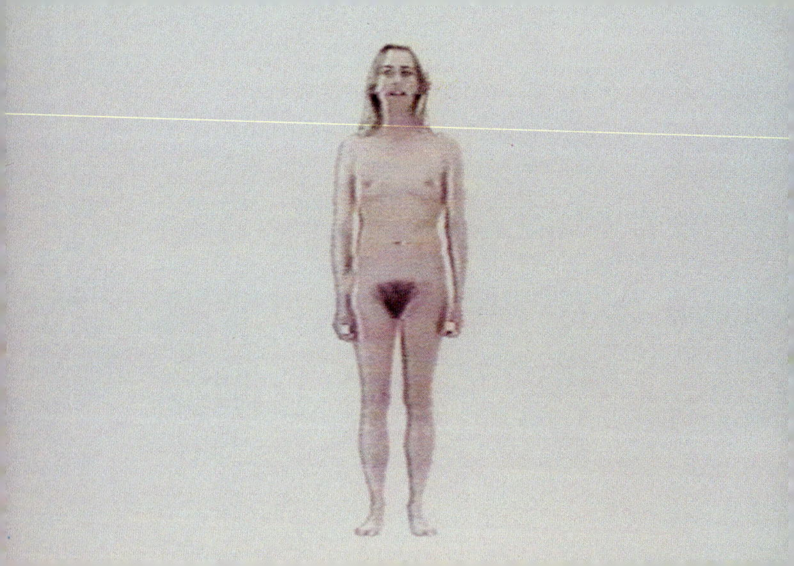

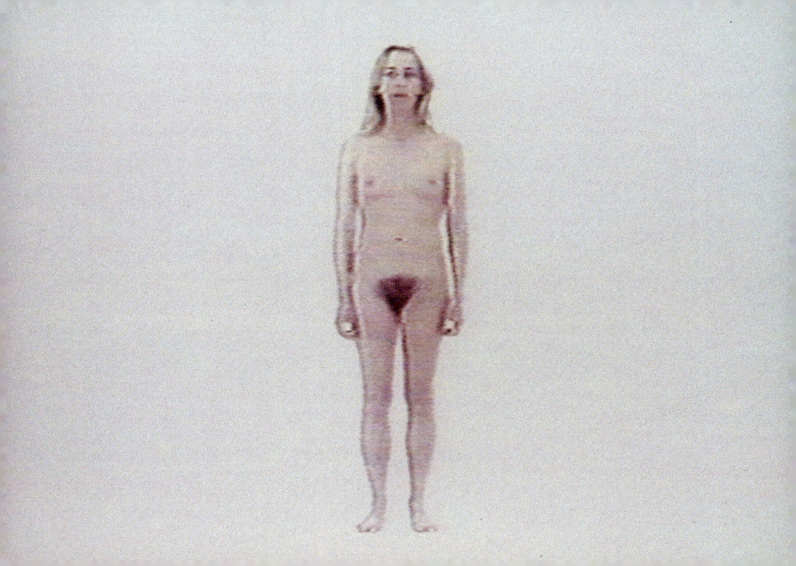

How do you arrive at the titles?

The title of *Travesty of a Mockery* was inspired by a scene Woody Allen's film – *Take the Money and Run* –, a film where the character has to defend himself in a courtroom, and he is standing there, in sacrificial fashion, saying "the whole thing is a travesty of a mockery, a sham." It seemed appropriate for an argument between two people, who in the end are in a relationship of some sort. *Soliloquy* comes out of Shakespearian theater. *Pent-Up* emerges from anxiety, and it is the morphological matrix of the number "five" (*penta*), and therefore corresponds to the number of people and projections. *Brontosaurus* alludes to survival, as well as to a small toy that appears at the left on the screen, near the dancing male figure, something futile that assumes considerable importance.

Continuing our voyage backwards, can we now speak about Fuck, Suck, Spank, Wank *(1993)* [→ p. 40]*,* Spankers Hill *(1994)* [→ p. 46] *and* Slut *(1993)* [→ p. 42]*, in which you once again maintain the link between pleasure and mistreatment, between positive and negative sensual impulses. Indeed the photographs are a challenge to erotic charm, an attitude in opposition to the acceptance of pleasurable and loving relationships. You move between approval and negation of a body subjected to violence to the critical negation of an availability that is humiliating. Furthermore you appear in the first person almost as if these were subjective desires or relationships, when one understands that the target is chastity and orgy, marriage and prostitution, homosexuality and heterosexuality.*

They were self-portraits because I didn't have any money and I couldn't hire anyone. Also the self-portrait is something immediately available. In the early pieces I put myself in conditions of vulnerability. In *Fuck, Suck, Spank, Wank*, I wear a gay T-shirt, almost as if I wanted to play a different role, to assume all those sexual acts, to offer myself in a provocative fashion. I wear sunglasses as a sort of defence. I used old film so that the image would look dirty, full of stains and imprecisions. Since I wanted to expose myself in all my ugliness and discomfort – at the time I felt like a wreck, having just got out of a long relationship that had left me fat and guilty – and I depicted myself as a monster, my trousers dropped.

[→ p. 270]

Atlantic

1997
proiezione laser disc
su tre schermi e sonoro;
girato in 16 mm

three screen laser discs
projection with sound;
shot on 16 mm film

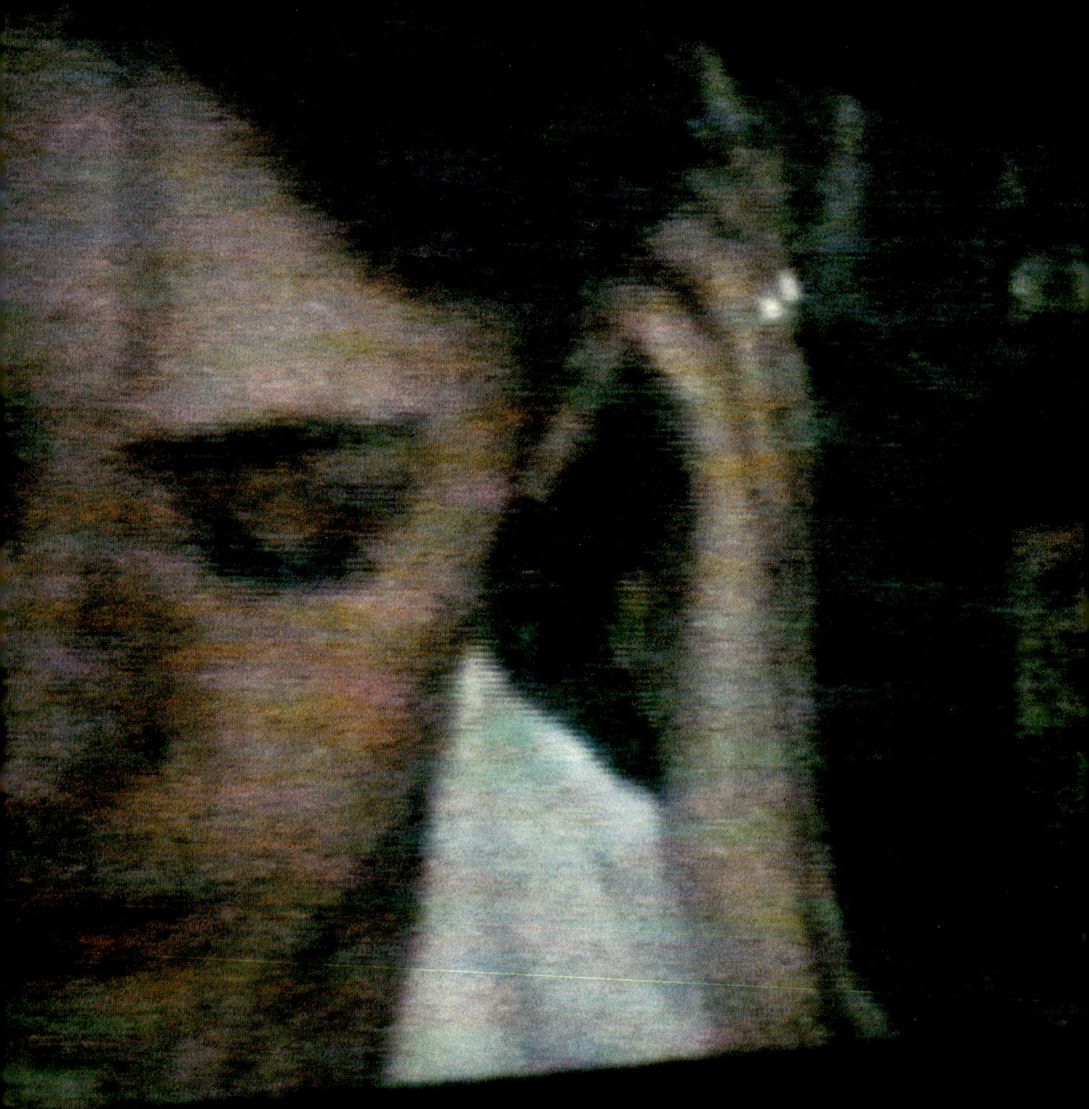

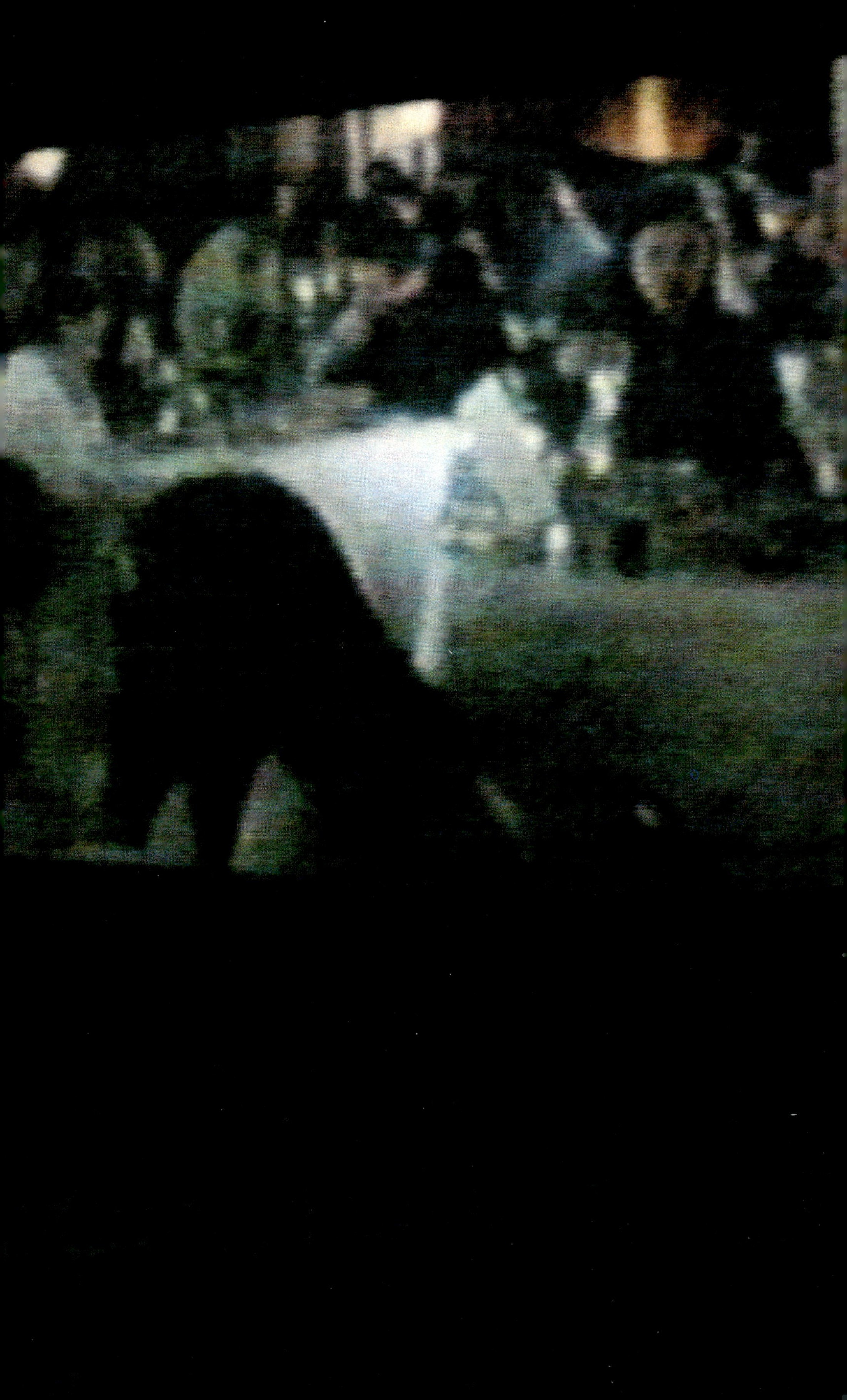

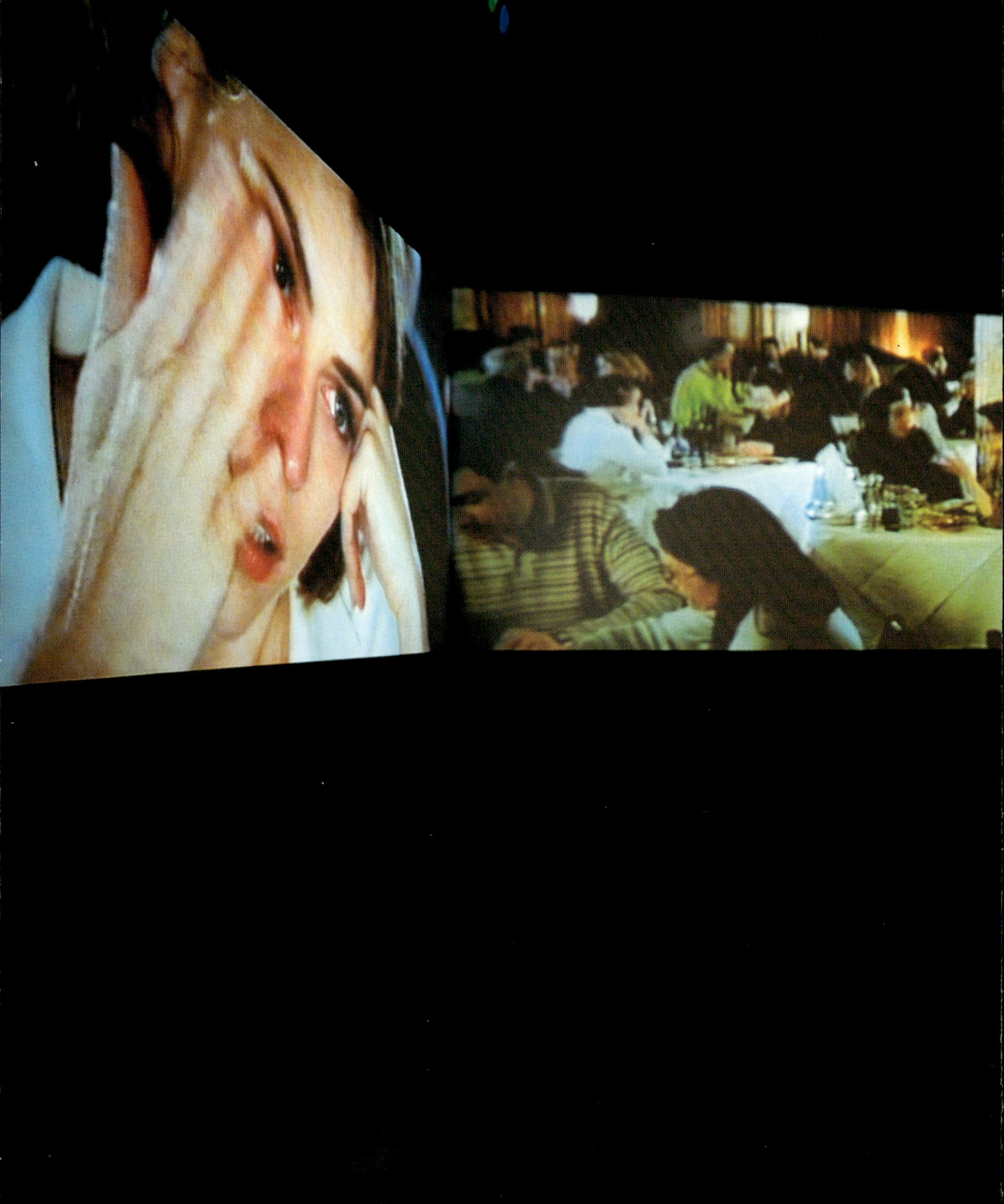

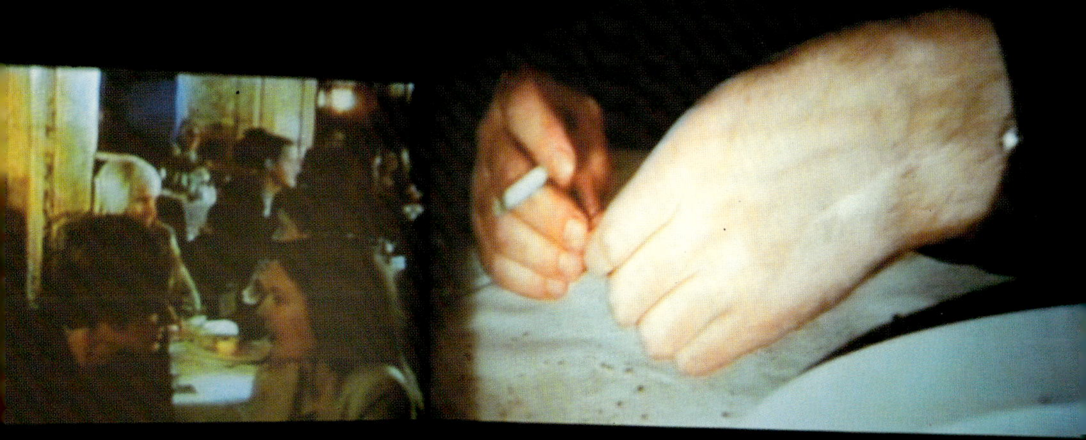

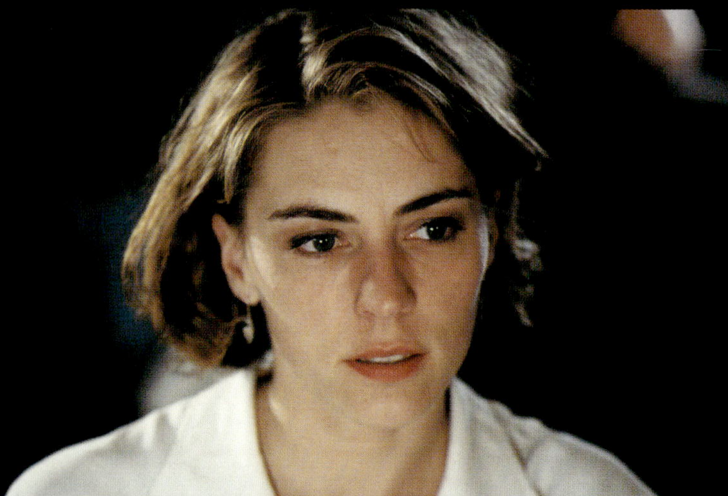

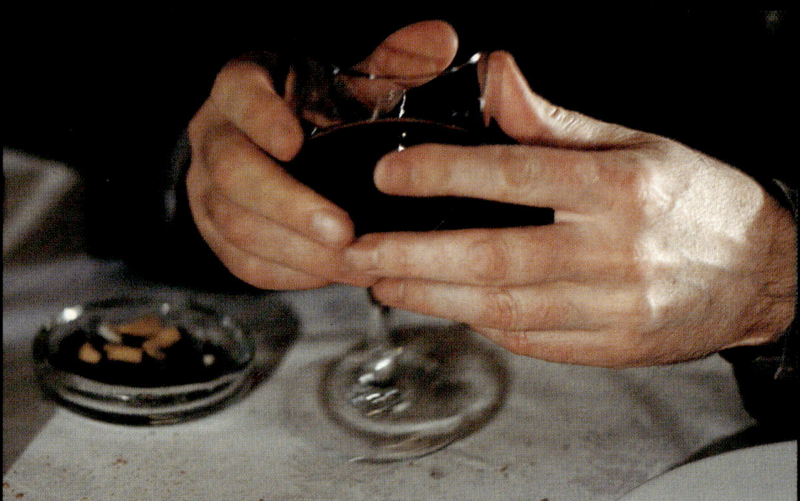

Sustaining the Crisis

1997
proiezione laser disc
su due schermi e sonoro;
girato in 16 mm

two screen laser disc
projection with sound;
shot on 16 mm film

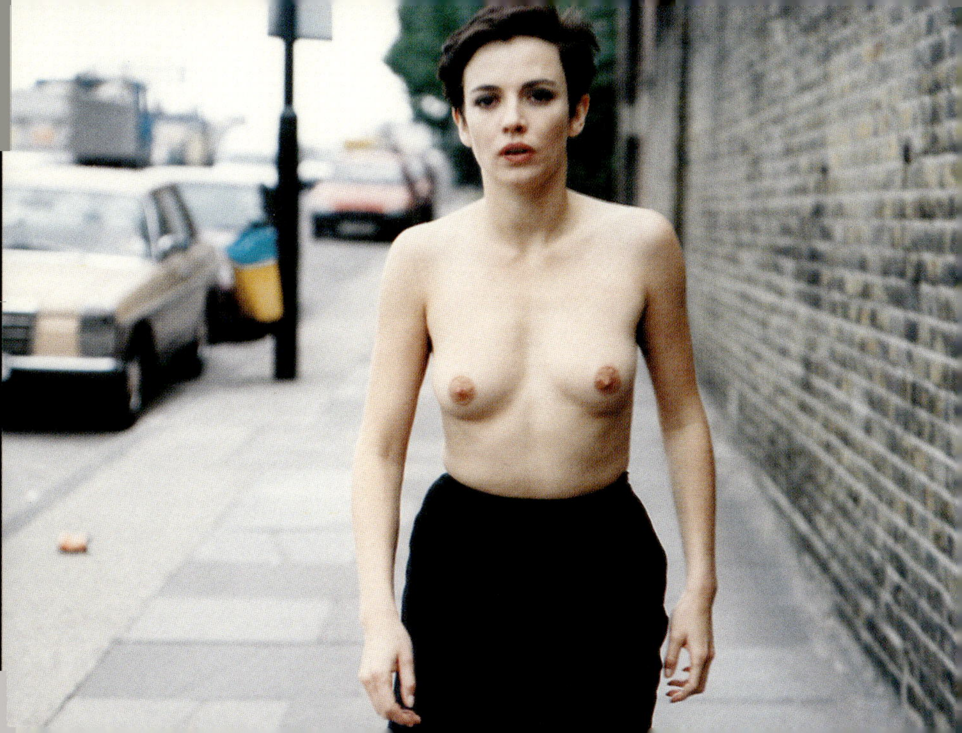

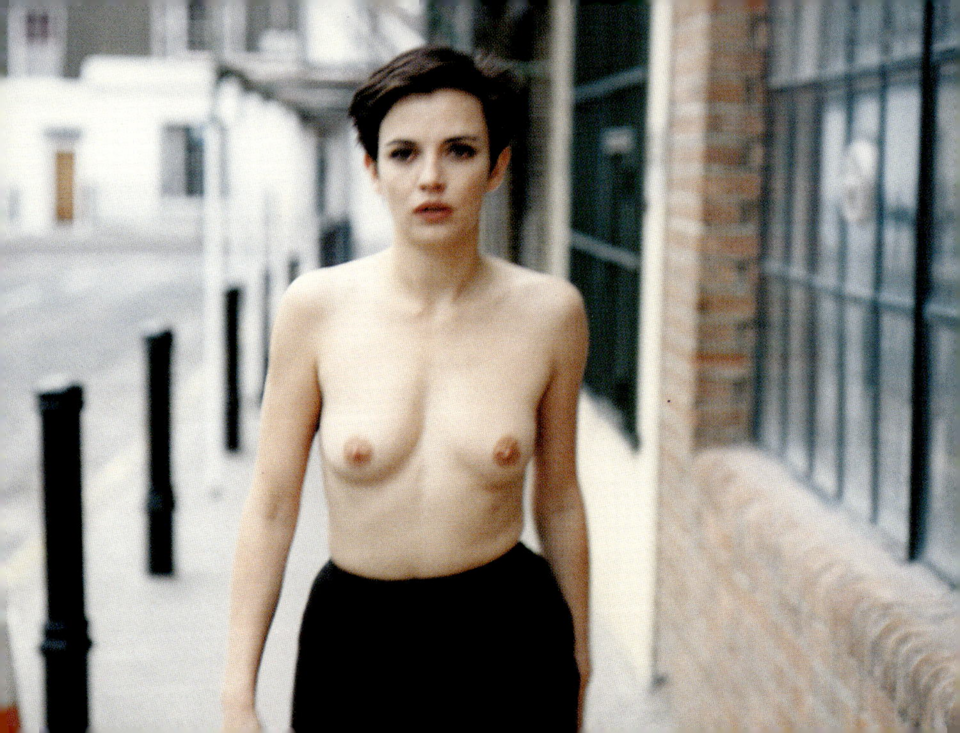

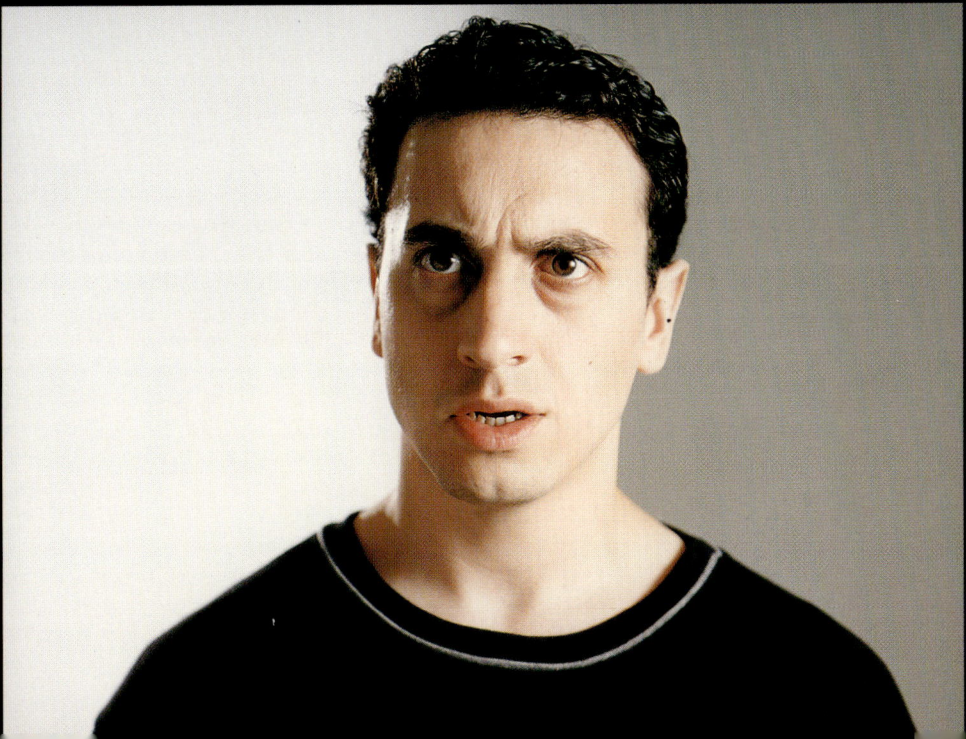

In *Spankers Hill*, I dressed as a rabbit frightened by the headlights of a car, and at the time I was living in an almost frozen condition. Finally, in *Slut*, I appear strongly made-up, almost like a pin-up from an erotic magazine, a practically masked figure. Violent bite marks are on my neck; they have left their mark but were made without passion. I wanted to offer myself as a term of abuse, even if I was showing an extremely passionate relationship.

Your iconography is loaded with images at the intersection between psychosis and normality, and arguments, delirium and madness, erotic perversity, relationships and dialogue return as clear constants, a clash between idealization and the consolidation of a perverse neurosis. Thus we are facing a transitional language (Winnicott), where people are engaged in an exploration of the fantasies and the emotions of their inner world. In analysis they unconsciously tend to destroy the situation and find themselves in a continuous duality of being, between pleasure and suffering, between love and hate, between eroticism and pornography. Your work is a "tiller" that is put up between these universes; one walks around them in Five Revolutionary Seconds*, but it subverts or at least perverts the relationships.*

I would say, in all the photographic works, I am looking for their *summa*, from *Fuck, Suck, Spank, Wank* to *Five Revolutionary Seconds,* to *Soliloquy*, or in the film pieces, from *Pent-Up* to *Atlantic,* to *Sustaining the Crisis* which unfold within the same space, whether photographed or illuminated by the projection. I am trying to gather a complete series of human feelings, even if reflected in more than one person. The same room is the setting for eroticism, rage, pensiveness, creativity, repulsion, anxiety, joy, anguish, pleasure. It is as if I wanted to explain the entire range of the emotional or existential world. I would like to produce everything, without constructing a story, to stay with the individual moments, the individual personalities, the individual passions and the individual obsessions.

If I must conclude with a final analogy, I would compare your work to the construction of a piano, an object that systematically appears in all your works, both as a solitary element and together with people who play it. Your work, in particular the Five Revolutionary Seconds *works, as well as the* Soliloquy *series, seem to me like a keyboard, where the individual music keys are replaced by portions of images and environments, characters and things. A musical instrument, where the "coda" and keys can be depicted in the singularity of a person stretched out or walking, seated or sleeping, which guarantees to all the executions of an interpretation through emotions and sentiments, according to criteria of passionate discernment that are entrusted to the inner ear that each of us possesses and is permitted to play. On the keyboard of your piano are the sounds of daily life, mental and sensual, fantastic and banal. They are present and effective, and only need partners who are capable of giving them musicality.*

Hysteria

1997
proiezione laser
disc e sonoro;
girato in 16 mm

laser disc projection
with sound; shot
on 16 mm film

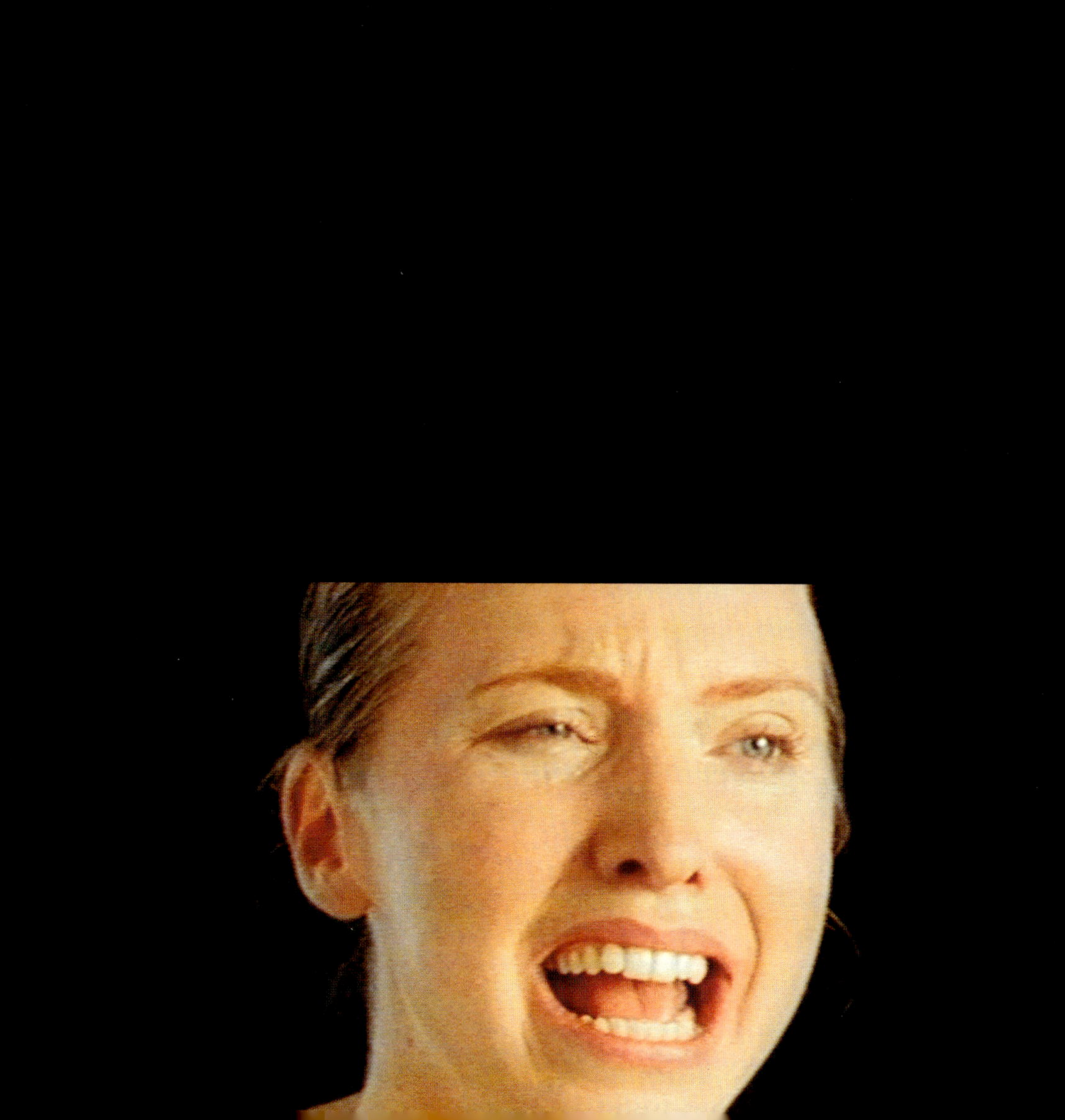

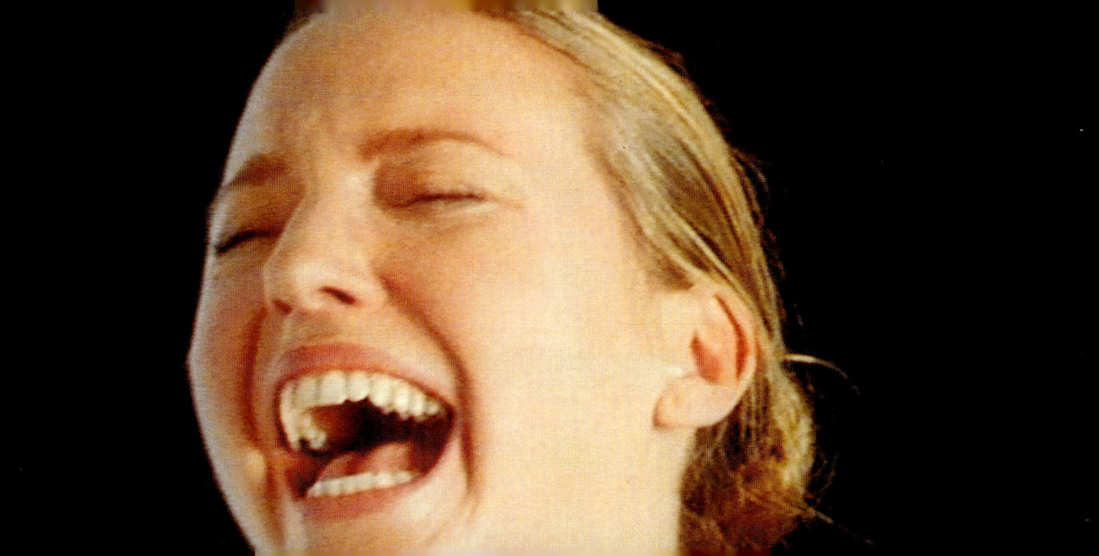

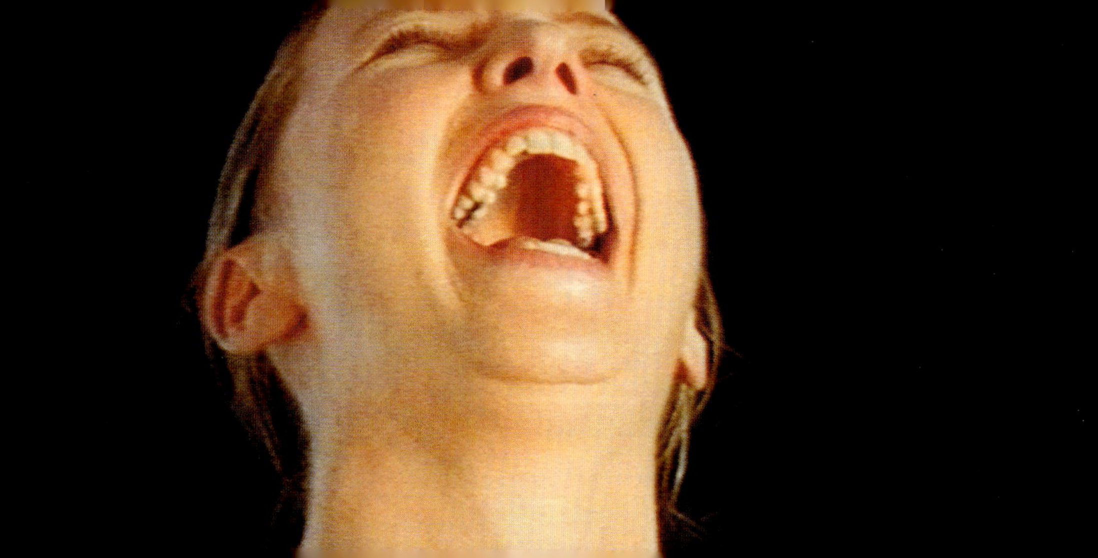

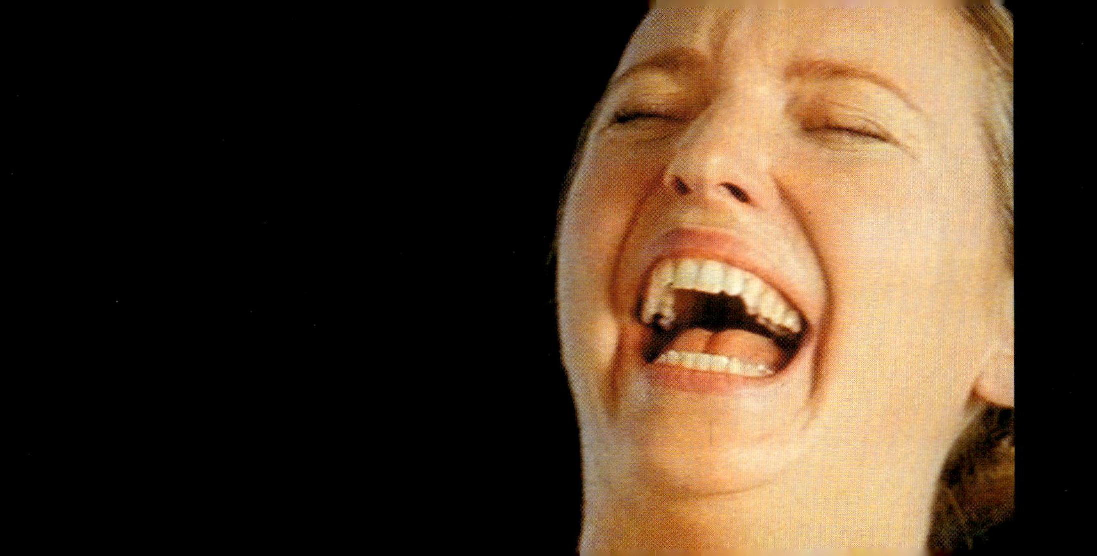

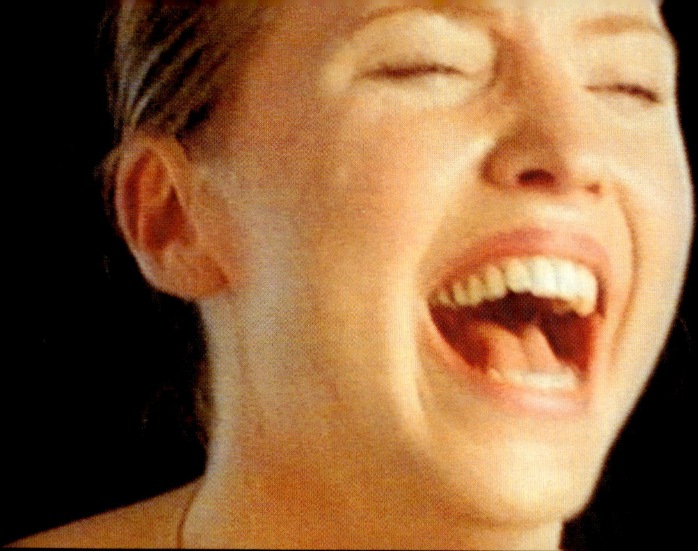

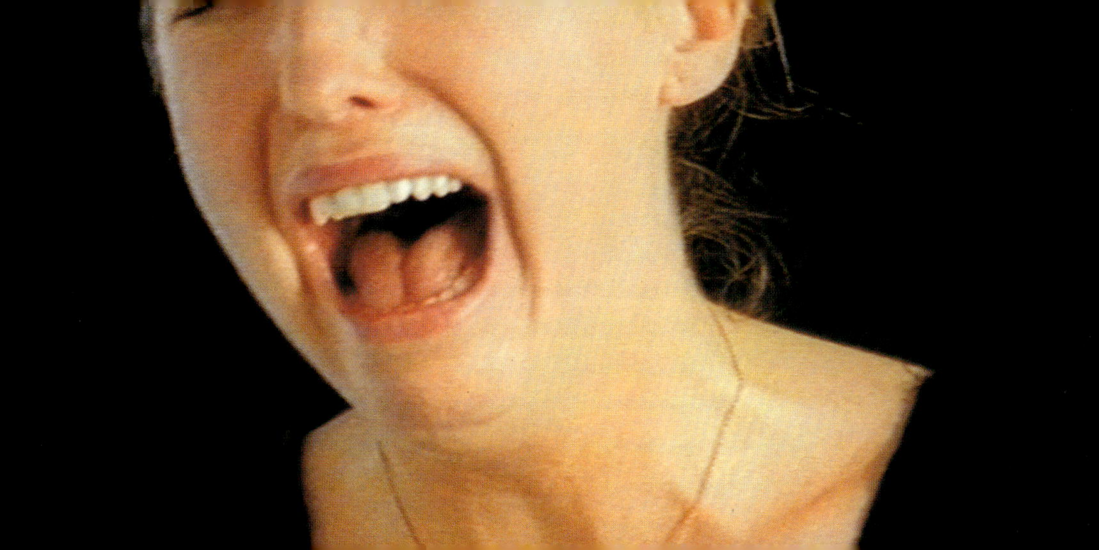

Soliloquy I

1998
stampa fotografica
a colori

colour photograph

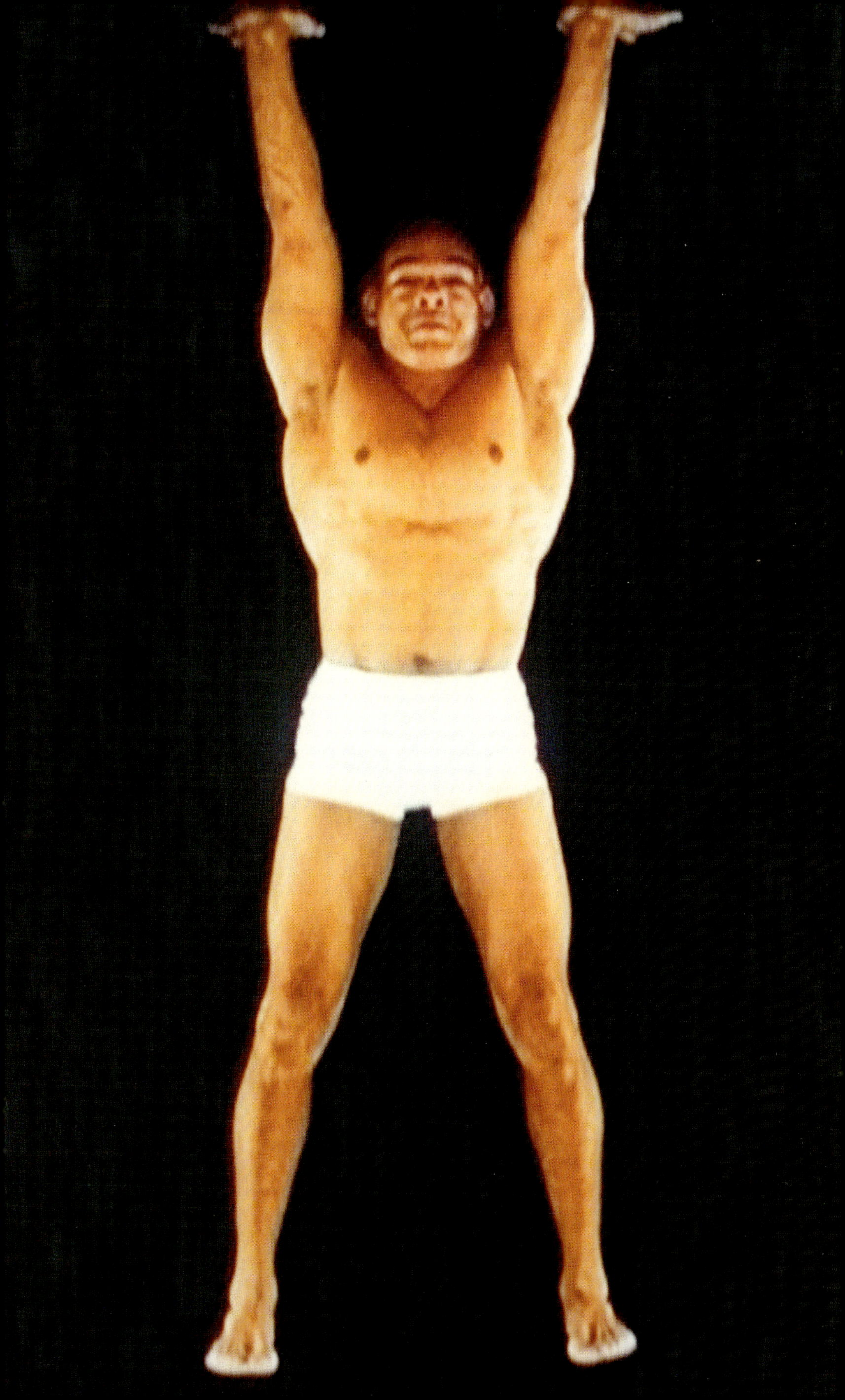

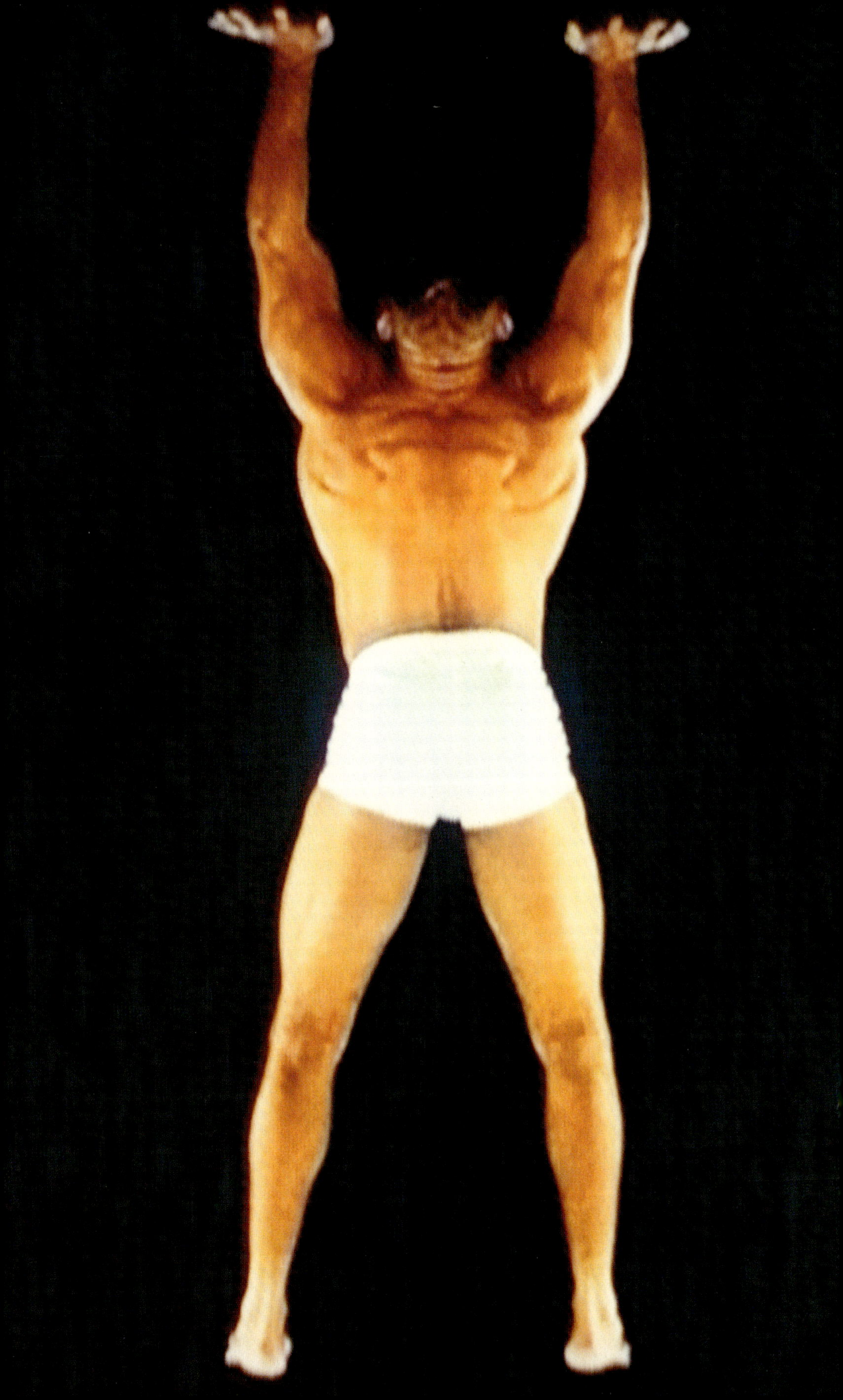

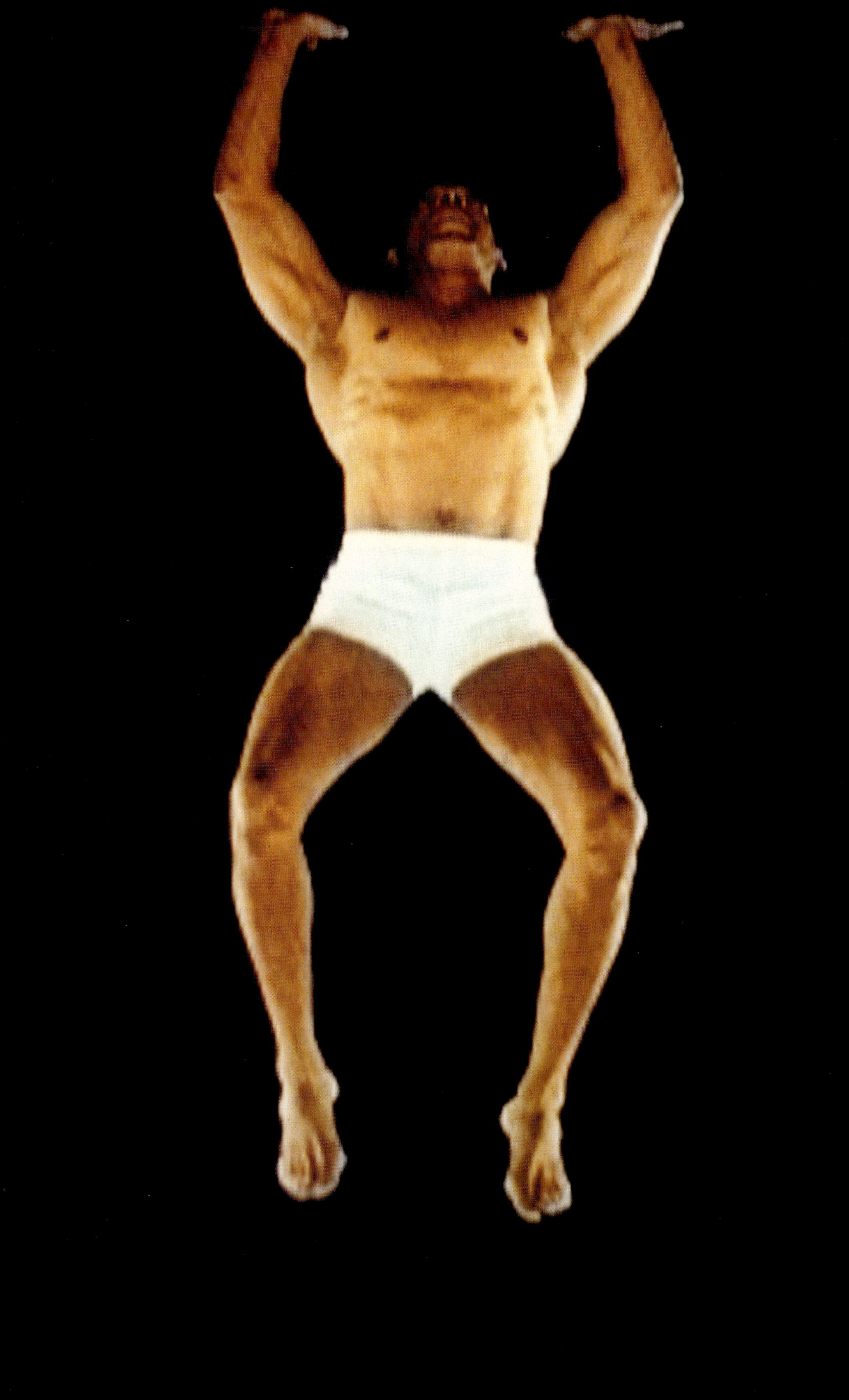

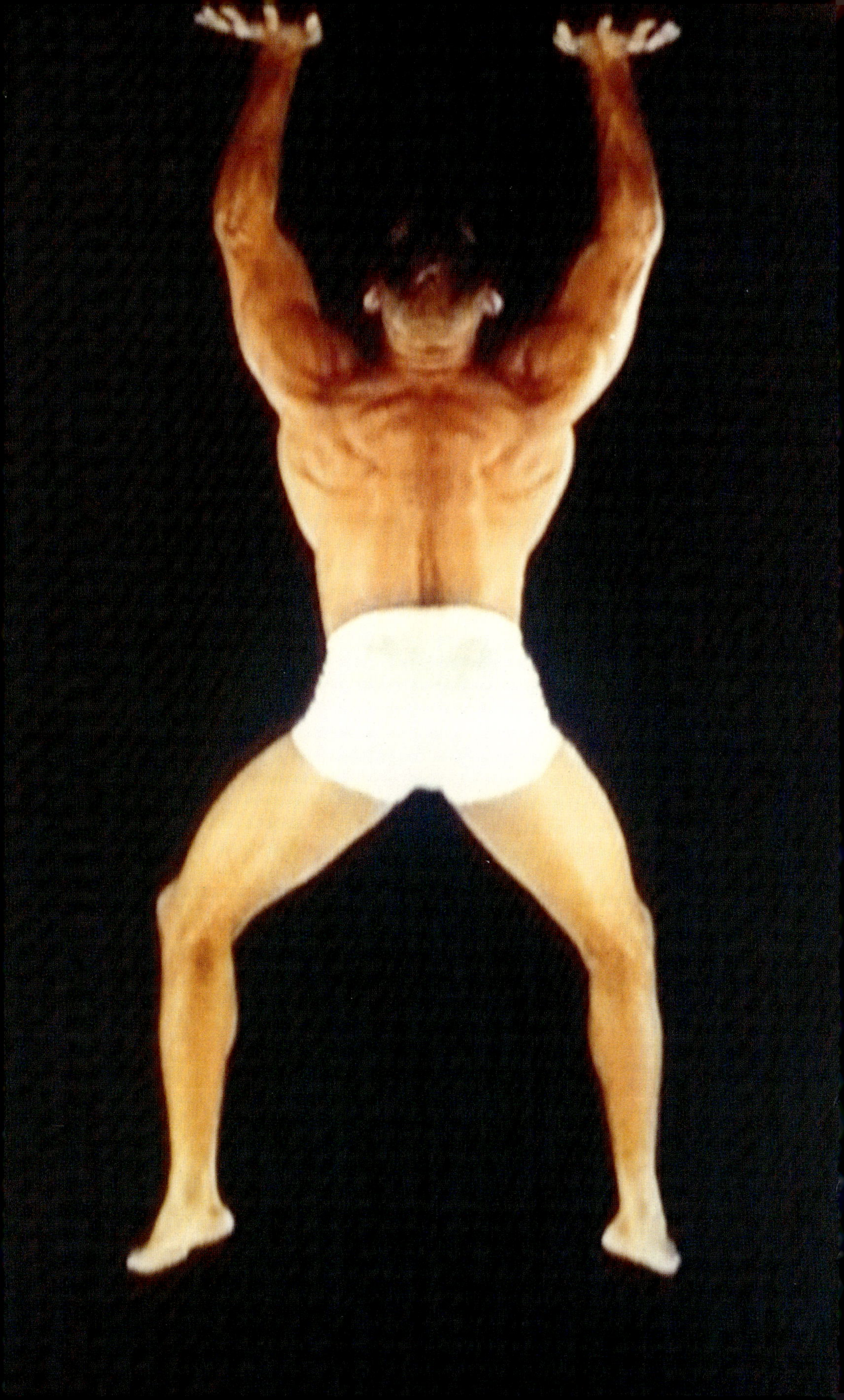

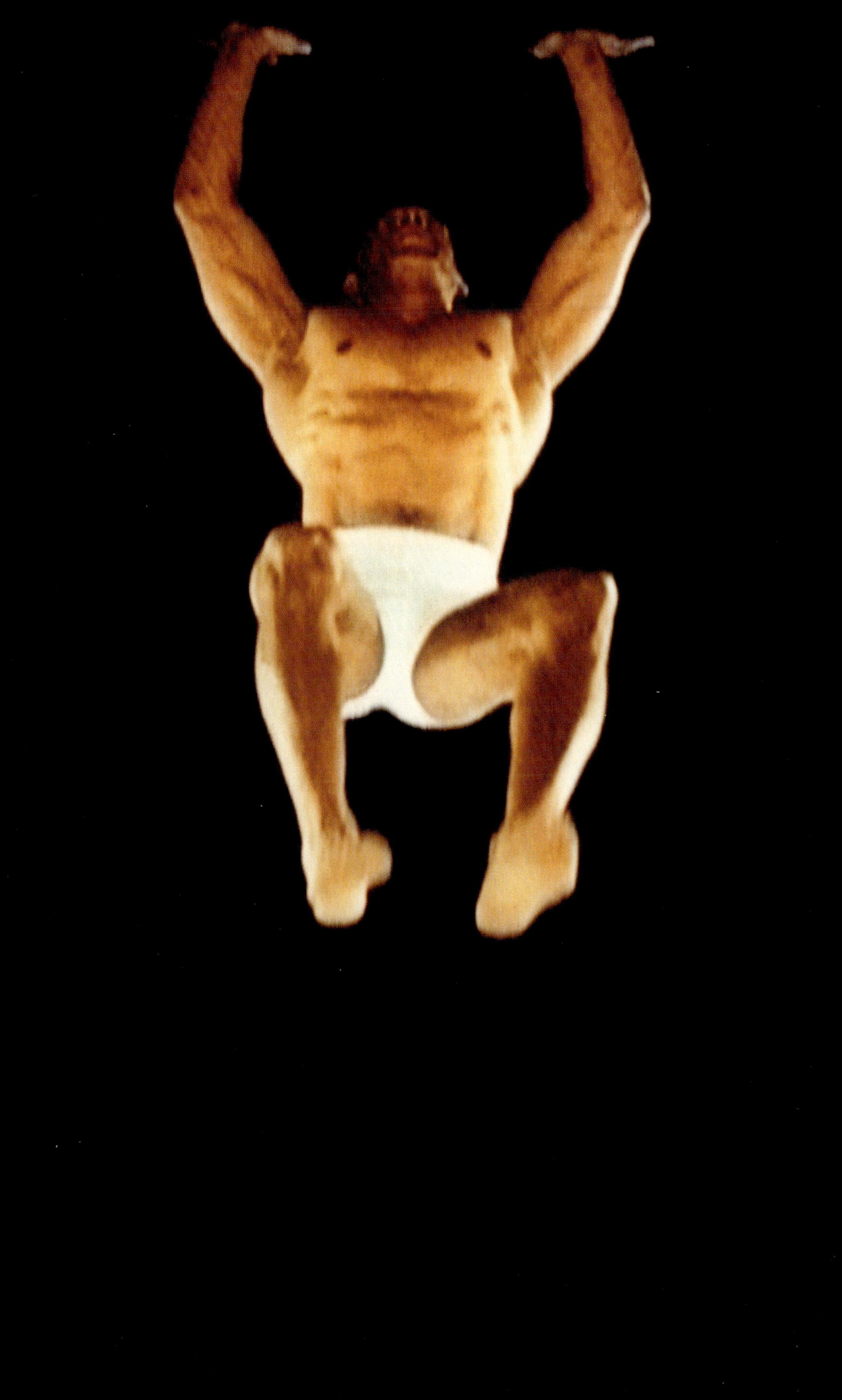

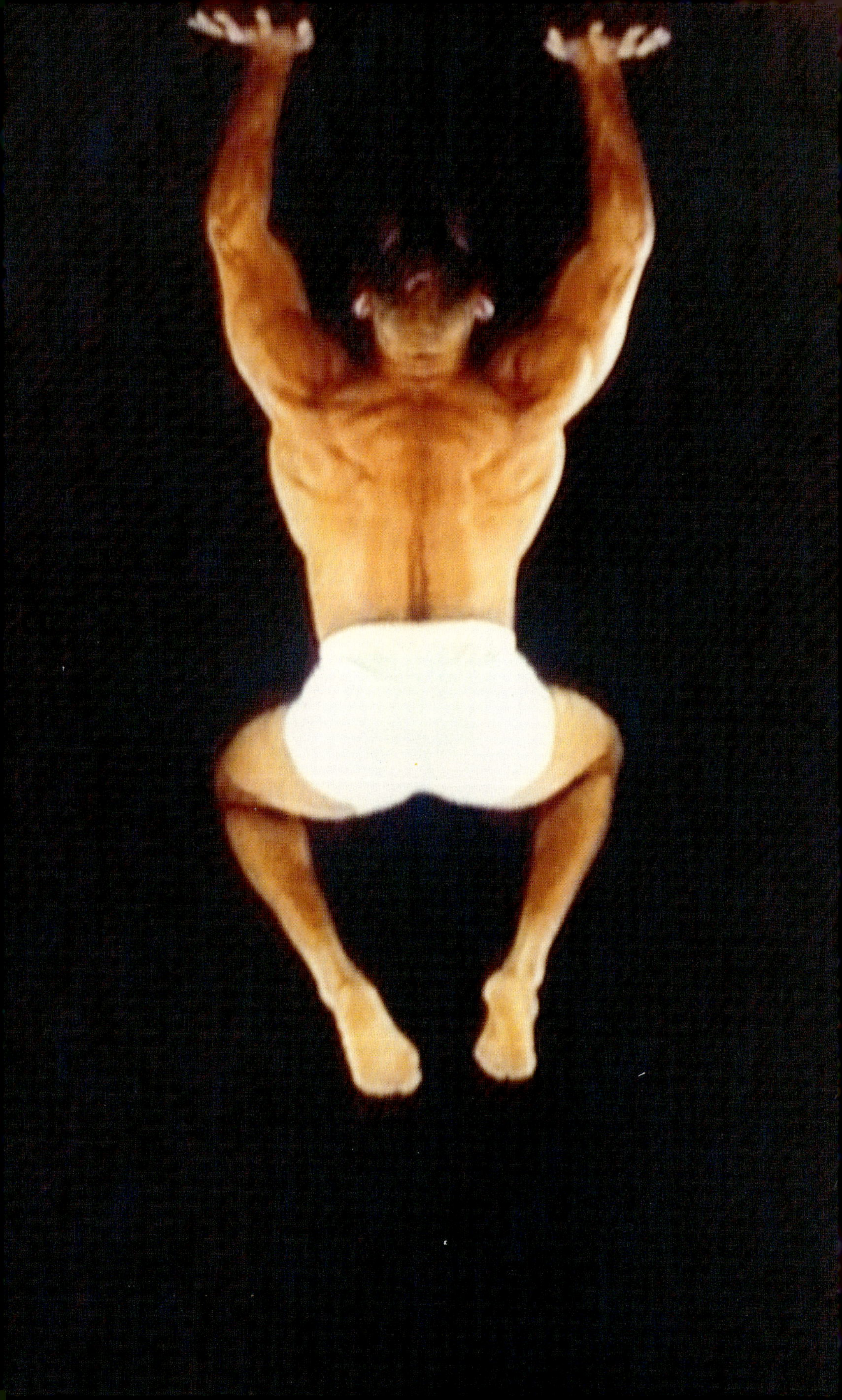

Elenco delle opere
List of Works

Per tutte le immagini, se non diversamente specificato: courtesy Jay Jopling/White Cube (London).

Unless otherwise stated all images are courtesy Jay Jopling/White Cube (London).

pp. 40-41
Fuck, Suck, Spank, Wank
1993
stampa
print
145 × 106 cm

pp. 42-43
Slut
1993
fotografia a colori
colour photograph
50 × 41 cm

pp. 44-45
October 26, 1993
1993
fotografia a colori
colour photograph
58,5 × 48,5 cm

pp. 46-47
Spankers Hill
1994
fotografia a colori
colour photograph
50 × 41 cm

pp. 53-63
Five Revolutionary Seconds I
1995
stampa fotografica a colori su vinile e sonoro
colour photograph on vinyl and sound
72 × 757 cm
pp. 54-55
installazione_installation
pp. 56-57
particolare_detail
pp. 59-63
opera_work

pp. 64-73
Five Revolutionary Seconds II
1995
stampa fotografica a colori su vinile e sonoro
colour photograph on vinyl and sound
72 × 757 cm
pp. 64-68
opera_work
pp. 72-73
particolare_detail

pp. 75-81
Five Revolutionary Seconds III
1996
stampa fotografica a colori su vinile e sonoro
colour photograph on vinyl and sound
72 × 757 cm
pp. 76-77
installazione_installation
Kunsthalle (Zürich)
© Alexander Troehler
pp. 78-79
particolare_detail
pp. 80-81
opera_work

pp. 83-89
Five Revolutionary Seconds IV
1996
stampa fotografica a colori su vinile e sonoro
colour photograph on vinyl and sound
72 × 757 cm
pp. 84-85
installazione_installation
pp. 86-87
particolare_detail
pp. 88-89
opera_work

pp. 91-99
Five Revolutionary Seconds V
1996
stampa fotografica a colori su vinile e sonoro
colour photograph on vinyl and sound
72 × 757 cm
pp. 92-93
particolare_detail
pp. 95-99
opera_work

pp. 100-113
Five Revolutionary Seconds IX
1997
stampa fotografica a colori su vinile e sonoro
colour photograph on vinyl and sound
109 × 777 cm
pp. 100-104
opera_work
pp. 108-109
installazione_installation
5th Istanbul Biennal

pp. 112-113
particolare_detail

pp. 115-125
Five Revolutionary Seconds VI
1996
stampa fotografica a colori
su vinile e sonoro
colour photograph on vinyl
and sound
72 ×757 cm
pp. 116-117
particolare_detail
pp. 118-119
opera_work

pp. 121-125
Five Revolutionary Seconds VII
1997
stampa fotografica a colori
su vinile e sonoro
colour photograph on vinyl
and sound
118 × 791 cm
pp. 122-123
particolare_detail
pp. 124-125
opera_work

pp. 127-131
Five Revolutionary Seconds VIII
1997
stampa fotografica a colori
su vinile e sonoro
colour photograph on vinyl
and sound
106 × 764 cm
pp. 128-129
particolare_detail
pp. 130-131
opera_work

pp. 133-143
Five Revolutionary Seconds XI
1997
stampa fotografica a colori
su vinile e sonoro
colour photograph on vinyl
and sound
72 × 757 cm
pp. 134-135
particolare_detail
pp. 139-143
opera_work

pp. 144-155
Five Revolutionary Seconds XIII
1998
stampa fotografica a colori
su vinile e sonoro
colour photograph on vinyl
and sound
113,7 × 775 cm
pp. 144-148
opera_work
pp. 152-153
installazione_installation
Tate Gallery (London)
© Stephen White
pp. 154-155
particolare_detail

pp. 157-163
Five Revolutionary Seconds X
1997
stampa fotografica a colori
su vinile e sonoro
colour photograph on vinyl
and sound
106,7 × 700 cm
pp. 158-159
installazione_installation
Mary Boone (New York)
pp. 160-161
particolare_detail
pp. 162-163
opera_work

pp. 165-169
Five Revolutionary Seconds XII
1998
stampa fotografica a colori
su vinile e sonoro
colour photograph on vinyl
and sound
109,5 ×792 cm
pp. 166-167
particolare_detail
pp. 168-169
opera_work

pp. 173-177
Wrecked
1996
stampa fotografica a colori
colour photograph
152,4 × 396,5 cm
pp. 174-175
installazione_installation
Donald Young Gallery (Seattle)
© Eduardo Calderon
pp. 176-177
opera_work

pp. 179-183
Cry Laughing
1997
stampe fotografiche a colori
su alluminio
colour photographs on aluminium
8 pannelli, ogni pannello:
40,7 × 30,5 cm
8 panels, each panel:
40,7 × 30,5 cm
pp. 180-181
installazione_installation
Kunsthalle (Zürich)
© Alexander Troehler
pp. 182-183
opera_work
© Stephen White

pp. 186-191
16 mm
1993
film 16 mm e sonoro:
mitragliatrice
16 mm film with sound:
machine gun fire
proiezione a ciclo continuo
looped film

pp. 193-201
Killing Time
1994
video proiezione con colonna sonora:
Richard Strauss, *Elettra*
video projection with soundtrack:
Richard Strauss, *Electra*
60 minuti
60 mins.
committenza_commissioned by
The Showroom (London)
pp. 194-195
installazione_installation
The Showroom (London)
© Hugo Glendinning
pp. 196-197
installazione_installation
Museum of Modern Art (Toyama)
pp. 198-201
particolari_details

pp. 203-209
Brontosaurus
1995
video proiezione con colonna sonora:
Samuel Barber, *Adagio per archi*
video projection with soundtrack:
Samuel Barber, *Adagio for Strings*
10 minuti
10 mins.
pp. 204-205
installazione_installation
Galleri Andreas Brändström
(Stockholm)
© Per Hüttner
pp. 206-209
particolari_details

pp. 211-217
Method in Madness
1994
proiezione laser disc con colonna sonora: Beastie Boys, *Ricky's Theme*; girato in 16 mm
laser disc projection with soundtrack: Beastie Boys, *Ricky's Theme;* shot on 16 mm film
10 minuti
10 mins.
pp. 212-213
installazione_installation
pp. 214-217
particolari_details

pp. 219-229
Travesty of a Mockery
1995
video proiezione su due schermi e sonoro: canali radiofonici
two screen video projection with sound: various radio channels
10 minuti
10 mins.
pp. 220-221
installazione_installation
White Cube (London)
© Stephen White
pp. 222-228
particolari_details

pp. 231-245
Pent-Up
1996
proiezione laser disc su cinque schermi e sonoro; girato in 16 mm
five screen laser disc projection with sound; shot on 16 mm film
10 minuti, 30 secondi
10 mins. 30 secs.
pp. 232-233
installazione_installation
Chisenhale Gallery (London)
Courtesy Chisenhale Gallery (London)
pp. 236-245
particolari_details
© Justin Westover

pp. 247-255
Knackered
1996
video proiezione con colonna sonora: lirica interpretata da un castrato; girato in 16 mm
video projection film with soundtrack: the last castrato recording; shot on 16 mm film
3 minuti, 5 secondi
3 mins. 5 secs.
pp. 248-249
installazione_installation
Centro Cultural de Belem, Lisbon
pp. 250-255
particolari_details

pp. 257-265
Atlantic
1997
proiezione laser disc su tre schermi e sonoro; girato in 16 mm
three screen laser discs projection with sound; shot on 16 mm film
10 minuti
10 mins.
pp. 258-259
installazione_installation
Biennale di Venezia_Venice Biennale
pp. 260-261
installazione_installation
Tate Gallery (London)
© Stephen White
pp. 262-264
particolari_details
© Justin Westover

pp. 266-269
Sustaining the Crisis
1997
proiezione laser disc su due schermi e sonoro; girato in 16 mm
two screen laser disc projection with sound; shot on 16 mm film
8 minuti, 55 secondi
8 mins. 55 secs.
pp. 267-269
particolari_details
© Justin Westover

pp. 271-277
Hysteria
1997
proiezione laser disc e sonoro; girato in 16 mm
laser disc projection with sound; shot on 16 mm film
8 minuti
8 mins.

pp. 278-280
Soliloquy I
1998
stampa fotografica a colori
colour photograph
211 × 257 cm

pp. 282-284
Soliloquy II
1998
stampa fotografica a colori
colour photograph
207 × 257 cm

pp. 286-288
Soliloquy III
1998
stampa fotografica a colori
colour photograph
227 × 257 cm

pp. 290-292
Soliloquy IV
1998
stampa fotografica a colori
colour photograph
222 × 257 cm

pp. 294-296
Soliloquy V
1998
stampa fotografica a colori
colour photograph
225 × 257 cm

pp. 298-309
Noli Me Tangere
1998
proiezione laser disc su due schermi e sonoro; girato in 16 mm
two screen laser disc projection with sound; shot on 16 mm film
4 minuti, 24 secondi
4 mins. 24 secs

Illustrazioni
Illustrations

crediti/credits

p. 23
Bruce Nauman
Violent Incident
1986
© Tate Gallery (London)

p. 39
Henry Wallis
Morte di Chatterton
Death of Chatterton
1854
© Tate Gallery (London)

p. 151
Diego Velázquez
Venere allo specchio
The Toilet of Venus
1650
© National Gallery (London)
1854

p. 314
Durante la lavorazione
di "Noli Me Tangere"
Making of "Noli Me Tangere"
1998
© Johnnie Shand Kydd

p. 315
Durante la lavorazione di "Knackered"
Making of "Knackered"
1996
Courtesy Jay Jopling/White Cube
(London)

pp. 316-317
Durante la lavorazione di "Atlantic"
Making of "Atlantic"
1997
© Justin Westover

pp. 318-319
Pet Shop Boys
"Somewhere, live at the Savoy"
1997
© 1997 Pet Shop Boys
Partnership LTD

p. 321
Durante la lavorazione
di "Sustaining the Crisis"
Making of "Sustaining the Crisis"
1997
© Justin Westover

pp. 322-323
Durante la lavorazione di "Soliloquy I"
Making of "Soliloquy I"
1998
© Gautier Deblond

pp. 324-325
Durante la lavorazione di "Misfit"
Making of "Misfit"
1996
© Justin Westover

p. 326
Durante la lavorazione
di "Five Revolutionary Seconds V"
Making of "Five
Revolutionary Seconds V"
1996
© Johnnie Shand Kydd

p. 327
Durante la lavorazione
di "Soliloquy I"
Making of "Soliloquy I"
1998
© Gautier Deblond

p. 328
Durante la lavorazione
di "Noli Me Tangere"
Making of "Noli Me Tangere"
1998
© Sam Taylor-Wood

pp. 330-331
Ritratto di Sam Taylor-Wood
Portrait of Sam Taylor-Wood
1998
© Johnnie Shand Kydd

Bio-bibliografia

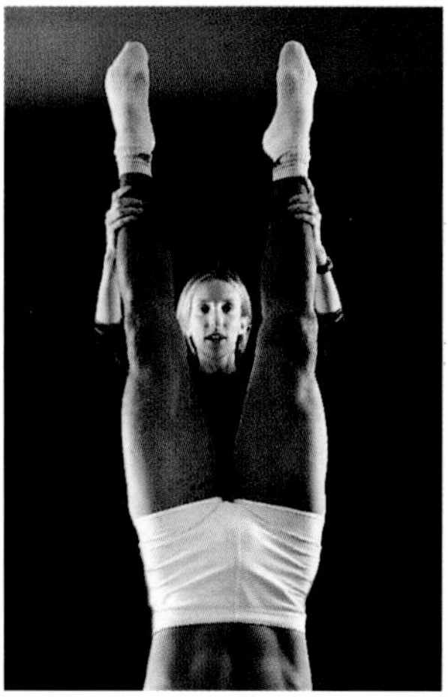

Durante la lavorazione
di "Noli Me Tangere"
Making of "Noli Me Tangere"
1998

1967
Nasce a Londra

1990
Si diploma al Goldsmith's College di Londra

Vive e lavora a Londra

Mostre personali

1994
"Sam Taylor-Wood. Killing Time", The Showroom, London, 22 giugno-17 luglio [catalogo]
Opere esposte: *Killing Time* (1994)

1995
"Sam Taylor-Wood", Gallerie Andreas Brändström, Stockholm, 8 aprile-14 maggio
Opere esposte: *Brontosaurus* (1995); *Untitled photographs* (1995)

"Travesty of a Mockery", White Cube/Jay Jopling, London, 1° dicembre 1995-20 gennaio 1996
Opere esposte: *Travesty of a Mockery* (1995); *Travesty* (1995); *Five Revolutionary Seconds I* (edizione) (1995); *Five Revolutionary Seconds II* (edizione) (1995)

1996
"Pent-Up", Chisenhale Gallery, London, 11 settembre-27 ottobre; Northern Gallery for Contemporary Art, City Library and Arts Centre, Sunderland, 14 gennaio-22 febbraio 1997 [catalogo]
Opere esposte: *Pent-Up* (1996)

"16 mm", Ridinghouse Editions, London, 6 novembre-7 dicembre
Opere esposte: *16 mm* (1993)

1997
"Sam Taylor-Wood: Five Revolutionary Seconds", Sala Montcada de la Fundació "la Caixa", Barcelona, 12 marzo-13 aprile [catalogo]
Opere esposte: *Five Revolutionary Seconds VII* (e sonoro) (1997); *Five Revolutionary Seconds VIII* (e sonoro) (1997); *Five Revolutionary Seconds IX* (e sonoro) (1997)

Mostra personale, Kunsthalle, Zürich, 1° novembre-28 dicembre [catalogo]
Opere esposte: *Brontosaurus* (1995); *Travesty of a Mockery* (1995); *Pent-Up* (1996); *Five Revolutionary Seconds II* (e sonoro) (1995); *Five Revolutionary Seconds III* (e sonoro) (1996); *Five Revolutionary Seconds IV* (e sonoro) (1996); *Five Revolutionary Seconds V* (e sonoro) (1996); *Five Revolutionary Seconds VIII* (e sonoro) (1997); *Wrecked* (1996); *Cry Laughing* (1997)

"Sustaining the Crisis", Regen Projects, Los Angeles, 6 dicembre 1997-17 gennaio 1998
Opere esposte: *Sustaining the Crisis* (1997)

1998
Mostra personale, Louisiana Museum of Modern Art, Humlebæk, 21 febbraio-10 maggio [catalogo]
Opere esposte: *Killing Time* (1994); *Atlantic* (1997); *Sustaining the Crisis* (1997); *Five Revolutionary Seconds II* (e sonoro) (1995); *Five Revolutionary Seconds III* (e sonoro) (1996); *Five Revolutionary Seconds IV* (e sonoro) (1996); *Five Revolutionary Seconds IX* (e sonoro) (1997); *Five Revolutionary Seconds X* (e sonoro) (1997)

Mostra personale, Donald Young Gallery, Seattle, 1° aprile-2 maggio
Opere esposte: *Hysteria* (1997); *Cry Laughing* (1997)

Mostre collettive: una selezione

1991
"Show Hide Show", Anderson O'Day Gallery, London, 11 luglio-10 agosto (prorogata fino a metà settembre)
Opere esposte: *Barrier Method I* (1991); *Barrier Method II* (1991)

1992
Mostra collettiva (Sam Taylor-Wood, Dinos Chapman, Jake Chapman, James White), Clove Two Gallery, London, 24 aprile-24 maggio [catalogo]
Opere esposte: *A Gesture Towards Abstract Painting 1* (1992); *A Gesture Towards Abstract Painting 2* (1992); *A Gesture Towards Abstract Painting 3* (1992)

1993
"Information Dienst", Kunsthalle, Stuttgart [catalogo]
Opere esposte: progetto

"Close Up", Time Square, New York
Opere esposte: *Fuck, Suck, Spank, Wank* (1993)

"Wonderful Life", Lisson Gallery, London, 17 luglio-16 ottobre
Opere esposte: *Fuck, Suck, Spank, Wank* (1993)

"Lucky Kunst", Silver Place, London, 14 settembre-2 ottobre
Opere esposte: *16 mm* (1993)

"Annhilation", Victoria Miro Gallery, London, 27 ottobre-19 novembre
Opere esposte: *Colours I* (1993); *Colours II* (1993); *Colours III* (1993)

"Consider the End. Sam Taylor-Wood and PPQ", HQ, Redchurch Street, London, 5-19 novembre
Opere esposte: *Swastika* (1993)

Bio-bibliography

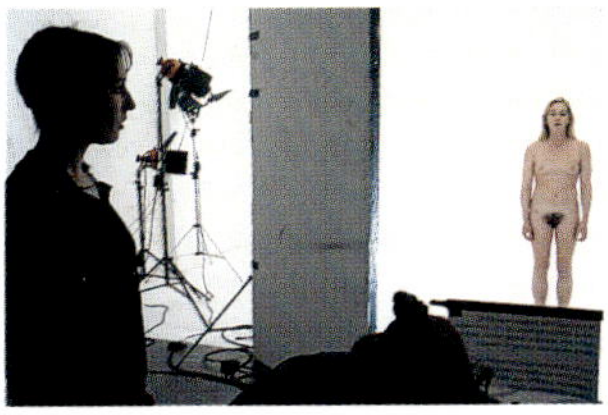

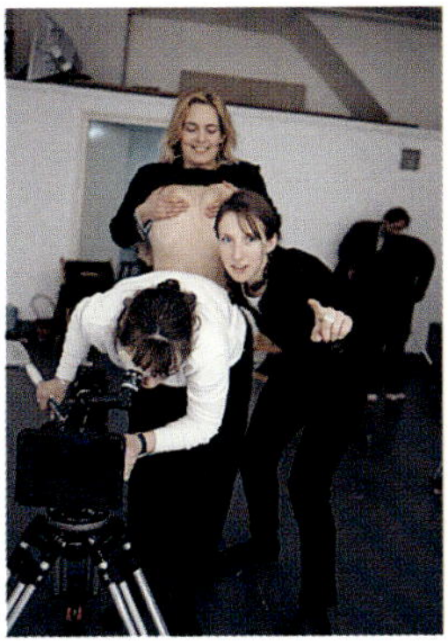

Durante la lavorazione
di "Knackered"
Making of "Knackered"
1996

1967
Born, London

1990
Graduated, Goldsmith's College, London

Currently lives and works in London

Solo Exhibitions

1994
"Sam Taylor-Wood. Killing Time", The Showroom, London, 22 June-17 July [catalogue]
Works exhibited: *Killing Time* (1994)

1995
"Sam Taylor-Wood", Gallerie Andreas Brändström, Stockholm, 8 April-14 May
Works exhibited: *Brontosaurus* (1995); *Untitled photographs* (1995)

"Travesty of a Mockery", White Cube/Jay Jopling, London, 1 December 1995 -20 January 1996
Works exhibited: *Travesty of a Mockery* (1995), *Travesty* (1995); *Five Revolutionary Seconds I* (edition) (1995); *Five Revolutionary Seconds II* (edition) (1995)

1996
"Pent-Up", Chisenhale Gallery, London, 11 September-27 October; Northern Gallery for Contemporary Art, City Library and Arts Centre, Sunderland, 14 January-22 February [catalogue]
Works exhibited: *Pent-Up* (1996)

"16 mm", Ridinghouse Editions, London, 6 November-7 December
Works exhibited: *16 mm* (1993)

1997
"Sam Taylor-Wood: Five Revolutionary Seconds", Sala Montcada de la Fundació "la Caixa", Barcelona, 12 March-13 April [catalogue]
Works exhibited: *Five Revolutionary Seconds VII* (and sound) (1997); *Five Revolutionary Seconds VIII* (and sound) (1997); *Five Revolutionary Seconds IX* (and sound) (1997)

Solo exhibition, Kunsthalle Zürich, 1 November-28 December [catalogue]
Works exhibited: *Brontosaurus* (1995); *Travesty of a Mockery* (1995); *Pent-Up* (1996); *Five Revolutionary Seconds II* (and sound) (1995); *Five Revolutionary Seconds III* (and sound) (1996); *Five Revolutionary Seconds IV* (and sound) (1996); *Five Revolutionary Seconds V* (and sound) (1996); *Five Revolutionary Seconds VIII* (and sound) (1997); *Wrecked* (1996); *Cry Laughing* (1997)

"Sustaining the Crisis", Regen Projects, Los Angeles, 6 December 1997-17 January 1998
Works exhibited:
Sustaining the Crisis (1997)

1998
Solo exhibition, Louisiana Museum of Modern Art, Humlebæk, Denmark, 21 February-10 May [catalogue]
Works exhibited: *Killing Time* (1994); *Atlantic* (1997); *Sustaining the Crisis* (1997); *Five Revolutionary Seconds II* (and sound) (1995); *Five Revolutionary Seconds III* (and sound) (1996); *Five Revolutionary Seconds IV* (and sound) (1996); *Five Revolutionary Seconds IX* (and sound) (1997); *Five Revolutionary Seconds X* (and sound) (1997)

Solo exhibition, Donald Young Gallery, Seattle, 1 April-2 May
Works exhibited: *Hysteria* (1997); *Cry Laughing* (1997)

Selected Group Exhibitions

1991
"Show Hide Show", Anderson O'Day Gallery, London, 11 July-10 August, (extended to mid-September)
Works exhibited: *Barrier Method I* (1991); *Barrier Method II* (1991)

1992
Group exhibition (Sam Taylor-Wood, Dinos Chapman, Jake Chapman, James White), Clove Two Gallery, London, 24 April-24 May [catalogue]
Works exhibited: *A Gesture Towards Abstract Painting 1* (1992); *A Gesture Towards Abstract Painting 2* (1992); *A Gesture Towards Abstract Painting 3* (1992)

1993
"Information Dienst", Kunsthalle, Stuttgart, [catalogue]
Works exhibited: *Information exhibition*

"Close Up", Time Square, New York, 1993
Works exhibited: *Fuck, Suck, Spank, Wank* (1993)

"Wonderful Life", Lisson Gallery, London, 17 July-16 October
Works exhibited:
Fuck, Suck, Spank, Wank (1993)

"Lucky Kunst", Silver Place, London, 14 September-2 October
Works exhibited: *16 mm* (1993)

"Annhilation", Victoria Miro Gallery, London, 27 October-19 November
Works exhibited: *Colours I* (1993); *Colours II* (1993); *Colours III* (1993)

"Consider the End. Sam Taylor-

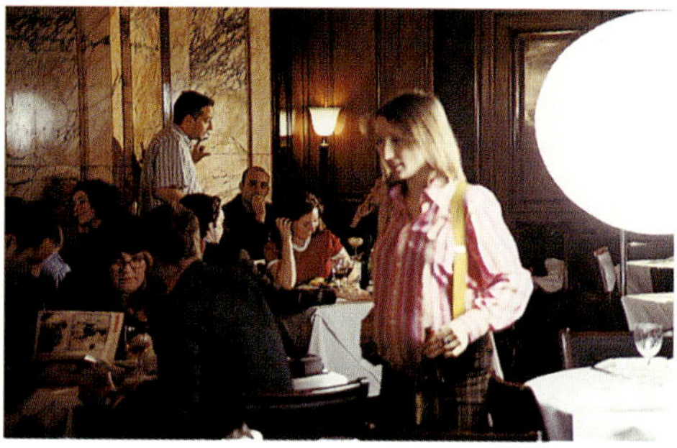

Durante la lavorazione di "Atlantic"
Making of "Atlantic"
1997

1994
"Don't Look Now",
Thread Waxing Space, New York, 22 January-26 February 1994 [catalogo]
Opere esposte: *Slut* (1993)

"Not Self Portrait",
Karsten Schubert Gallery, London, 5-28 maggio
Opere esposte: *Slut* (1993)

"Curator's Egg",
Anthony Reynolds Gallery, London, 1° giugno-1° luglio
Opere esposte: *Spankers Hill* (1994)

"Other Men's Flowers",
Paragon Press/Factual Nonsense, London, 24 giugno-23 agosto
Opere esposte: *Cunt* (1994)

1995
"Corpus Delicti",
Kunstforeningen, Copenhagen, 25 marzo-28 maggio [catalogo]
Opere esposte:
Method in Madness (1994)

"General Release",
Biennale di Venezia, estate [catalogo]
Opere esposte: progetto di catalogo

"Aperto '95",
Le Nouveau Musée, Villeurbanne, 16 giugno-23 settembre [catalogo]
Opere esposte: *Five Revolutionary Seconds I* (e sonoro) (1995)

"Sage", Galerie Michel Rein, Tours, 24 giugno-29 luglio
Opere esposte: *Five Revolutionary Seconds I* (particolari) (1995)

"Stoppage", CCC Tours, Tours, 24 giugno-26 settembre
Opere esposte: *Brontosaurus* (1995)

"The Hanging Picnic",
Factual Nonsense, London, 8 luglio
Opere esposte:
Untitled photograph (1995)

"Perfect Speed",
a cura di Catsou Roberts,
Macdonald Stewart Art Centre, Guelph, Ontario,
28 settembre-29 ottobre;
University of Southern Florida Contemporary Art Museum, Tampa, 19 gennaio-24 febbraio 1996 [catalogo]
Opere esposte: *Killing Time* (1994)

"Brill: works on paper by 'Brilliant!' artists",
Montgomery Glasoe Fine Art, Minneapolis, 20 ottobre-22 dicembre
Opere esposte:
Not Quite Brilliant (1995)

"Brilliant! New Art from London",
Walker Art Centre, Minneapolis, 22 ottobre 1995-7 gennaio 1996;
Contemporary Arts Museum, Houston, 17 febbraio-14 aprile 1996 [catalogo]
Opere esposte: *Slut* (1993); October 26, 1993 (1993); *Spankers Hill* (1994); *Killing Time* (1994)

"Masculin Feminin",
Centre Pompidou, Paris,
26 ottobre 1995-12 febbraio 1996
Opere esposte:
Fuck, Suck, Spank, Wank (1993)

"The British Art Show 4",
Manchester,
12 novembre 1995-4 febbraio 1996;
Edinburgh, 24 febbraio-28 aprile 1996;
Cardiff, 18 maggio-21 luglio 1996 [catalogo]
Opere esposte: *Killing Time* (1994); *Brontosaurus* (1995)

"Images of Masculinity",
Victoria Miro Gallery, London,
6 dicembre 1995-24 gennaio 1996
Opere esposte: *The Thinker* (1995)

1996
"Image of Self as Another",
Porin Taidemuseo, Eteläranta,
23-28 aprile
Opere esposte:
Method in Madness (1994)

"Artisti Britannici a Roma",
Festival of Contemporary British Arts, Magazzini d'Arte Moderna, Roma, 10 maggio-29 giugno [catalogo]
Opere esposte: *Wrecked* (1996); *Knackered* (1996)

"Speaking of Sofas",
ICA Biennale of Film and Video,

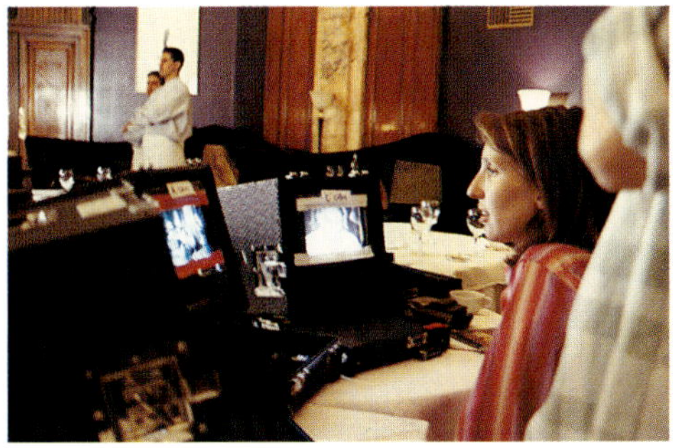

Durante la lavorazione di "Atlantic"
Making of "Atlantic"
1997

Wood and PPQ", HQ, Redchurch Street, London, 5-19 November
Works exhibited: *Swastika* (1993)

1994

"Don't Look Now",
Thread Waxing Space, New York,
22 January-26 February [catalogue]
Works exhibited: *Slut* (1993)

"Not Self Portrait", Karsten Schubert Gallery, London, 5-28 May 1994
Works exhibited: *Slut* (1993)

"Curator's Egg", Anthony Reynolds Gallery, London, 1 June-1 July
Works exhibited: *Spankers Hill* (1994)

"Other Men's Flowers",
Paragon Press/Factual Nonsense, London, 24 June-23 August
Works exhibited: *Cunt* (1994)

1995

"Corpus Delicti",
Kunstforeningen, Copenhagen,
25 March-28 May [catalogue]
Works exhibited:
Method in Madness (1994)

"General Release", Venice Biennale , Summer [catalogue]
Works exhibited: Catalogue project

"Aperto '95", Le Nouveau Musée, Villeurbanne, 16 June-23 September [catalogue]
Works exhibited: *Five Revolutionary Seconds I* (and sound) (1995)

"Sage", Galerie Michel Rein,
Tours, 24 June-29 July
Works exhibited: *Five Revolutionary Seconds I* (stills) (1995)

"Stoppage", CCC Tours, Tours,
24 June-26 September
Works exhibited: *Brontosaurus* (1995)

"The Hanging Picnic",
Factual Nonsense, London,
8 July
Works exhibited:
Untitled photograph (1995)

"Perfect Speed",
curated by Catsou Roberts,
Macdonald Stewart Art Centre,
Guelph, Ontario,
28 September-29 October;
University of Southern Florida Contemporary Art Museum, Tampa,
19 January -24 February 1996 [catalogue]
Works exhibited: *Killing Time* (1994)

"Brill: works on paper
by 'Brilliant!' artists",
Montgomery Glasoe Fine Art,
Minneapolis,
20 October-22 December
Works exhibited:
Not Quite Brilliant (1995)

"Brilliant! New Art from London",
Walker Art Centre, Minneapolis,
22 October 1995-7 January 1996;
Contemporary Arts Museum,
Houston, 17 February-14 April 1996 [catalogue]
Works exhibited: *Slut* (1993); *October 26, 1993* (1993); *Spankers Hill* (1994); *Killing Time* (1994)

"Masculin Feminin",
Centre Pompidou, Paris,
26 October1995-12 February 1996
Works exhibited:
Fuck, Suck, Spank, Wank (1993)

"The British Art Show 4",
Manchester, 12 November 1995-4 February 1996;
Edinburgh, 24 February-28 April 1996; Cardiff, 18 May-21 July 1996 [catalogue]
Works exhibited: *Killing Time* (1994); *Brontosaurus* (1995)

"Images of Masculinity",
Victoria Miro Gallery, London,
6 December--24 January 1996
Works exhibited: *The Thinker* (1995)

1996

"Image of Self as Another",
Porin Taidemuseo, Eteläranta,
23-28 April
Works exhibited:
Method in Madness (1994)

"Speaking of Sofas",
ICA Biennale of Film and Video,
ICA, London, 6-13 March
Works exhibited:
Method in Madness (1994)

"Some of My Best Friends are Geniuses",

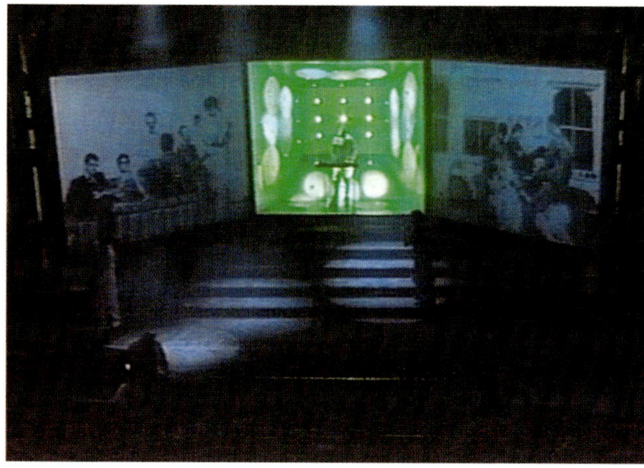

Pet Shop Boys
"Somewhere,
live at the Savoy"
1997

ICA, London, 6-13 marzo
Opere esposte:
Method in Madness (1994)

"Some of My Best Friends are Geniuses", IAS, London, 8 marzo-27 aprile [catalogo]
Opere esposte: *Wrecked* (1996)

"Prospect '96", Kunstverein, Frankfurt, 9 marzo-12 maggio [catalogo]
Opere esposte: *Five Revolutionary Seconds I* (e sonoro) (1995)

"Manifesta 1", Boymans van Beuningen, Rotterdam, 9 giugno-9 agosto [catalogo]
Opere esposte: *Five Revolutionary Seconds IV* (e sonoro) (1996)

"Other Men's Flowers", Aurel Scheibler, Köln, 30 giugno-7 settembre; The British School at Rome, Roma, 4-19 dicembre
Opere esposte: *Cunt* (1994)

"Yerselfis Steam", 85 Charlotte Street, London, 3 luglio-3 agosto
Opere esposte: *Cunt* (1993)

"Contemporary British Art", Museum of Modern Art, Toyama, 17 luglio-20 settembre
Opere esposte: *Killing Time* (1994)

"Art & Video in Europe. Electronic Undercurrents", Statens Museum für Kunst, Copenhagen, 7 settembre-30 novembre [catalogo]
Opere esposte:
Travesty of a Mockery (1995)

"The Event Horizon: Part One", The Irish Museum of Modern Art, Kilmainham, Dublin, 11 settembre-6 novembre [catalogo]
Opere esposte: *Five Revolutionary Seconds II* (e sonoro) (1995); *Knackered* (1996)

"The Last Supper", Donald Young Gallery, Seattle, 12 settembre-2 novembre
Opere esposte: *Wrecked* (1996)

"Life/Live", Musée d'Art Moderne de la Ville de Paris, 5 ottobre 1996-5 gennaio 1997; Centro de Exposições do Centro Cultural de Belém, Lisboa, 23 gennaio-21 aprile 1997 [catalogo]
Opere esposte: *Five Revolutionary Seconds III* (e sonoro) (1996); *Knackered* (1996)

"Full House: Young British Art", Kunstmuseum, Wolfsburg, 14 dicembre 1996-31 marzo 1997
Opere esposte:
Travesty of a Mockery (1995); *Knackered* (1996); *Wrecked* (1996)

1997

"The London Underground Artists", Galleria Marabini, Bologna, 21 gennaio-1° marzo
Opere esposte: *16 mm* (1993)

"Campo 6, The Spiral Village", Bonnefanten Museum, Maastricht, 26 gennaio-25 maggio
Opere esposte:
Travesty of a Mockery (1995)

"International Film Festival", Rotterdam, 28 gennaio-8 febbraio
Opere esposte: *Hysteria* (1997)

"A Ilha do Tesouro", Fundação Calouste Gulbenkian, Lisboa, 7 febbraio-4 maggio [catalogo]
Opere esposte: *Five Revolutionary Seconds II* (e sonoro) (1995)

"Such is Life", Video programme/proiezione video, Serpentine Gallery Bookshop, London, 21 ottobre-22 febbraio 1997;

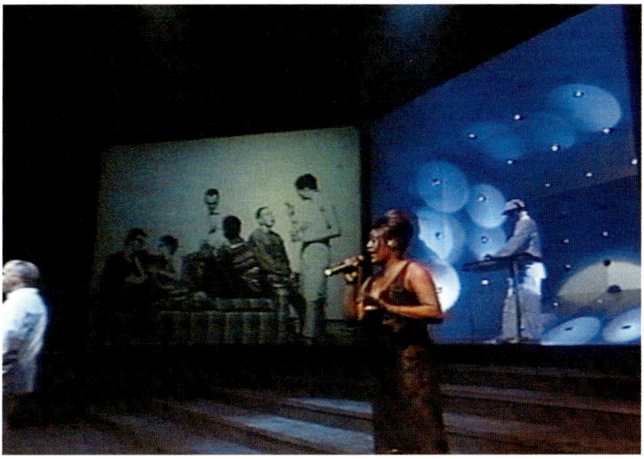

Pet Shop Boys
"Somewhere,
live at the Savoy"
1997

IAS, London,
8 March-27 April [catalogue]
Works exhibited: *Wrecked* (1996)

"Prospect '96", Kunstverein, Frankfurt, 9 March-12 May [catalogue]
Works exhibited: *Five Revolutionary Seconds I* (and sound) (1995)

"Artisti Britannici a Roma", Festival of Contemporary British Arts, Magazzini d'Arte Moderna, Rome, 10 May-29 June [catalogue]
Works exhibited: *Wrecked* (1996); *Knackered* (1996)

"Manifesta 1",
Boymans van Beuningen, Rotterdam, 9 June-9 August [catalogue]
Works exhibited: *Five Revolutionary Seconds IV* (and sound) (1996)

Aurel Scheibler, Köln, 30 June-7 September; The British School at Rome, Roma, 4-19 December
Works exhibited: *Cunt* (1994)

"Yerselfis Steam", 85 Charlotte Street, London, 3 July-3 August
Works exhibited: *Cunt* (1993)

"Contemporary British Art", Museum of Modern Art, Toyama, 17 July-20 September
Works exhibited: *Killing Time* (1994)

"Art & Video in Europe. Electronic Undercurrents", Statens Museum für Kunst, Copenhagen,
7 September-30 November [catalogue]
Works exhibited:
Travesty of a Mockery (1995)

"The Event Horizon: Part One", The Irish Museum of Modern Art, Kilmainham, Dublin,
11 September-6 November [catalogue]
Works exhibited: *Five Revolutionary Seconds II* (and sound) (1995); *Knackered* (1996)

"The Last Supper",
Donald Young Gallery, Seattle,
12 September-2 November
Works exhibited: *Wrecked* (1996)

"Life/Live", Musée d'Art Moderne de la Ville de Paris,
5 October 1996-5 January 1997; Centro de Exposições do Centro Cultural de Belém, Lisboa,
23 January-21 April 1997 [catalogue]
Works exhibited: *Five Revolutionary Seconds III* (and sound) (1996); *Knackered* (1996)

"Such is Life",
Video programme, Serpentine Gallery Bookshop, London,
21 October-22 February 1997; Palais des Beaux Arts, Bruxelles, 20 February-16 March; Herzliya Museum of Art, near Tel Aviv, 17 May-mid-July
Works exhibited: *Knackered* (1996)

"Full House: Young British Art", Kunstmuseum, Wolfsburg,
14 December 1996-31 March 1997
Works exhibited:
Travesty of a Mockery (1995); *Knackered* (1996); *Wrecked* (1996)

1997

"The London Underground Artists", Galleria Marabini, Bologna,
21 January-1 March
Works exhibited: *16 mm* (1993)

"Campo 6, The Spiral Village", Bonnefanten Museum, Maastricht,
26 January-25 May
Works exhibited:
Travesty of a Mockery (1995)

"International Film Festival", Rotterdam,
28 January-8 February
Works exhibited: *Hysteria* (1997)

Palais des Beaux Arts, Bruxelles,
20 febbraio-16 marzo;
Herzliya Museum of Art, vicino
a Tel Aviv, 17 maggio-metà luglio
Opere esposte: *Knackered* (1996)

"Sam Taylor-Wood
and Pierrick Sorin",
Creux de l'Enfer, Thiers,
7 aprile-15 giugno
Opere esposte: *Killing Time* (1994)

"Montreal Film Festival",
5-15 giugno
Opere esposte:
Method in Madness (1994)

"The King is not the Queen",
Arki Peleg Festival, Stockholm:
Cultural Capitol of Europe
(a cura di Francesco Bonami),
19 giugno-22 settembre
Opere esposte: *Brontosaurus* (1995)

"Home Sweet Home",
Deichtorhallen, Hamburg,
19 giugno-28 settembre [catalogo]
Opere esposte: *Five Revolutionary Seconds I* (edizione) (1995); *Five Revolutionary Seconds II* (edizione) (1995); *Five Revolutionary Seconds III* (edizione) (1996); *Five Revolutionary Seconds IV* (edizione) (1996); *Five Revolutionary Seconds V* (edizione) (1996); *Five Revolutionary Seconds VI* (edizione) (1996); *Five Revolutionary Seconds VII* (edizione) (1997); *Five Revolutionary Seconds VIII* (edizione) (1997); *Five Revolutionary Seconds IX* (edizione) (1997)

Biennale di Venezia, estate
Opere esposte: *Atlantic* (1997)

"Truce: Echoes of Art in an Age
of Endless Conclusions",
Site Santa Fe, New Mexico,
18 luglio-12 ottobre [catalogo]
Opere esposte: *Pent-Up* (1996)

"Package Holiday",
The Hydra Workshops,
26 luglio-30 settembre [catalogo]
Opere esposte: *Five Revolutionary Seconds IX* (edizione) (1997)

"Film and Video Umbrella's
Touring Exhibition",
UK tour, agosto 1997-1998
Opere esposte: *Brontosaurus* (1995)

"Pictura Britannica. Art from
Britain", Museum of Contemporary
Art, Sydney, 22 agosto-30 novembre;
Art Gallery of South Australia,
Adelaide, 19 dicembre
1997-1° febbraio 1998;
City Gallery, Wellington,
27 febbraio-26 aprile 1998 [catalogo]
Opere esposte: *Wrecked* (1996)

"Worldwide Video Festival",
Stedelijk Museum, Amsterdam,
12 settembre-5 ottobre
Opere esposte:
Travesty of a Mockery (1995)

"Strange Days. British Contemporary
Photography", Claudia Gian Ferrari
Arte Contemporanea, Milano,
18 settembre-8 novembre [catalogo]
Opere esposte: *Five Revolutionary Seconds VII* (edizione) (1997)

"Sensation", Royal Academy of Arts,
London, 18 settembre-28 dicembre;
Hamburger Bahnhof, Berlino,
29 settembre 1998-17 gennaio 1999
Opere esposte: *Killing Time* (1994);
Five Revolutionary Seconds I
(e sonoro) (1995); *Wrecked* (1996)

5a Biennale di Istanbul,
5 ottobre-9 novembre [catalogo]
Opere esposte: *Five Revolutionary Seconds IX* (e sonoro) (1997)

2a Biennale di Johannesburg,
12 ottobre 1997-18 gennaio 1998
Opere esposte: *Pent-Up* (1996)

Mostra collettiva, PSI, New York,
29 ottobre-22 dicembre
Opere esposte: *Pent-Up* (1996)

"Colección de Arte Contemporáneo
Fundació 'la Caixa'",
Sala de Exposiciones de San Esteban,
Murcia, 12 novembre-14 dicembre
Opere esposte: *Five Revolutionary Seconds VII* (e sonoro) (1997)

"History. Image-based work
in Britain in the late 20th Century",
The Ferens Art Gallery,
Kingston Upon Hull,
15 novembre 1997-18 gennaio 1998;
Fruitmarket Gallery, Edinburgh,
28 gennaio-7 marzo 1998;
Cartwright Hall, Bradford,
14 marzo-31 maggio 1998;
Orleans House, Twickenham,
2 maggio-21 giugno 1998;
Towner, Eastbourne,
8 agosto-11 ottobre 1998;
York City Art Gallery,
13 febbraio 1999-28 marzo 1999;
Laing, Newcastle, aprile-giugno 1999
[catalogo]
Opere esposte: *Spankers Hill* (1994)

"Dimensions Variable",
The British Council Touring
Exhibition, Helsinki City Art
Museum, 4 novembre 1997-18
gennaio 1998; Stockholm Royal
Academy of Free Arts, 14 febbraio-
22 marzo 1988; Soros Centre for
Contemporary Art (Ucraina),
8 aprile-7 maggio; Gallery Zacheta,
Warsan, 22 maggio- 28 giugno;
Stadtische Kunstsammlungen
Chemnitz, 11 luglio-30 agosto;
Galleria nazionale di arte moderna
di Praga, 10 settembre-1 novembre;
Zagreb Union of Croatian Artists,
25 novembre 1998-5 gennaio 1999;
Magistrat Der Stadt, Darm Stadt,
Institut Mesdolda Mathildenhöhe,
21 febbraio-5 aprile 1999 [catalogo]
Opere esposte: *Five Revolutionary Seconds VI* (e sonoro) (1996)

"A Print Portfolio from London",
Ridinghouse/Booth Clibborn

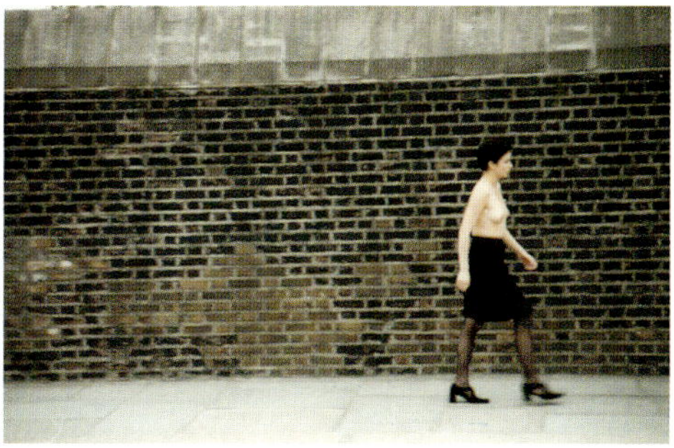

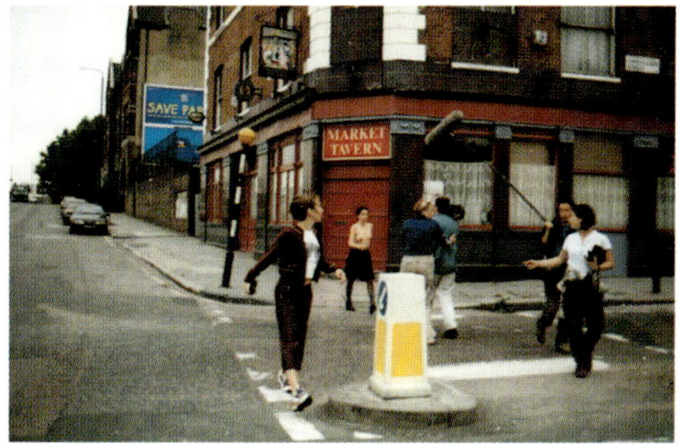

Durante la lavorazione
di "Sustaining the Crisis"
Making of "Sustaining the Crisis"
1997

"A Ilha do Tesouro", Fundação Calouste Gulbenkian, Lisboa, 7 February-4 May [catalogue]
Works exhibited: *Five Revolutionary Seconds II* (and sound) (1995)

"Sam Taylor-Wood and Pierrick Sorin", Creux de l'Enfer, Thiers, 7 April-15 June
Works exhibited: *Killing Time* (1994)

"Montreal Film Festival", 5-15 June
Works exhibited: *Method in Madness* (1994)

"The King is not the Queen". Part of Arki Peleg Festival, Stockholm: Cultural Capitol of Europe (curated by Francesco Bonami), 19 June-22 September
Works exhibited: *Brontosaurus* (1995)

"Home Sweet Home", Deichtorhallen, Hamburg, 19 June-28 September [catalogue]
Works exhibited: *Five Revolutionary Seconds I* (edition) (1995); *Five Revolutionary Seconds II* (edition) (1995); *Five Revolutionary Seconds III* (edition) (1996); *Five Revolutionary Seconds IV* (edition) (1996); *Five Revolutionary Seconds V* (edition) (1996); *Five Revolutionary Seconds VI* (edition) (1996); *Five Revolutionary Seconds VII* (edition) (1997); *Five Revolutionary Seconds VIII* (edition) (1997); *Five Revolutionary Seconds IX* (edition) (1997)

Venice Biennale, Summer
Works exhibited: *Atlantic* (1997)

"Truce: Echoes of Art in an Age of Endless Conclusions", Site Santa Fe, New Mexico, 18 July-12 October 1997 [catalogue]
Works exhibited: *Pent-Up* (1996)

"Package Holiday", The Hydra Workshops, 26 July-30 September [catalogue]
Works exhibited: *Five Revolutionary Seconds IX* (edition) (1997)

"Film and Video Umbrella's Touring Exhibition", UK tour, August -1998
Works exhibited: *Brontosaurus* (1995)

"Pictura Britannica. Art from Britain", Museum of Contemporary Art, Sydney, 22 August-30 November; Art Gallery of South Australia, Adelaide, 19 December 1997 - 1 February 1998; City Gallery, Wellington, 27 February 1998-26 April 1998 [catalogue]
Works exhibited: *Wrecked* (1996)

"Worldwide Video Festival", Stedelijk Museum, Amsterdam, 12 September-5 October
Works exhibited: *Travesty of a Mockery* (1995)

"Strange Days. British Contemporary Photography", Claudia Gian Ferrari Arte Contemporanea, Milano, 18 September-8 November [catalogue]
Works exhibited: *Five Revolutionary Seconds VII* (edition) (1997)

"Sensation", Royal Academy of Arts, London, 18 September-28 December; Hamburger Bahnhof, Berlin, 29 September-17 January 1999
Works exhibited: *Killing Time* (1994); *Five Revolutionary Seconds I* (and sound) (1995); *Wrecked* (1996)

5th Istanbul Biennial, Istanbul, 5 October-9 November [catalogue]
Works exhibited: *Five Revolutionary Seconds IX* (and sound) (1997)

2nd Johannesburg Biennale, Johannesburg, 12 October 1997-18 January 1998
Works exhibited: *Pent-Up* (1996)

Group exhibition, PSI, New York, 29 October-22 December
Works exhibited: *Pent-Up* (1996)

"Colección de Arte Contemporaneo Fundación 'la Caixa'", Sala de Exposiciones de San Esteban, Murcia, 12 November-14 December
Works exhibited: *Five Revolutionary Seconds VII* (and sound) (1997)

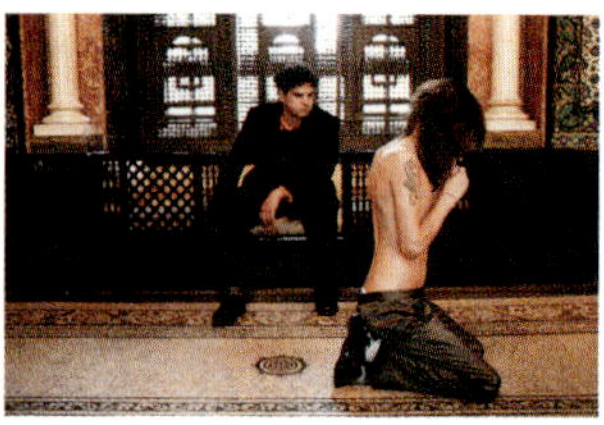

Durante la lavorazione
di "Soliloquy I"
Making of "Soliloquy I"
1998

Editions, Atle Gerhardsen, Oslo,
21 novembre-21 dicembre
Opere esposte: *Red Snow* (1997)

"Date with an Artist",
The Northern Gallery of
Contemporary Art, City Library
and Arts Centre, Sunderland,
21 novembre 1997-14 febbraio 1998
Opere esposte: *Five Revolutionary Seconds XI* (edizione) (1997)

"Stills: Emerging Photography
in the 1990s",
Walker Art Center, Minneapolis,
28 novembre 1997-8 marzo 1998
Opere esposte: *Five Revolutionary Seconds I* (e sonoro) (1995)

"New British Video Programme",
The Museum of Modern Art,
New York,
16 dicembre 1997-1° febbraio 1998
Opere esposte: *Brontosaurus* (1995)

1998

"View", Mary Boone, New York,
9 gennaio-7 febbraio
(a cura di Neville Wakefield)
Opere esposte: *Cunt* (1993);
Fuck, Suck, Spank, Wank (1993); *Red Snow* (1997); *Five Revolutionary Seconds X* (e sonoro) (1997)

"Art Energy",
Palazzo Corsini, Firenze,
10-25 gennaio
Opere esposte: *Five Revolutionary Seconds IV* (edizione) (1996)

"Close Echos. Public Body
and Artificial Space",
Galerie Hlavního Mesta, Praha,
6 marzo-31 maggio; Kunsthalle,
Krems, 20 settembre-22 novembre
[catalogo]
Opere esposte: *Brontosaurus* (1995)

"Pasajes de la Colección en Santa Fe
y Granada. Colección de Arte
Contemporaneo Fundació 'la Caixa'",
Sala de Exposiciones del Palacio
de los Condes de Gabia, Granada,
12 marzo-24 aprile
Opere esposte: *Five Revolutionary Seconds VII* (e sonoro) (1997)

"Art from the UK: Angela Bulloch,
Willie Doherty, Tracey Emin,
Sarah Lucas, Sam Taylor-Wood",
Sammlung Goetz, München,
30 marzo-2 agosto[catalogo]
Opere esposte: *16 mm* (1993);
Five Revolutionary Seconds V
(e sonoro) (1996); *Knackered* (1996)

"Real Life. New British Art",
British Council Touring Exhibition,
Tochigi Prefectural Museum
of Fine Arts, 12 aprile-31 maggio;
Fukoka City Art Museum,
27 giugno-26 luglio;
Hiroshima City Museum
of Contemporary Art,
12 agosto-23 settembre;
Tokyo Museum of Contemporary
Art, 10 ottobre-13 dicembre;
Ashiya City Museum of Art and
History, 15 gennaio-14 marzo 1999
[catalogo]
Opere esposte:
Fuck, Suck, Spank, Wank (1993);
Killing Time (1994); *Travesty of a Mockery* (1995); *Wrecked* (1996)

"Studio exhibition",
Kunsthalle, Bielefeld,
7 giugno-6 settembre
Opere esposte: *Hysteria* (1997)

"Video: Bruce Naumann,
Tony Oursler, Sam Taylor-Wood",
San Francisco Museum of Modern
Art (SFMOMA), San Francisco,
19 giugno-22 settembre
Opere esposte:
Sustaining the Crisis (1997)

"Projected Allegories",
Contemporary Arts Museum,
Houston, Texas,
26 giugno-13 settembre [catalogo]
Opere esposte: *Hysteria* (1997)

"Sam Taylor-Wood, Tracey Emin,
Gillian Wearing, Marc Quinn",
Galerija Dante Marino Cettina,
Croazia 25 luglio-31 agosto
Opere esposte:
Fuck, Suck, Spank, Wank (1993); Five *Revolutionary Seconds V* (edizione)
(1996); *Red Snow* (1997)

"Subjective Presences.
A Selection of the Collection
of Contemporary Art Fundació
'la Caixa'", Museum van
Hedendaagse Kunst, Antwerp,
9 ottobre 1998-10 gennaio 1999
Opere esposte: *Killing Time* (1994)

"New Photography",
The Museum of Modern Art,
New York,
15 ottobre 1998-12 gennaio 1999
Opere esposte:
Five Revolutionary Seconds XI
(e sonoro) (1997)

"Malos Hábitos",
Galeria Soledad Lorenzo, Madrid,
20 ottobre-21 novembre [catalogo]
Opere esposte: *Wrecked* (1996)

"The Turner Prize",
Tate Gallery, London,
28 ottobre 1998-10 gennaio 1999
[catalogo]
Opere esposte:
Five Revolutionary Seconds V
(e sonoro) (1996); *Five Revolutionary Seconds XI* (e sonoro) (1997);
Five Revolutionary Seconds XIII
(e sonoro) (1998); *Atlantic* (1997)

"Emotion. Young British
and American Art
from the Goetz Collection",
Deichtorhallen, Hamburg,
29 ottobre 1998-17 gennaio 1999
Opere esposte:
16 mm (1993); *Five Revolutionary Seconds V* (e sonoro) (1996);
Knackered (1996); *Atlantic* (1997)

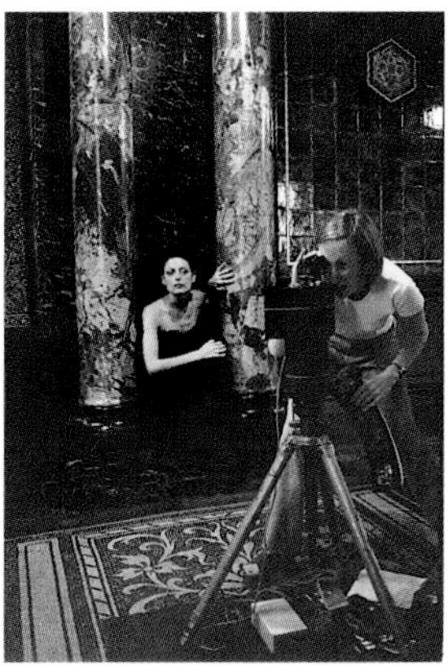

Durante la lavorazione
di "Soliloquy I"
Making of "Soliloquy I"
1998

"History. Image-based work in Britain in the late 20th Century", The Ferens Art Gallery, Kingston Upon Hull, 15 November-18 January 1998; Fruitmarket Gallery, Edinburgh, 28 January-7 March 1998; Cartwright Hall, Bradford, 14 March-31 May 1998; Orleans House, Twickenham, 2 May-21 June 1998; Towner, Eastbourne, 8 August-11 October 1998; York City Art Gallery, 13 February 1999-28 March 1999; Laing, Newcastle, April-June 1999 [catalogue]
Works exhibited: *Spankers Hill* (1994)

"Dimensions Variable", British Council Touring Exhibition, Helsinki City Art Museum, 4 November 1997-18 January 1998; Stockholm Royal Academy of Free Arts, 14 February-22 March 1988; Soros Centre for Contemporary Art, Ukraine, 8 April- 7 May; Gallery Zacheta, Warsan, 22 May- 28 June; Stadtische Kunstsammlungen Chemnitz, 11 July- 30 August; Prague National Gallery of Modern Art, 10 September-1 November; Zagreb Union of Croatian Artists, 25 November 1998-5 January 1999; Magistrat Der Stadt, Darm Stadt, Institut Mesdolda Mathildenhöhe, 21 February-5 April 1999 [catalogue]
Works exhibited: *Five Revolutionary Seconds VI* (and sound) (1996)

"A Print Portfolio from London", Ridinghouse / Booth Clibborn Editions, Atle Gerhardsen, Oslo, 21 November-21 December
Works exhibited: *Red Snow* (1997)

"Date with an Artist", The Northern Gallery of Contemporary Art, City Library and Arts Centre, Sunderland, 21 November 1997-14 February 1998
Works exhibited: *Five Revolutionary Seconds XI* (edition) (1997)

"Stills: Emerging Photography in the 1990s", The Walker Art Center, Minneapolis, 28 November-8 March 1998
Works exhibited: *Five Revolutionary Seconds I* (and sound) (1995)

"New British Video Programme", Museum of Modern Art, New York, 16 December 1997-1 February 1998
Works exhibited: *Brontosaurus* (1995)

1998

"View", Mary Boone, New York, 9 January-7 February (curated by Neville Wakefield)
Works exhibited: *Cunt* (1993); *Fuck, Suck, Spank, Wank* (1993); *Red Snow* (1997), *Five Revolutionary Seconds X* (and sound) (1997)

"Art Energy", Palazzo Corsini, Florence, 10-25 January
Works exhibited: *Five Revolutionary Seconds IV* (edition) (1996)

"Close Echos. Public Body and Artificial Space", Galerie Hlavního Mesta, Praha, 6 March-31 May; Kunsthalle, Krems, 20 September-22 November [catalogue]
Works exhibited: *Brontosaurus* (1995)

"Pasajes de la Colección en Santa Fé y Granada". Colección de Arte Contemporaneo Fundación "la Caixa", Sala de Exposiciones del Palacio de los Condes de Gabia, Granada, 12 March-24 April
Works exhibited: *Five Revolutionary Seconds VII* (and sound) (1997)

"Art from the UK: Angela Bulloch, Willie Doherty, Tracey Emin, Sarah Lucas, Sam Taylor-Wood", Sammlung Goetz, München, 30 March-2 August [catalogue]
Works exhibited: *16 mm* (1993); *Five Revolutionary Seconds V* (and sound) (1996); *Knackered* (1996)

"Real Life. New British Art", British Council Touring Exhibition, Tochigi Prefectural Museum of Fine Arts, 12 April-31 May; Fukoka City Art Museum, 27 June-26 July; Hiroshima City Museum of Contemporary Art, 12 August-23 September; Tokyo Museum of Contemporary Art, 10 October-13 December; Ashiya City Museum of Art and History, 15 January-14 March 1999 [catalogue]
Works exhibited: *Fuck, Suck, Spank, Wank* (1993); *Killing Time* (1994); *Travesty of a Mockery* (1995); *Wrecked* (1996)

"Studio exhibition", Kunsthalle, Bielefeld, 7 June-6 September
Works exhibited: *Hysteria* (1997)

"Video: Bruce Naumann, Tony Oursler, Sam Taylor-Wood", San Francisco Museum of Modern Art (SFMOMA), 19 June-22 September
Works exhibited: *Sustaining the Crisis* (1997)

"Projected Allegories", Contemporary Arts Museum, Houston, Texas, 26 June-13 September [catalogue]
Works exhibited: *Hysteria* (1997)

"Sam Taylor-Wood, Tracey Emin, Gillian Wearing, Marc Quinn", Galerija Dante Marino Cettina, Croatia, 25 July-31 August
Works exhibited: *Fuck, Suck, Spank, Wank* (1993); *Five Revolutionary Seconds V* (edition) (1996); *Red Snow* (1997)

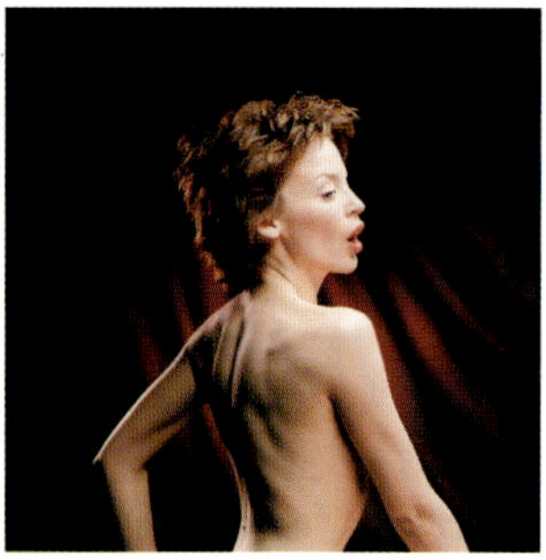

Durante la lavorazione di "Misfit"

Making of "Misfit" 1996

Premi

Illy Café Prize
for Most Promising Young Artist,
Biennale di Venezia 1997

Cataloghi

Chapman, Jake, *Group exhibition*, Clove Two Gallery, London 1992

S.a., *Information Dienst*, Kunsthalle, Stuttgart 1993

S.a., *Sam Taylor-Wood*, The Showroom, London 1994

S.a., *Don't Look Now*, Thread Waxing Space, New York 1994

S.a., *General Release*, Biennale di Venezia, 1995

Behrndt, Helle e Torben Christensen, *Corpus Delicti*, Kunstforeningen, Copenhagen 1995

S.a., *Aperto '95*, Le Nouveau Musée, Villeurbanne 1995

Roberts, Catsou e Jean-Christophe Royoux, *Perfect Speed*, Macdonald Stewart Art Centre, Guelph, Ontario and University of Southern Florida Contemporary Art Museum, Tampa 1995

S.a., *Brilliant! New Art from London*, Walker Art Centre, Minneapolis 1995

Cork, Richard, Rose Finn-Kelcey e Thomas Lawson, *British Art 4* / "The British Art Show 4", Manchester, The South Bank Centre 1995

S.a., *Some of My Best Friends are Geniuses*, IAS, London 1996

S.a., *Prospect '96*, Kunstverein, Frankfurt 1996

Codognato, Mario, *Artisti Britannici a Roma*, Festival of Contemporary British Arts, Magazzini d'Arte Moderna a Roma, Umberto Allemandi & Co. 1996

Martinez, Rosa, Viktor Misiano, Katalin Neray, Hans-Ulrich Obrist e Andrew Renton, *Manifesta 1*, Boymans van Beuningen, Rotterdam 1996

Otsubo, Kenji, *The Sixth International Contemporary Art Exhibition. Toyama Nov '96*, Museum of Modern Art, Toyama 1996

Movin, Lars e Torben Christensen, *Art & Video in Europe. Electronic Undercurrents*, Statens Museum für Kunst, Copenhagen 1996

S.a., *The Event Horizon*, The Irish Museum of Modern Art, Dublin 1996

O'Pray, Michael e Jake Chapman, *Pent-Up. Sam Taylor-Wood*, Jay Jopling, Chisenhale Gallery, London and Sunderland City Art Gallery 1996

Orbis, Hans-Ulrich (a cura di), *Life/Live*, 2 voll., Musée d'Art Moderne de la Ville de Paris 1996

Molder, Jorge, Rui Sanches e Ana de Vasconcelos a Melo, *A Ilha do Tesouro (Treasure Island)*, Fundaçao Calouste Gulbenkian, Lisboa 1996

Zdenek, Felix e Eva Kracher, *Home Sweet Home*, Deictorhallen, Hamburg 1997

Bonami, Francesco, *Truce: Echoes of Art in an Age of Endless Conclusions*, Site Santa Fe, New Mexico 1997

S.a., *Package Holiday.* New British Art in the Ophiuchus Collection, The Hydra Workshop, Hydra 1997

Murphy, Bernice (a cura di), *Pictura Britannica. Art from Britain*, Museum of Contemporary Art, Sydney 1997

Martínez, Rosa e Gregor Muir, *Five Revolutionary Seconds*, Fundació "la Caixa", Barcelona 1997

Williams, Gilda, *Strange Days. British Contemporary Photography*, Claudia Gian Ferrari Arte Contemporanea, Milano, Edizioni Charta 1997

Adams, Brooks, Lisa Jardin, Martin Maloney, Norman Rosenthal e Richard Shone, *Sensation: Young British Artists from the Saatchi Collection*, Royal Academy of Arts, London 1997

Fereli, Melih, *5th International Istanbul Biennial*, Istanbul Foundation for Culture and Arts 1997

Larner, Melissa (a cura di), *History. Image-based work in Britain in the late 20th Century*, The Ferens Art Gallery, Kingston Upon Hull 1997

Bürgi, Bernhard, Kjeld Kjeldsen, Waldemar Januszczak e Will Self, *Sam Taylor-Wood*, Kunsthalle, Zürich, e Louisiana Museum of Modern Art, Humlebæk, 1997

Gallagher, Ann, *Dimensions Variable*, The British Council 1997

Bussel, David, Wolfgang Denk, Olga Malá e David Musgrave, *Close Echos. Public Body & Artificial Space*, Galerie Hlavního Mesta, Praha, e Kunsthalle, Krems, 1998

S.a., *Real/Life. New British Art*, The British Council Japanese Museum Tour, The Asahi Shimbun 1998

Williams, Gilda (intervista di Carl Freedman),

"Subjective Presences. A Selection of the Collection of Contemporary Art Fundació 'la Caixa'",
Museum van Hedendaagse Kunst, Antwerp,
9 October1998-10 January 1999
Works exhibited: *Killing Time* (1994)

"New Photography", The Museum of Modern Art, New York,
15 October 1998-12 January 1999
Works exhibited: *Five Revolutionary Seconds XI* (and sound) (1997)

"Malos Hábitos",
Galeria Soledad Lorenzo, Madrid,
20 October-21 November [catalogue]
Works exhibited: *Wrecked* (1996)

"The Turner Prize",
Tate Gallery, London,
28 October 1998-10 January 1999
[catalogue]
Works exhibited:
Five Revolutionary Seconds V (and sound) (1996);
Five Revolutionary Seconds XI (and sound) (1997); *Five Revolutionary Seconds XIII* (and sound) (1998); *Atlantic* (1997)

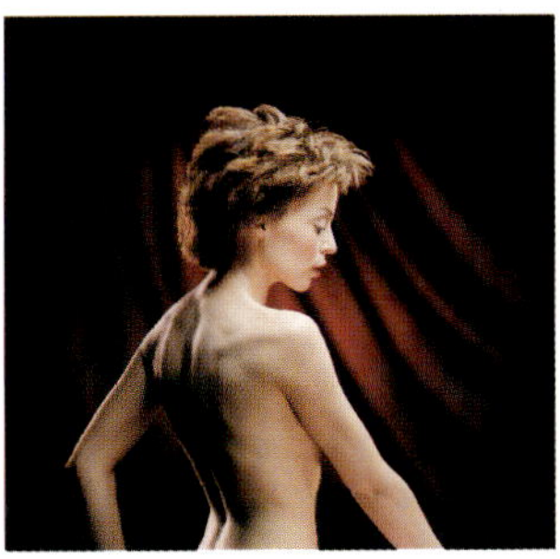

Durante la lavorazione di "Misfit"
Making of "Misfit"
1996

"Emotion. Young British and American Art from the Goetz Collection",
Deichtorhallen, Hamburg,
29 October 1998-17 January 1999
Works exhibited: *16 mm* (1993);
Five Revolutionary Seconds V (and sound) (1996); *Knackered* (1996); *Atlantic* (1997)

Awards

Illy Café Prize for Most Promising Young Artist, Venice Biennale 1997

Exhibition Catalogues

Chapman, Jake, *Group exhibition,* Clove Two Gallery, London 1992

Information Dienst, Kunsthalle, Stuttgart 1993

Sam Taylor-Wood, The Showroom, London 1994

Don't Look Now, Thread Waxing Space, New York 1994

General Release, Venice Biennale, 1995

Behrndt, Helle and Torben Christensen, *Corpus Delicti,* Kunstforeningen, Copenhagen 1995

Aperto '95, Le Nouveau Musée, Villeurbanne 1995

Roberts, Catsou and Jean-Christophe Royoux, *Perfect Speed,* Macdonald Stewart Art Centre, Guelph, Ontario and University of Southern Florida Contemporary Art Museum, Tampa 1995

Brilliant! New Art from London, Walker Art Centre, Minneapolis 1995

Cork, Richard, Rose Finn-Kelcey and Thomas Lawson, *British Art 4,* The South Bank Centre 1995

Some of My Best Friends are Geniuses, IAS, London 1996

Prospect '96, Kunstverein, Frankfurt 1996

Codognato, Mario, *Artisti Britannici a Roma.* (Festival of Contemporary British Arts), Magazzini d'Arte Moderna, Roma, Umberto Allemandi & Co. 1996

Martinez, Rosa, Viktor Misiano, Katalin Neray, Hans-Ulrich Obrist and Andrew Renton, *Manifesta 1,* Boymans van Beuningen, Rotterdam 1996

Otsubo, Kenji, *The Sixth International Contemporary Art Exhibition Toyama Nov '96,* Museum of Modern Art, Toyama 1996

Movin, Lars and Torben Christensen, *Art & Video in Europe. Electronic Undercurrents,* Statens Museum für Kunst, Copenhagen 1996

The Event Horizon, The Irish Museum of Modern Art, Dublin 1996

O'Pray, Michael and Jake Chapman, *Pent-Up. Sam Taylor-Wood,* Jay Jopling, Chisenhale Gallery, London and Sunderland City Art Gallery 1996

Orbis, Hans-Ulrich (ed.), *Life/Live,* Musée d'Art Moderne de la Ville de Paris 1996 (Two volumes)

Molder, Jorge, Rui Sanches and Ana de Vasconcelos a Melo, *A Ilha do Tesouro (Treasure Island),* Fundação Calouste Gulbenkian, Lisboa 1996

Zdenek, Felix and Eva Kracher, *Home Sweet Home,* Deictorhallen, Hamburg 1997

Bonami, Francesco, *Truce: Echoes of Art in an Age of Endless Conclusions,* Site Santa Fe, New Mexico 1997

Package Holiday. New British Art in the Ophiuchus Collection, The Hydra Workshop 1997

Murphy, Bernice (ed.), *Pictura Britannica. Art from Britain,* Museum of Contemporary Art, Sydney 1997

Martínez, Rosa and Gregor Muir, *Five Revolutionary Seconds,* Fundació "la Caixa", Barcelona 1997

Williams, Gilda, *Strange Days. British Contemporary Photography,* Claudia Gian Ferrari Arte Contemporanea, Milano, Edizioni Charta 1997

Adams, Brooks, Lisa Jardin, Martin Maloney, Norman Rosenthal and Richard Shone,

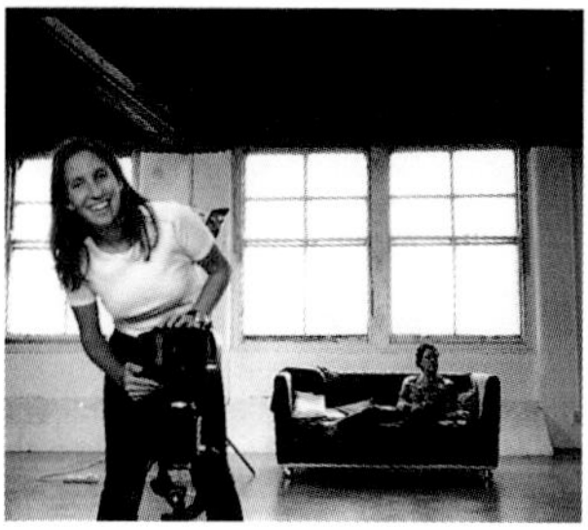

Durante la lavorazione
di "Five Revolutionary Seconds V"
Making of "Five Revolutionary Seconds V"
1996

Art from the UK,
Sammlung Goetz, München 1998

Aliaga, Juan Vicente, *Malos Hábitos*, Galeria Soledad Lorenzo, Madrid 1998

Friis-Hansen, Dana, *Projected Allegories*, Contemporary Arts Museum, Houston, Texas 1998

Button, Virginia, *The Turner Prize 1998*, Tate Gallery, London 1998

Periodici: una selezione

Kent, Sarah, *Lucky Kunst*, "Time Out" (London), 22-29 settembre 1993

Archer, Michael, *Piss and Tell*, "Art Monthly", dicembre 1993-gennaio 1994, n. 172, pp. 18-19

Wigram, Max, *Without Walls*, "The Face", maggio 1994, n. 68, p. 58

Bracewell, Michael, *Sam Taylor-Wood*, "Frieze", settembre-ottobre 1994, n. 18, pp. 58-59

Heeg, Erik van der, *Bringing Lives Together*, "Material", 1995, n. 25, pp. 2-3

Smith, Roberta, *Some British Moderns Seeking to Shock*, "The New York Times", 23 novembre 1995, C11

Birnbaum, Daniel, *Sam Taylor-Wood*, "Siksi", 1995, p. 62

Lloyd, Fran, *Bad Girls*, "Contemporary Art", inverno 1995-1996, pp. 39-42

Nilsson, Hakan, *Sam Taylor-Wood: Chisenhale Gallery*, "Material", 1996

Spinelli, Marco, *Sam Taylor-Wood*, "Pakt", 1996, n. 9, pp. 22-23

Kent, Sarah, *Sam Taylor-Wood*, "Time Out", gennaio 1996, n. 1324

Muir, Gregor, *Sam Taylor-Wood*, "Frieze", aprile 1996, n. 27, pp. 79-80

Sanders, Mark, *Miss April: Sam Taylor-Wood*, "Dazed & Confused", aprile 1996, n. 19, pp.119-120

Luca, Elisabetta, *Taylor-Wood*, "Juliet Art Magazine", aprile-maggio 1996, n. 77, p. 55

Monvel, Ara de, *Sam Taylor-Wood*, "Flash Art", maggio-giugno 1996, p. 110

S.a., *The Machine Gun Fire of Sam Taylor-Wood*, "Artpress", giugno 1996, n. 214

S.G., *Roman holiday*, "Tate Magazine", estate 1996, n. 9

Corner, Lena, *Seeing Voices*, "The Big Issue", 9-15 settembre 1996, n. 198

Searle, Adrian, *Faces of the Future*, "The Guardian", 10 settembre 1996

Januszczak, Waldemar, *Watch these spaces*, "The Sunday Times", 22 settembre 1996

Cork, Richard, *Distress signals from lonely hearts*, "The Times", 1° ottobre 1996

Dorment, Richard, *An opera without music*, "The Daily Telegraph", 2 ottobre 1996

Kent, Sarah, *Talking heads*, "Time Out", 9-16 ottobre 1996

Morrissey, Simon, *Sam Taylor-Wood*, "Creative Camera", ottobre-novembre 1996, n. 342, pp. 29-30

Birnbaum, Daniel, *Sam Taylor-Wood*, "Artforum", novembre 1996, pp. 88-89

Balagué, Guillen, *Sam Taylor-Wood*, "Ajoblanco", 1997, n. 94, pp. 34-37

Etherington, Daniel, *Eye to Eye*, "Artists Newsletter", febbraio 1997, p. 17

Williams, Gilda, *Sam Taylor-Wood: Chisenhale Gallery*, "Art+Text", febbraio-aprile 1997, n. 56, pp. 80-81

S.a., *Five Revolutionary Seconds, de Sam Taylor-Wood*, "Panorama. Fundació 'la Caixa'", marzo 1997

Morrisey, Simon, *Soap opera*, "Untitled. A review of contemporary art", primavera 1997, n. 13, pp. 6-7

Bonami, Francesco, *Sam Taylor-Wood*, "Flash Art", marzo-aprile 1997, pp. 96-100

Collings, Matthew, *The New Establishment*, "The Independent on Sunday", 31 agosto 1998, pp. 9-14

Kennaway, Guy, *The shock of the rude*, "The Sunday Telegraph Magazine", 2 novembre 1997, pp. 28-30

Régneir, Philippe, *Sam Taylor-Wood n'est pas de bois*, "Le Journal des Arts", 21 novembre 1997, n. 48

Graham-Dixon, Andrew, *The Female Gaze*, "Vogue", dicembre 1997, vol. 163, pp. 235-239

H.G., *L'anonymat en gros plan*, "Liberation", 4 dicembre 1997

Kandel, Susan, *"Poetics Project" Relives Group's Heady Days: Art Reviews*, "Los Angeles Times", 12 dicembre 1997, F32

Riding, Alan, *No Sexism, Please; They're British*, "The New York Times", 29 dicembre 1997, E1

Dean, Cecilia, *Light*, "Visionaire", 1998, n. 24

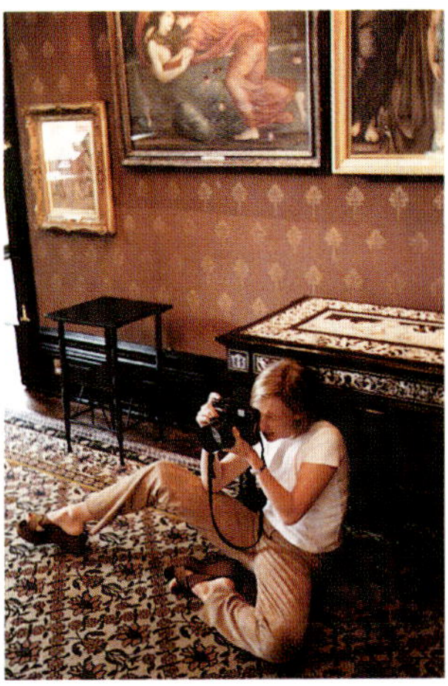

Durante la lavorazione
di "Soliloquy I"
Making of "Soliloquy I"
1998

Sensation: Young British Artists from the Saatchi Collection, Royal Academy of Arts, London 1997

Fereli, Melih, *5th International Istanbul Biennial,* Istanbul Foundation for Culture and Arts 1997

Larner, Melissa (ed.), *History. Image-based work in Britain in the late 20th Century,* The Ferens Art Gallery, Kingston Upon Hull 1997

Bürgi, Bernhard, Kjeld Kjeldsen, Waldemar Januszczak and Will Self, *Sam Taylor-Wood,* Kunsthalle, Zürich, and Louisiana Museum of Modern Art, Humlebæk, 1997

Gallagher, Ann, *Dimensions Variable,* The British Council 1997

Bussel, David, Wolfgang Denk, Olga Malá, David Musgrave, *Close Echos. Public Body & Artificial Space,* Galerie Hlavního Mesta, Praha, and Kunsthalle, Krems, 1998

Real/Life. New British Art, The British Council Japanese Museum Tour, The Asahi Shimbun 1998

Williams, Gilda (Interview by Carl Freedman), *Art from the UK,* Sammlung Goetz, München 1998

Aliaga, Juan Vicente, *Malos Hábitos,* Galeria Soledad Lorenzo, Madrid 1998

Friis-Hansen, Dana, *Projected Allegories,* Contemporary Arts Museum, Houston, Texas 1998

Button, Virginia, *The Turner Prize 1998,* Tate Gallery, London 1998

Selected Periodicals

Kent, Sarah, "Lucky Kunst", *Time Out* (London), 22-29 September 1993

Archer, Michael, "Piss and Tell", *Art Monthly,* December 1993-January 1994, no. 172, pp. 18-19

Wigram, Max, "Without Walls", *The Face,* May 1994, no. 68, p. 58

Bracewell, Michael, "Sam Taylor-Wood", *Frieze,* September-October 1994, no. 18, pp. 58-59

Birnbaum, Daniel, "Sam Taylor-Wood", *Siksi,* 1995, p. 62

Heeg, Erik van der, "Bringing Lives Together", *Material,* 1995, no. 25, pp. 2-3

Smith, Roberta, "Some British Moderns Seeking to Shock", *The New York Times,* 23 November 1995, C11

Lloyd, Fran, "Bad Girls", *Contemporary Art,* Winter 1995/96, pp. 39-42

Nilsson, Hakan, "Sam Taylor-Wood: Chisenhale Gallery", *Material,* 1996

Spinelli, Marco, "Sam Taylor-Wood", *Pakt,* 1996, no. 9, pp. 22-23

Kent, Sarah, "Sam Taylor-Wood", *Time Out,* January 1996, no. 1324

Muir, Gregor, "Sam Taylor-Wood", *Frieze,* April 1996, issue 27, pp. 79-80

Sanders, Mark, "Miss April: Sam Taylor-Wood", *Dazed & Confused,* April 1996, Issue 19, pp. 119-120

Luca, Elisabetta, "Taylor-Wood", *Juliet Art Magazine,* April-May 1996, no. 77, p. 55

Monvel, Ara de, "Sam Taylor-Wood", *Flash Art,* May/June 1996, p. 110

"The Machine Gun Fire of Sam Taylor-Wood", *Artpress,* June 1996, no. 214

S.G., "Roman holiday", *Tate Magazine,* Summer 1996, Issue no. 9

Corner, Lena, "Seeing Voices", *The Big Issue,* 9-15 September 1996, no. 198

Searle, Adrian, "Faces of the Future", *The Guardian,* 10 September 1996

Januszczak, Waldemar, "Watch these spaces", *The Sunday Times,* 22 September 1996

Cork, Richard, "Distress signals from lonely hearts", *The Times,* 1 October 1996

Dorment, Richard, "An opera without music", *The Daily Telegraph,* 2 October 1996

Kent, Sarah, "Talking heads", *Time Out,* 9-16 October 1996

Morrissey, Simon, "Sam Taylor-Wood", *Creative Camera,* October/November 1996, Issue 342, pp. 29-30

Birnbaum, Daniel, "Sam Taylor-Wood", *Artforum,* November 1996, pp. 88-89

Balagué, Guillen, "Sam Taylor-Wood", *Ajoblanco,* 1997, pp. 34-37, no. 94

Etherington, Daniel, "Eye to Eye", *Artists Newsletter,* February 1997, p. 17

Williams, Gilda, "Sam Taylor-Wood: Chisenhale Gallery", *Art+Text,* February-April 1997, no. 56, pp. 80-81

"Five Revolutionary Seconds, de Sam Taylor-Wood", *Panorama.* Fundació "la Caixa", March 1997

Morrisey, Simon, "Soap opera", *Untitled. A review of comtemporary art,* Spring 1997, no. 13, pp. 6-7

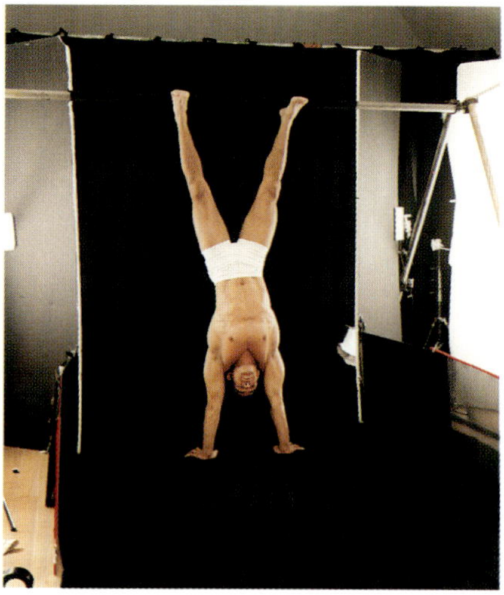

Durante la lavorazione di "Noli Me Tangere"
Making of "Noli Me Tangere"
1998

Morgan, Jessica, *Sam Taylor-Wood*, "Grand Street", 1998, n. 65, pp. 224-231

Darling, Michael, *Sam Taylor-Wood at Regen Projects*, "LA Weekly", 9-15 gennaio 1998

Burton, Jane, *Photography '98*, "ARTnews", febbraio 1998, pp. 91-96

Myers, Terry, *Sam Taylor-Wood: Yesterday when I was mad*, "Art+Text", febbraio-aprile 1998, n. 60, pp. 50-54

S.a., *Sam Taylor-Wood*, "Art Das Kunstmagazine", aprile 1998, n. 4, pp. 38-45

McTaggart, Tom, *The Taylor-Wood Method: one great eight-minute vent*, "Seattle Weekly", 23 aprile 1998, p. 33

Welzel, Petra, *Streit statt Sex*, "Die Tageszeitung", 28 maggio 1998, p. 15

Pettersson, Susanna, *Killing Time*, "Siksi", estate 1998, n. 2, pp. 83-84

Hilty, Greg, *Sam Taylor-Wood: The Experience of the Separation*, "Art Press", luglio-agosto 1998, n. 237, pp. 42-46

S.a., *Artist's Project*, "Dazed & Confused", settembre 1998, n. 46, p. 48 [inserto]

Ferguson, Bruce, *Sam Taylor-Wood*, "Bomb", autunno 1998, n. 65, pp. 42-50

Furnish, David, *The Spot-lighter*, "Interview Magazine", ottobre 1998, pp. 72-74

Buck, Louisa, *Prize Fighters*, "The Times Magazine", 24 ottobre 1998, pp. 41-46

Murphy, Anna, *Circle of Friends*, "The Observer. Life Magazine", 25 ottobre 1998, pp. 32-37

Gayford, Martin, *Calm amid life's storms*, "The Daily Telegraph", 28 ottobre 1998

Hoare, Philip, *?*, "Frank Magazine", novembre 1998, pp. 156-161

Cork, Richard, *Passions to stifle the jibes*, "The Times", 3 novembre 1998

Libri

Taylor-Wood, Sam, *Unhinged*, Bookworks, London 1996

Buck, Louisa, *Moving Targets: A User's Guide to British Art Now*, Tate Gallery Publishing 1997

Marshall, Catherine (a cura di), con saggi di Richard Cork e Penelope Curtis, Breaking the Mould. *British Art of the 1980s and 1990s, (The Weltkunst Collection)*, Lund Humphries Publishers, London and the Irish Museum of Modern Art, 1997

Nacking, Asa, *Cream. Contemporary Art in Culture*, Phaidon Press, London 1998

Riemschneider, Burckhard e Uta Grosenick, *Art at the Turn of the Century*, Taschen Publications, Köln 1998

Film

Expanding Pictures, The Arts Council of Great Britain and BBC Television (BBC 2), dicembre 1997

The Turner Prize: Sam Taylor-Wood, Channel Four News, CH 4, 1° luglio 1998

Bonami, Francesco, "Sam Taylor-Wood", *Flash Art,* March-April 1997, pp. 96-100

Collings, Matthew, "The New Establishment", *The Independent on Sunday,* 31 August 1998, pp. 9-14

Kennaway, Guy, "The shock of the rude", *The Sunday Telegraph Magazine,* 2 November 1997, pp. 28-30

Régneir, Philippe, "Sam Taylor-Wood n'est pas de bois", *Le Journal des Arts,* 21 November 1997, no. 48

Graham-Dixon, Andrew, "The Female Gaze", *Vogue,* December 1997, vol.163, pp. 235-239

H.G., "L'anonymat en gros plan", *Liberation,* 4 December 1997

Kandel, Susan, "'Poetics Project' Relives Group's Heady Days: Art Reviews", *Los Angeles Times,* 12 December 1997, F32

Riding, Alan, "No Sexism, Please; They're British", *The New York Times,* 29 December 1997, E1

Dean, Cecilia, "Light", *Visionaire* no. 24, 1998

Morgan, Jessica, "Sam Taylor-Wood", *Grand Street,* 1998, no. 65, pp. 224-231

Darling, Michael, "Sam Taylor-Wood at Regen Projects", *LA Weekly,* 9-15 January 1998

Burton, Jane, "Photography '98", *ARTnews,* February 1998, pp. 91-96

Myers, Terry, "Sam Taylor-Wood: Yesterday when I was mad", *Art+Text,* February-April 1998, no. 60, pp. 50-54

"Sam Taylor-Wood", *Art Das Kunstmagazine,* April 1998, no. 4, pp. 38-45

McTaggart, Tom, "The Taylor-Wood Method: one great eight-minute vent", *Seattle Weekly,* 23 April 1998, p. 33

Welzel, Petra, "Streit statt Sex", *Die Tageszeitung,* 28 May 1998, p. 15

Pettersson, Susanna, "Killing Time", *Siksi,* Summer 1998, no. 2, pp. 83-84

Hilty, Greg, "Sam Taylor-Wood: The Experience of the Separation", *Art Press,* July-August 1998, no. 237, pp. 42-46

"Artist's Project", *Dazed & Confused,* September 1998, no. 46, p. 48 [insert]

Ferguson, Bruce, "Sam Taylor-Wood", *Bomb,* Fall 1998, no. 65, pp. 42-50

Furnish, David, "The Spot-lighter", *Interview Magazine,* October 1998, pp. 72-74

Buck, Louisa, "Prize Fighters", *The Times Magazine,* 24 October 1998, pp. 41-46

Murphy, Anna, "Circle of Friends", *The Observer. Life Magazine,* 25 October 1998, pp. 32-37

Gayford, Martin, "Calm amid life's storms", *The Daily Telegraph,* 28 October 1998

Hoare, Philip, "?", *Frank Magazine,* November 1998, pp.156-61

Cork, Richard, "Passions to stifle the jibes", *The Times,* 3 November 1998

Books

Taylor-Wood, Sam, *Unhinged,* Bookworks, London 1996

Buck, Louisa, *Moving Targets: A User's Guide to British Art Now,* Tate Gallery Publishing 1997

Marshall, Catherine (ed.), Essays by Richard Cork, Penelope Curtis, *Breaking the Mould. British Art of the 1980s and 1990s,* (The Weltkunst Collection), Lund Humphries Publishers, London and the Irish Museum of Modern Art, 1997

Nacking, Asa, *Cream. Contemporary Art in Culture,* Phaidon Press, London 1998

Riemschneider, Burckhard and Uta Grosenick, *Art at the Turn of the Century,* Taschen Publications 1998

Films

Expanding Pictures, The Arts Council of Great Britain and BBC Television (BBC 2), December 1997

The Turner Prize: Sam Taylor-Wood. Channel Four News, CH 4, 1 July 1998

pp. 330-331
Ritratto di Sam Taylor-Wood
Portrait of Sam Taylor-Wood
1998

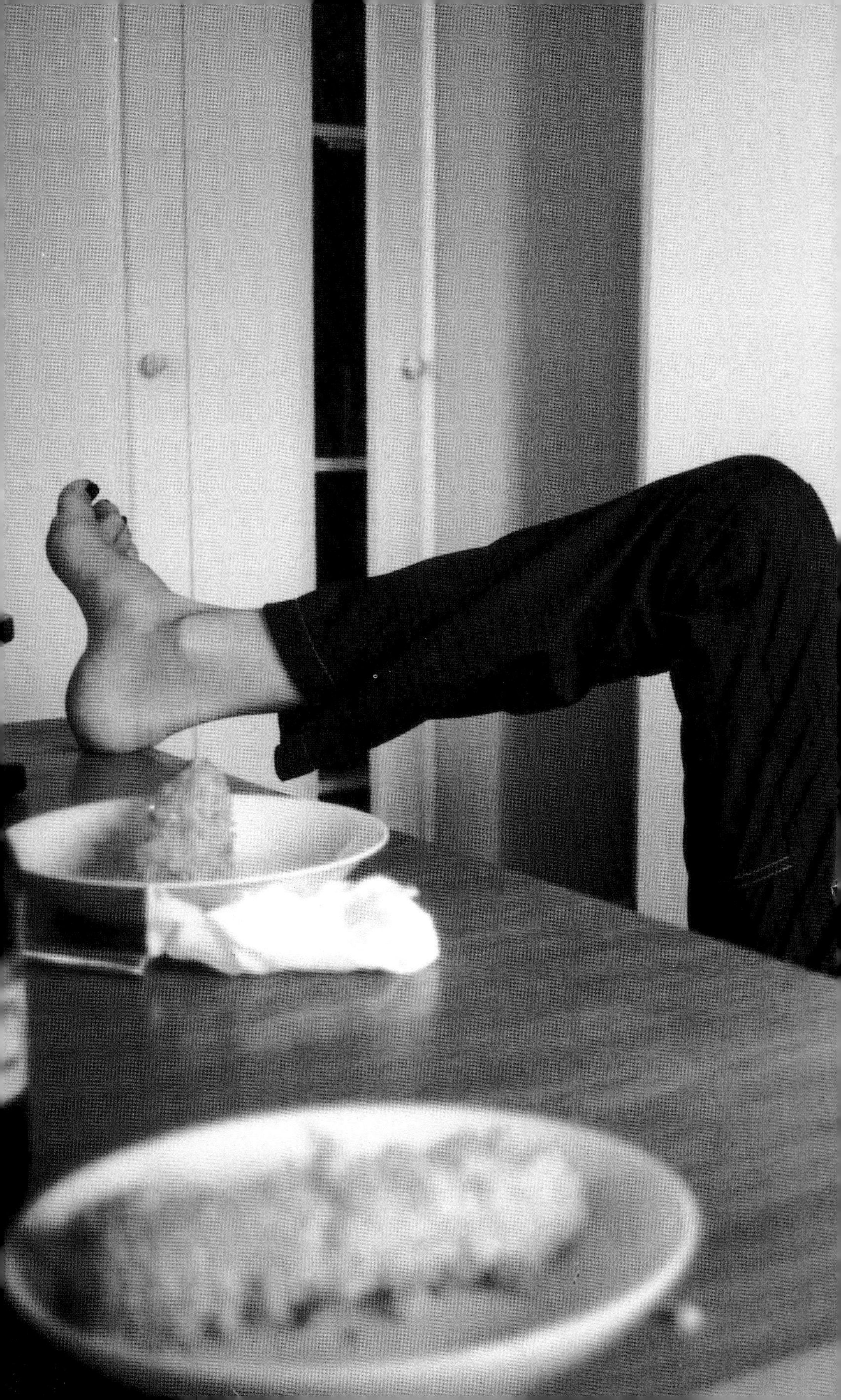

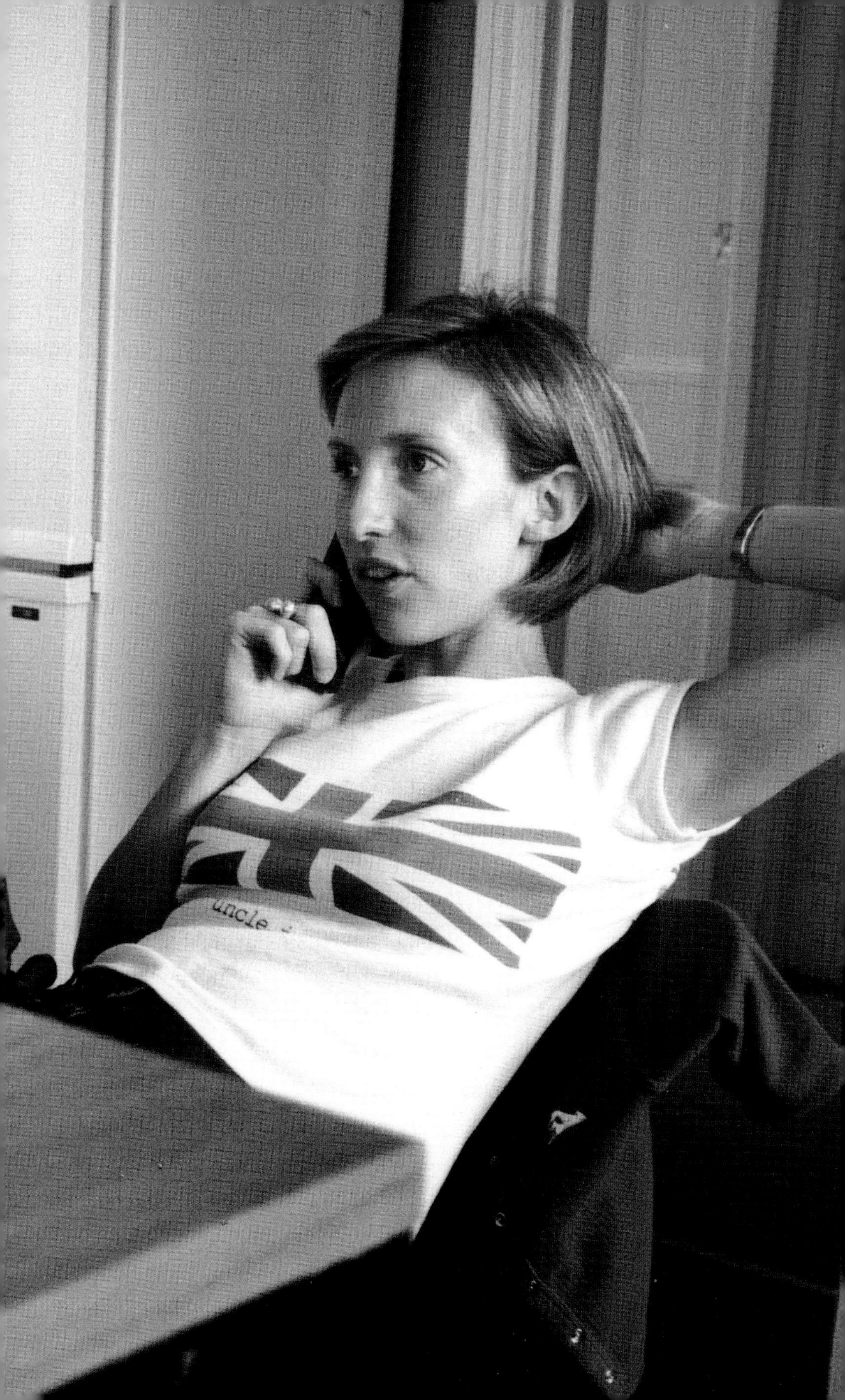
uncle